山東大學——華東師範大學東亞寫本文獻研究中心階段性成果

尺海 第一輯・主編 丁小明

陳介祺尺牘

陳繼揆
孫嘉奇 整理

鳳凰出版社

圖書在版編目（CIP）數據

陳介祺尺牘 / 陳繼揆，孫嘉奇整理. -- 南京：鳳凰出版社，2025. 7. --（尺海 / 丁小明主編）.
ISBN 978-7-5506-4299-7

Ⅰ. K825.81

中國國家版本館CIP數據核字第20249DC729號

書　　名	陳介祺尺牘
著　　者	陳繼揆　孫嘉奇　整理
責任編輯	許　勇　姜　好
裝幀設計	陳貴子
責任監製	程明嬌
出版發行	鳳凰出版社(原江蘇古籍出版社) 發行部電話025-83223462
出版社地址	江蘇省南京市中央路165號，郵編：210009
照　　排	南京凱建文化發展有限公司
印　　刷	江蘇鳳凰通達印刷有限公司 江蘇省南京市六合區冶山鎮，郵編：211523
開　　本	890毫米×1240毫米　1/32
印　　張	13.5
字　　數	253千字
版　　次	2025年7月第1版
印　　次	2025年7月第1次印刷
標準書號	ISBN 978-7-5506-4299-7
定　　價	98.00圓

（本書凡印裝錯誤可向承印廠調換，電話：025-57572508）

《尺海》第一輯序

要説起《尺海》的創設緣起，就不得不提到鳳凰出版社《中國近現代稀見史料叢刊》的導夫先路之功。作爲鳳凰出版社重點出版的大型史料叢書——《中國近現代稀見史料叢刊》（下稱《稀見史料》），二〇一四年至二〇二三年十年間，共出版各類史料一百二十八種一百七十八册，其内容以一八四〇年至一九四九年間稀見而又確有史料價值的日記、書信、奏牘、筆記、詩文集等文獻的整理爲主。應當説，經過十年生聚，《稀見史料》收録文獻不僅體量巨大，更形成了自己獨特的學術風格。例如，在這一叢書的幾種常見的史料體裁中，主編張劍教授、徐雁平教授、彭國忠教授顯然更鍾情於日記類史料，所以，在《稀見史料》中整理出版了七十餘種日記的基礎上，又推出了《日記研究叢書》。毫無疑問，日記的整理與研究是《稀見史料》的重中之重。

衆所周知，在浩如烟海的近代各類私人史料中，日記之外最大宗者當爲尺牘。《稀見史料》能在系統挖掘各類史料的同時，勠力於日記類史料的整理已實屬不易。同時，正是《稀見史料》在日記與尺牘這兩類史料所投以不對等的關注，纔促使我們考慮在《稀見史料》之外再推出一種以尺牘文獻爲主體的史料叢刊。如果説，《尺海》從《稀見史料》中獨立而出的内因，是主持者對日記與尺牘關注程度不同，那麽，學界對尺牘手稿文獻的重視則是我們啓動《尺海》的外因。

當下學界對尺牘有着『文辭、書法、史料』三重的關注視域，而『史料』無疑是這三者之重點。譬如陳恭禄《中國近代史資料概述》、馮爾康《清史史料學》、曹天忠《中國近現代史史料學》、嚴昌洪《中國近代史史料學》等書中，無不闢有專節來討論尺牘中的史料内容及價值。近十年來，出版界也積極回應學界的這一關注，在致力於影印出版各類公私收藏尺牘寫本文獻的同時，先後推出系列的尺牘文獻整理叢刊，如鳳凰出版社的《國家圖書館藏未刊稿叢書·書札編》、浙江古籍出版社的《近現代書信叢刊》、上海人民出版社的《中國近現代書信叢刊》等。凡此種種，無不説明尺牘寫本文獻的整理已成爲當下出版界的熱點話題，并漸次發展成一股應者甚衆的潮流。所以，我們在此推出《尺海》就不僅僅是種種内外因緣交匯的産物，更是一種廣義上學術預流的體現。

當然，在推出《尺海》之前，有必要對創設宗旨、收録對象、整理者隊伍作一申説。

首先，《尺海》將秉承『回到原信』的宗旨，專力於尺牘寫本的整理，力求爲學界提供更多包含歷史真相的第一手材料。進言之，《尺海》所收録尺牘的首要標準必須是『原信』。『原信』的概念就是胡適所説『尺牘墨迹』，其意義有兩重。一重是胡適所以爲，我們也深表贊同的『尺牘墨迹是最可靠的史料』這一理念，而這一理念的基石就是我們所見到的必須是『尺牘墨迹』的『原信』，而不是那些尺牘的刊本。『尺牘墨迹』作爲一種即時性的製作，其真實性與這一文獻本身是互爲表裏的。而那些意在公開的尺牘刊本就大有不同，作爲延時性的製作物，其刊行的過程中，極有可能對原文有所删改。如黄濬《花隨人聖盦摭憶》記載，有人購得曾國藩與其弟曾國荃尺牘墨迹三通，以行世刊本書校之，有一通未輯入，餘二通皆經删改，且爲曾國藩本人所删，其中一信删了一百零九字，且將『余亦必趕到金陵會剿，看熱鬧也』中的『看熱鬧』三字删去；另一信删去二十三字。這説明曾國藩知道這些家書將來必定傳世，一些對兄弟説的話不能讓外人知道，事先就作了删改。事實上，這些不能爲外人知之的『悄悄話』中或許正隱藏着某些重要的信息，這些信息甚至關乎我們對曾國藩的認知，不過經此删改，我們所看到的其實是經過修飾的曾國藩形象，并非那個真實全面的曾國藩。這是一種情況，屬於對尺牘内容進行有意爲之的删改。另有一種情況，則屬於無意爲之的錯訛，如聞宥與劉季平討論音韵的通信被胡樸安發表於《國學周刊》上，但聞宥讀後發現校勘不精，致信胡樸安云：『《周刊》所登宥與季平先生通信，訛字極多。而最不可通者，爲第二十行「以韵理言之」一句，之後尚有「阿音引喉張口。自宜以平上音爲多」二句。訛奪之後，文理實不可解，故望即飭印人刊正。』從這兩例可知，無論是有意的删改，還是無意的錯訛，這些刊行的尺牘就不能算是十分可靠的史料了。换言之，尺牘的私密性與尺牘的公開是一種天然的對抗關係，公開的印本或抄本從尺牘撰寫的角度也非即時性的行爲，因爲背離了尺牘的私密、即時這兩種特性，其最終的真實性能否得以實現是令人懷疑的。所以，《尺海》首要强調整理『尺牘墨迹』的原由正在於此。另一重是强調整理的是『尺牘墨迹』，特别是整理的『尺牘墨迹』最好是有公開影印出版。這是因爲尺牘整理出來後，可爲學界所用，但如使用者對整理文本存有疑問的話，也可與『墨迹』影印本再行比對。我們以爲，這樣的比對對於《尺海》也算是一種變相的監督機制。

其次，在確立以尺牘墨迹爲整理對象後，有必要對這一對象再作一梳理。此處的對象可分爲兩類人物來理解。一類是具有重要歷史影響的人物，如翁同龢、梁啓超、沈曾植、張元濟、鄭振鐸這些編有年譜長編或年譜的譜主，這些譜主存世尺牘已得到較多的關注與整理，但仍有一定的輯佚整理空間。與此同時，我們以爲，只有重要人物尺牘而缺乏相應往來的友朋尺牘的話，研究者所掌握的材料只是『半壁江山』而已，無論是相關的叙事還是解讀，其還原的歷史難免會顯得不够全面，甚至不够清晰。因此，《尺海》將會儘可能地挖掘和整理與第一類對象相對應的友朋尺牘，而這些友朋尺牘的撰寫者就是我們所説的或許并不重要，甚至已被歷史所遺忘的第二類人物。但作爲運用尺牘材料進行文史研究的學者，自然會關注往來尺牘的問題，或者説重要人物友朋尺牘的問題——擁有更多的友朋尺牘，并將之與譜主尺牘進行聯繫與對讀，就有可能擁有更全面的歷史細節，最終築起的還原歷史事實的大厦纔會更加堅固。基於這樣的認知，《尺海》在重視重要人物尺牘整理的同時，也會充分關注重要人物友朋尺牘的整理。

再次，需要説明的是，基於『原信』的概念，《尺海》要做成系列與規模的叢刊，就必須要有相當體量的『尺牘墨迹』以提供給整理者使用。按《稀見史料》每輯十種左右來計算，出完《尺海》十輯，至少需要百種尺牘。通過檢索，我们發現近年來所出版的尺牘寫本影印類書籍中，約有三十種頗具史料價值的尺牘尚未得到整理。同時，晚清、民國所出版的影印尺牘書亦有数十種左右有待整理。當然，更重要的是，在全國圖書館及文博系統收藏着超過百種的、具有重要史料價值的『尺牘墨迹』。所以，以每輯十種的體量來計算，目前有待整理的尺牘有着近五萬通的數量，這一數量足以支持《尺海》連續數年的出版需求。

所謂『巧婦難爲無米之炊』，現在有了足够的食材可做成『有米之炊』，那麽拥有一支能整理尺牘寫本的專家團隊則是維繫《尺海》發展的關鍵。事實上，尺牘寫本整理的不易之處，特别是筆迹出於衆人之手的友朋尺牘的整理難度，但凡整理過的學人都有所體會。至於這一問題的解决就不得不感謝上海圖書館創辦的《歷史文獻》集刊。《歷史文獻》自創刊以來，在整理上海圖書館所藏近代名人尺牘方面功績最著，二十年間先後整理公布了近五千通尺牘，极大地推進了學界關注與重視尺牘文獻價值的同時，更培植了一批識讀與整理尺牘的專家。如《尺海》第一輯的整理者柳和城、鄒西禮、魏小虎、丁小明、尹偉傑等人，都曾是《歷史文獻》的作者。當然，這一專家陣容隨着《尺海》持續推進還會不斷擴大。可以説，過去凝聚在《歷史文獻》周圍的這批尺牘整理專家正爲《尺海》得以啓動提供了充足的人才資源。

行文到此，筆者只是不揣淺陋，將《尺海》創設緣起、立刊宗旨、收録範圍、作者隊伍作一簡介，以期增進大家對這部叢刊的瞭解。筆者忝厠編務之列，固然頗勞心力，亦略知其中甘苦。尺牘寫本整理之難度是公認的，特别是《尺海》第一輯主要以友朋尺牘爲專題的整理，整理者會面臨諸多不同寫信之人的筆迹與寫法的識讀，這是尤其難上加難的挑戰。所以，在《尺海》第一輯面世之際，請允許我向參加整理的柳和城、孫海鵬、鄒西禮、魏小虎、吴欽根等諸位師友表示最誠摯的感謝！能在日新月异的當下，依然堅守在書齋中董理這些泛黄的尺牘寫本者，大都會有一份尊重先賢、敬畏文化的品操。在此，不能不提到已年過八旬的柳和城先生，他在承擔《張元濟友朋尺牘》的艱巨整理任務時，已出現視力不清的問題，爲了不影響進度，他最終還是堅持到交稿纔去問診。這一輯整理者中還有我的學生尹君偉傑與孫君嘉奇，儘管他們剛上手時還有些步履蹣跚，沉潛半載，已然可以獨立完成各自的整理任務，看着他們在尺牘整理領域邁步向前的身影，一種後繼有人的欣慰感油然而生。最後，要特别感謝鳳凰出版社對《尺海》的鼎力支持，從開始動議到每種選題的落實，每個環節無不傾注着樊昕兄與諸位編輯的統籌推進之力。當然，隨着學界越來越重視尺牘中的史料價值，相信會有更多的同道進入尺牘寫本的整理與研究隊伍，也期待更多的學者關注與加入《尺海》的事業之中。

目録

前言

本書是清代著名金石學家、山東濰縣(今濰坊)陳介祺先生之尺牘集。陳介祺,清道光間協辦大學士偉堂先生之子,字壽卿,又字酉生,號伯潛,得曾伯霥簠顔所居曰寶簠齋,遂以簠齋爲號焉。生於一八一三年,卒於一八八四年,享年七十二歲。

陳氏於明初,自滄州來遷濰縣,至偉堂先生而大顯。偉堂名官俊,嘉慶十三年進士,以名翰林入直上書房,後爲上書房總師傅,道光皇帝師,并授皇長子讀。歷任四部:工部、兵部、禮部、吏部尚書,累官協辦大學士,道光二十九年卒於官。

陳介祺先生幼隨父居京師受學,三十三歲中道光二十五年進士。授翰林院編修,國史館協修,方略館分校。久游京師,見時事變化,宦海起伏,而偉堂先生又殁,遂於咸豐四年,辭官歸里,自號海濱病史、林下田間大夫。賦詩言志,有『熱鬧場中良友少,巧機關内禍根蟠』之句。由是遂得以畢生之力,治古器物、古文字學,爲當代治金石學之大師也。

陳介祺先生之治金石，自十九歲始。得大學士阮元芸臺之贊賞，而好之終身不已。偉堂先生本爲阮元督山東學政時鄉試所取士，簠齋因得以小門生進謁阮氏，以金石之學請益。阮氏大喜曰：『非天機清妙，不能篤嗜古文字。』阮氏固以精研金石之學爲士林宗仰者也。氣類相感，有外舅李璋煜方赤、好友吴式芬子苾。金石文字之交，則有劉喜海燕庭、葉志詵東卿、吕佺孫堯仙、張廷濟叔未、徐同柏籀莊、何紹基子貞、許瀚印林、王筠菉友、李佐賢竹朋、鮑康子年、吴雲平齋、翁大年叔均、陳畯粟園等。

陳介祺之治金石，重在研究古器物、古文字以探索古文化。作一聯自警曰：『好古文徵徇玩物，明至理耻動機心。』其雅懷遠識，樂此不疲，孳孳終身，視若性命，非無故矣。

陳介祺先生前期收藏，已得商、周、秦、漢器百三十件，更得古璽印二千餘方，而所收毛公㾓鼎、十鐘，尤稱希世之寶，震動海内，於以見燦爛獨創之華夏古文化。隱居二十年不出，蓋一室之中，有至樂也。

陳介祺先生五十九歲之際（同治十年），連遭夫人及長子之喪，然不以哀樂自廢，更以餘年盡力於考古。於是考釋各家所藏金文。所著有《南公盂鼎釋文》、《十鐘山房印舉》等。当時齊魯古璽印日出，古陶器文字初爲簠齋所發現，須鑒别考證，由是益致力於古璽印、古陶器之搜集。作一聯以紀其勝云：『陶文齊魯四千種，印篆周秦一萬方。』并自題曰：『余歸來不能致古鼎鐘，今老矣，忽于齊魯得三代文古陶數十器，暨殘陶文四千種，舊藏秦漢印七千紐，尚可增益，尤肆力于三代古璽印，皆前人所未及也。』

陳介祺先生收藏之富、鑒別之精甲天下。然猶以爲未足，晚歲更倩人至古邑舊都遺址，尋訪人間未發之秘，於是所獲愈富，而鑒別愈精。僅舉其有銘文者，商周銅器二百四十八件，秦漢銅器九十七件，石刻一百一十九件，磚三百二十六件，瓦当九百二十三件，銅鏡二百件，璽印七千餘方，封泥五百四十八方，陶文五千片，泉鏡鏃各式範一千件，銅造像無目不計。論私家收藏之富，蓋已空前矣。

陳介祺先生於古文字學之貢獻，有鑒古、考古、釋古、傳古四方面。現存考證釋文有：《毛公厝鼎釋文》、《南公盂鼎釋文》、《虢季子白盤考釋》、《聃殷釋説》、《區鋘考記》、《器侯馭方鼎考釋》、《部鐘考釋》、《齊侯鉼考釋》、《龙姞殷考釋》、《鑄子器考釋》、《簠齋金文考》、《金文題識》、《藏古册目并題記》、《集古金文考釋》、《漢鐙考記》、《印舉考釋》、《陶文考釋》、《簠齋藏秦權量銅詔版釋文詩記》、《十鐘山房印举》，與吴式芬、翁大年合編《封泥考略》等。傳古方面，則有《傳古别録》、《訪碑拓碑筆記》、《印舉事記》數種。

陳介祺先生初歸里第，潛心於金石之學，未與外間通問也。外地來訪者，惟老友利津李佐賢，海豐吴子苾次子、先生之婿重熹二人。先生深感僻處少友，商討古文字無可與言者。同治十一年，遂與京中鮑子年、蘇州吴平齋通書問。經鮑氏介紹，又與潘祖蔭伯寅、王懿榮廉生、吴大澂愙齋通簡札。先生題與潘氏書札册稱：余歸里廿餘年，病中久不作長安書，書亦不至。鮑子年夔守退居日下，以臆園野人自稱，乃屢致書，并伯寅少農書，古吉金文字寄，不能不答，然吉金文字亦非詢者不敢答云云。且與諸友相約，以識古字論古文爲語，不涉入賞玩色澤也。王廉生曾來濰小住四日，吴愙齋與先生則從未謀面也。先生性耿直，有所知見無不言，不因友情而有所隱諱。先生作書，用力甚勤，動輒三四千言，甚或一日與四友同時作書。得其書簡者，無不珍愛，或裝册珍藏，或抄録傳閱。李竹朋先生將書札抄還時，有『人有古董，我有今董』之語。潘氏好古而有力，多爲友人刻著述以廣其傳。先刻《簠齋丈書札與筆記》一册，繼囑王廉生將先生初期函札編爲《簠齋外編》兩册。同治十三年（一八七四），潘氏就己所藏手札合以鮑、吴、吴、王諸先生所得書，輯而編之，先生以此舉可志往來論訂之雅，名曰《秦前文字之語》。首卷已寫版（現存上海圖書館），終因先生撰述矜慎，不肯草率，雖經手訂，自視欿然，事遂寢息，歷多年所，未得行世，實爲憾事。然欲窺其學術淵源，明其指歸，則必求諸簡牘所論，是或捷徑之一道也。

陳介祺先生生前成書少。廿年代，商務印書館曾將故家所藏影印出版，共十二卷，爲致伯寅、廉生、子年、平齋及其他數家書。後某氏又影印五卷，爲致窓齋書。今又相隔數十年，學者欲求一影本，已希如星鳳矣。余爲陳介祺先生六世孫，惜生也晚，陋於聞見，先是曾受命於秉忱叔祖暨君藻二叔，搜集整理先人遺著，余雖不敏，敢不黽勉從事，以觀厥成。今應齊魯書社之約，整理簠齋先生遺著數種。先檢家藏書札底稿，及《秦前文字之語》手訂本，參以影印本，稍加整理。潘氏爲首，倡議者也，王卷次之，董理者也，今仍其次第，不因訂交早晚更改之。体例則悉依先生訂正之例，有節略，有增補，年月顛倒者理順之。先生關心時事，與政見相同之友人，如廉生、窓齋諸先生，多所論及，凡札尾有『切囑付丙』均作附函者，謹遵先人意，非古文字者，不在整理之列，留待他日與其他各家往還函稿，并入簠齋尺牘續編，再行公諸於世。

此書所論，有古文字之研究，金石之考證，器物之出土流傳及著録。其中鑒别與傳古兩道，雖百年之後，仍將大有益於文物工作者。其所言皆實踐之經驗談，誠考古之矩矱也。

陳繼揆謹記　一九八八年六月　天津

整理説明

本次整理在《陳介祺尺牘》初版整理本《秦前文字之語》（陳繼揆整理，齊魯書社，一九九一年）的基礎上進行校對增補，有幾處需要注意的地方，於兹説明如下：

一、陳繼揆先生初版整理時言『先檢家藏書札底稿，及《秦前文字之語》手訂本，參以影印本，稍加整理』，今其家藏底稿無從得見；《秦前文字之語》藏於上海圖書館，其一曰『初稿』，其二曰『二稿』，皆爲抄本，有簠齋手訂批注，内容爲致潘祖蔭、王懿榮書的部分，皆爲録副本；影印本即一九一九年商務印書館影印本《簠齋尺牘》。故本次整理以國家圖書館藏《簠齋手札》原札（致潘祖蔭書）、一九一九年商務印書館影印本《簠齋尺牘》（致王懿榮、鮑康、吴雲書）與民國影印五册本《簠齋尺牘》（致吴大澂書）爲底本，并參以上圖藏《秦前文字之語》，進行重校與增補。初版與諸本不同之處，以文意爲先，或改或增或删。

二、本次整理在不影响文意的前提下，一般將异體字改爲規範繁體字，特此説明。

三、簠齋長於金石考釋，書札中銘文的原字，如有確定釋文，則具録之。如字形庫中無，則以圖片附之。如不可釋，或字迹漫漶者，則以□代之。

四、初版整理中原無序號，且影印版内容混雜，本次整理重新編號，將原箋、附箋、另箋、附件等整合，合爲一通，以求書信内容前後完整，不至割裂。

五、初版整理中對書札内容，僅加句讀，故本次整理將標點加以補全。

六、初版整理中除首通外，皆將上下款、書信套語、部分札末另行言事删去，本次整理將其補足，順序略加調整，以求各通結構與内容完整。

七、初版整理中，凡簠齋『切囑付丙』的書札，其中與金石無關的内容皆删去，本次整理皆已增補，涉及簠齋在時事、醫藥、性理、金石、法書、救荒、爲官爲政等領域的言論，有其特殊價值所在，或可推動多領域的深入研究。

二〇二二年六月，我受業師丁小明教授之命，對陳繼揆先生在二十四年前整理出版的陳介祺尺牘進行編輯整理，在重新輸入文字并進行校改核對的同時，對陳介祺尺牘根據體例重新編排統計，計算具體通數，并補入此前整理中删節的部分。後學以爲，此次出版不僅是應

《尺海》叢書的整理要求，更是對即將到來的陳介祺二百一十周年誕辰的崇高致敬。當然，更要感謝業師對我的厚愛與信任，能賜我如此難得的學習良機。最後感謝陳繼揆先生的長子陳進先生俯允我對這一文稿的重新編排，也期待能得到學界前輩與同仁的指正批評。

二〇二二年十月，後學孫嘉奇於上海華東師範大學

卷一

致潘祖蔭書

潘祖蔭，字伯寅，號鄭盦。江蘇吴縣（今蘇州）人。一八三〇年生，一八九〇年卒。祖世恩，道光間任軍機大臣。父曾綬，内閣侍讀。咸豐二年，先生以殿試一甲第三名授編修。同光間，歷任工部、刑部、吏部、户部、禮部侍郎。光緒十一年，任工部尚書。

先生自幼即有金石文字之好。廿五歲，輯録朝鮮日本碑刻爲《海東金石録》，勒成一書，又作兩漢碑表成卷。其後搜集益勤，聞有彝器出土者，輒傾囊購之。所得既夥，遂輯成《攀古樓款識》若干卷。同治十一年，得郘鐘八及史頌、匽侯諸鼎。十三年，左宗棠自關中輦致盂鼎。鼎乃嘉道間岐山出土，初爲當地宋氏所得，後爲周氏豪奪以去。左氏購以重資，擬舁送關中書院，置之中天閣上，旋聞伯寅愛之，即慨然持贈。文凡二百九十五字，世間殊絶之品也。先生搜集金石文字，品類繁多，自鐘鼎至於石刻磚瓦。山左陶文發現，先生倩人往赴其地，廣爲收集，所藏亦夥。

潘陳兩家，本爲世交，先生之祖與簠齋之父同官中樞，先生之叔季玉與簠齋亦早結識。同治十三年，因鮑子年先生紹介，二先生遂成文字交。簠齋早有盂鼎考釋之作，乃并以邰鐘釋文送請正是。先生亦以所藏金文款識册相寄，簠齋爲之讀注。先生尚義而有力，以故好刻先賢遺著及時人所著書。先後刻吴玉搢《别雅》、《紐匪石日記》、《許印林遺書》、程稚蘅《吴郡金石目》、吕氏《百磚考》、韓氏《寶鐵齋金石跋》、陳簠齋《傳古别録》、《鮑臆園手札》等。後將舊刻諸書彙爲《滂喜齋叢書》，復彙刻《功順堂叢書》。先生得簠齋書札，甚珍重之，堅欲合鮑、王、吴諸先生所得書刻而傳之。體例商定，且已寫版一卷，或云三卷。卒未成書，實屬憾事，亦可感矣。某年，先生回吴中，簡牘往還，遂爾斷絶。

一

伯寅世大兄少農大人台座：歸里廿年，久隔京華音問。前承惠緘，并賜新刻叢書。時以老妻長子相繼去世，心緒至惡，不能搦管，久之則欲言而囁嚅，又畏斟酌字句，心怯目眊，遂益遲遲。自省多疚，知大君子必不深責也。六月又於雪帆兄處寄手翰，并大刻各種，齒及賤名，尤深惶悚。子年兄處又屢寄尊齋新獲彝器各拓，自以邰鐘爲至精，兹妄釋其文，寄請教正，尤望寄示考釋，并指繆誤是企。仍由子年兄轉寄甚便，不敢求專復也。外金文三十二紙，乞鑒定。邰鐘可拓四紙，以小者刻尊考傳之，拓成先望賜寄。弟衰病無善狀，又事事須自爲，無優游之樂，不足爲大雅道也。手覆，即問台安。尊大人前乞過庭言及，仰念不具。世愚弟陳介祺頓首。

同治十二年癸酉六月六日

二

伯寅尊兄少農世大人台座：七月九日奉閏月十八日手復，并款識圖説册、金文各種，敬謝敬謝。祺於金文思通古人之意而讀書識字不多，乃承謙奬過辭，惶悚多矣。兹奉簠文一、簋二、鼎五、卣七、尊四、又一、𣪘三、壺盤鐸各一、匜四，共卅紙，乞審定之。尤企舊拓及家藏器拓分之副及。餘具附紙。即問台安不備。館世愚弟陳介祺頓首。

同治十二年癸酉七月十日

附箋

大著《款識》刻叙，清真雅正，是心知其意者。吉金出土，一毁於鉏犁，再毁於争奪，三毁於銷鎔，四毁於刻字，不僅傳世古之七厄矣。三薮立論極是，須實踐之。寒士得片紙即足，只在勤不勤耳。拓與刻之功，與藏器并大。刻精則至極，惟工匠得古意不易耳。過精則刷印易損，先乾後濕，均易損板。不可不用上細扇料綿連兼襯紙（半頁，勿至摺處）。裹角易蛀，用繪絹，淡色亦可。叙求十分，以示同人。書求十部，由子年兄繳直。勿使梓人私印。墨之美在黑，新墨（近售者）則白。好墨研細多用，即是重墨，不能印二次也，初印可珍之至（多印文與殁而少印圖）。叙中云『藏器不多』，夫多不如真，真不如精，古而精足矣，奚以多爲。得可存者十，不如得精者一。古器朽則生緑，字中緑下有銅汗黑灰，僞者無之，此銅販能知，若我輩則以字與文知之。古人力足氣足，有真精貫其中而充於顛末（法即在此），須以此求之。已有真器數十，有餘師矣。如肯極力裁汰而不以爲妄，則前所謂見器乃可定者，疑者過半，即真亦非古人佳者，審器自定之足矣。妄甚妄甚。（過奇亦即可疑。器則勿濫，説則勿繁，引伸勿過馳。）

尊著至之次日，平齋兄亦以所刻彝器圖釋寄。其中亦有一二可疑者，鑒古之不易如此。圖與字則遜矣，或較前惜費，而刻手不如前耶。尊刻不著尺寸斤兩，何耶。宋以來至今金文書，分器彙刻爲鉅觀。《西清》尤切，寧壽二書尤要。不必咎其摹文之失，阮氏以後書，摹文不失者，亦分器彙刻之，更爲鉅製，不必以待考不成。不摹文而有説，甚無謂，摹文善而説不備，亦大惠於後來，不必有圖也。季玉世叔收藏自甚富，想已成書稿。盂鼎拙釋只缺數字，以每行下三字得善拓爲切。倘歸清閟，則更可剔拓矣。剔字不可動字邊，以大針等自畫中捻動，聽其自落。見銅色已有損，剔字最易失真，不可不謹。宗周鐘拓、瞿木夫、吴侃叔著作，乞留意。祺又拜。（收到各拓乞示目，所言乞飭胥録副，見答即批寄。）

部鐘不可無懸，宜參古制，以意仿之，而勿纖巧。三大者可一懸，小者自爲一懸附之。昔於東卿兄處見翁宜泉叔氏鐘懸上有一版如此，蓋仿業形。業之大版，似當平施，而前捷業以懸鐘。崇牙樹羽，龍簡虚試，令巧工能渾樸者，語以思之，而必不可如今帽鏡式。各文廟鏡懸式，倘得佳制，則敝藏亦可仿爲矣。古器多須以粗白木箱作格盛之，質朽須護惜之。

尊藏名人書聯，如竹垞、亭林、青主、冬心、義門、頑伯、老蓮、穆倩、得天、板橋，用筆有逸趣而生者之五七言，乞將佳者示目，當以所欲刻求賜假付刊。明人椒山、道鄰、鴻寶、石齋，有可假者亦乞留意，又拜。

三

伯寅尊兄少農世大人台座：八月八日奉手書，并款識刻十册，敬謝敬謝。傳聞榮秉文衡，當爲天下得績學士矣。世叔大人想安健如常，喜占勿藥，念念。示近兼部，未知是吏部否？先文懿公官册，曾求選司白建侯兄屬吏爲寫全分，已具潤筆。昨又函懇，尚未得復，乞爲留意，萬勿爲省費也。敬懇敬懇。

又先從兄介眉專祠賜恤案，有可否贈太僕兩式？乞見駕部諸君詢之（或云贈銜由吏部）。此等事由吏辦可妥。祺又未能入都，倘云不可，則可從緩也。附上己亥方鼎殘片（□即『揚』，作者名）、天君鼎、伯魚鼎、旁肇鼎器、□殊蓋鼎（鼎五）、癸山毁、城號遣生毁、君夫毁蓋（毁三）、瑟仲狂卣器、父丁斝、緻窓君鉼（各一）、龔妊殘甗、伯貞殘甗（甗片二），共十三紙，乞察存。別紙及復子年兄書，均希鑒及。張允勷真器知者三，僞者見其一。鼉磯島殘石字甚少，似唐宋，琴亭侯爲友人李義買山石則新僞者，他無所聞也。

四耳毁當名聃毁，文中『唯聃』即『聃』。臣子作器紀大事，不能不書名而曰『朕』也，近定此而考釋乃定。史聯繳謝，即問台安不備。世愚弟陳介祺頓首。

附箋一

《西清》器可見，亦可拓否？續鑒可摹否？盂鼎如可得，即以字少二十器易之，亦不爲過，不可失也。金文必講求篆法，乃知篆意。一畫之兩端是法，一畫之中是力，力足則在下筆時。凡運腕，須指定筆正（不動之謂定），始能運腕。提則用筆如錐，沉則如杵。作此畫不知第二畫，作此字不知下一字。筆筆完全，合成一字，字字完全，合成一篇。雖欹整疏密，自然一氣，深思多見，自能真知。不求此而徒好奇，人將以奇給我矣。古人之文，自有矩矱，好其文理勝於好其筆畫之增减，爲許氏所限，久之自無『以真爲僞、以僞爲真』之弊。愚者自言所得，以非爲是，唯教正之。祺再拜。

同治十二年癸酉八月廿九日

附箋二

聖人制器尚象，皆有取義。雲雷取其發動而成文也（又取施不窮），回文者是。犧首、羊首、米粟，取其養也，乳形者同。饕餮取戒貪也。龍取其變，虎取威儀，虎文尤多，重威儀也。蜩取其潔，熊取其猛，綱目取其有經緯也，未可以殫述也。古玉則尤多虎文，蓋威儀尤見於佩服也。後人制器，舍其規矩則不方圓。瓷器佳者，必似銅制，乃爲雅賞也。古金古玉之文，拓而圖之，亦可傳世，惜無及之者。非今人所能爲，而非文字所可比也。後人形制花文皆不如古，祇是處處無學問耳。（同一三代之器，文與制皆可別其先後，多見自能知之，相形自別。）

無字鐘之圓文，乃虎額旋毛文也。字不可見，即有亦微細之甚。去銅上青緑法，醋與梅水最劣。張叔未家無不清剔見字之器，可問平齋，勿冒昧從事也。無字鐘多薄，余藏其八，平生所見亦一二十器。（見楚公鐘），鼓間多虎面文（王朝與諸國异文异制，亦多見自知），鼓左有象、㲋二形者。

古玉圖乃僞書，與傳世者文异，皆以古銅器成書仿之。

古人鑄器不盡有字。余見𨙵皇父毁爲二，原屬有字無字交錯，色澤原痕宛然，留有文者合爲一，而歸其無字者。古器無文不惡，僞字則惡矣。

銅絲細刷可見字而甚有損。醋與梅水久浸則成新銅，至劣。嘉興張氏剔器之法雖善，而字邊銅之鋒鋩則仍失神，當詢之退樓而酌用之。或日以油浸久亦可，子母印不出者曾試之，器未試過。吴與張來往浹洽，張氏濃煎白芨膠拓法最佳，亦可詢之。拓無惜棉紙，以器屬人拓，裁紙付之最妥。佳墨只是黑，劣反是。帛亦須絲圓佳者。棉勿令全濕，勿令包内棉有墨點，揉墨快則無之，有則須易其棉。包宜扎緊，手勿重令包入字（爲張氏曾拓字之人，必須訪見詢之）。

銅器不可上蠟，尤不可上黄蠟。木坐勿雕鏤，不受拂拭。拓字勿使器動，磨出銅色。以紙糊易磨處，器底亦可糊。近多拓始知此弊。

金文有刻本者，亦并分類附裝。裝册以字多者居前，字數同又以佳者居前，一二字者居末，不必別爲商周，得真拓則再裝入。見難得之本則鈎摹裝入。僞器之拓，別裝附册，無須分器分字。無可考不必多留餘紙。真者固多見而知其美，僞者亦多見而知其惡，不必棄之，刻本亦同。其摹刻失真而非僞者，如《博古圖》、《考古圖》，王、薛諸書均須編入，於古人文意篆勢皆可推求擬議，甚有裨於三代文字之學也。必以廣收拓本、摹本、刻本，分類分字數選真裝册爲主，選餘亦必附裝存質勿遺。不知器名別爲一册俟考。刻本圖銘均可剪裝統附。

《金文考據》題咏，有見必録，不必意爲去取。

古書凡言古器及銘文者，必録爲一編，分經史子集。

古今《説文》家言，必當分字采附《説文》字之下，以一字爲一册，以便續補。訓詁、音韵各書，亦當分字附後。

金文之字，亦當摹冠《説文》各字之上。《説文》所無之字，附於各部後。

金文文法，宜編體例。

今存之器，有圖爲佳。

斤權宜先詳校漢器以校今權而并載之，古權惟漢器可見也。

尺度宜以建初尺校今尺而并載之，建初外今無古尺也。漢器紀所容之升斗，雖不能合古，尚可據考。

銘文必定所在，必記行數字數。

器或文或素必記。

器所出之地，所藏之家，流傳之自，知者必記。

金文釋文必定句讀。必於字下雙行，先注古字如器，次注今字釋之。

金文釋文必分段，必詳起結，必講文法。

金文以三代文字爲重。秦無文字，漢器之銘無文章，記年月、尺寸、斤兩、地名、器名、官名、工名而已，後世則并此而無之矣。

三代在上位者以德，有德者必有言，故有文字。三代後在上位者以才，德不足者言不足，故無文字。

金文標目當以作器者爲主，不可書其祖若父以爲器名。惟媵器則所出之地，非作器者之地，不可不知。

作器之例，亦當編記。其曰作『寶尊彝』，曰『帚（婦）女彝』，余謂皆市鬻物。其無文字者，或不盡有文，或竟無文，或市鬻，或六朝以前物，不可一概論也。

吉金必以經傳考定其器與器之用與制與名。

吉金宜分彝與不彝之用。

酒器宜分飲器、盛酒器之别（古人飲酒似不爇。觶是尋常使用之飲器，斝非飲器）。

食器宜别，文有黍、稷、稻、粱者是也。

牛、羊、豕、禽、魚、鶉、牛首、羊首器之别。

大鼎、中鼎、小鼎之别，圓鼎、方鼎、長方鼎之别。

有足無足、有耳無耳、有蓋無蓋之别。

量器之别，鍾與區鋘之類是也。

温器之别，銚之類也。

盥器之别，匜洗是也。

烝器之别，甗鼎是也。

熨器之别。

豆、登、燭、鐙之别。

符、節之别，葉氏龍節是也（『龍節』，阮氏係漢，非）。

爨器之别，鬲鼎是也。

角之角，爵之角，爵之兩柱警目，三足戒傾。 觚之觚，尊之觚，皆取義之制也。

兵器之别。

四

伯寅世仁兄少宰大人台座：十月九日迭奉九月十三日、望日、十九日、廿一日賜書四緘。殷念如此，愧感交并，所望推此爲天下得人，不僅文字之雅也。先文慤公官册，仰蒙飭屬録寄，敬領之下，感德莫名。尚有請者，先君三十二歲始生祺，成童以前，未能詳識各差使年月，故有是請。今讀録本，仍似節録，敬求再賜假十金，傳該管吏交付，作爲紙筆之費，令貼寫再録清本一分，一字勿遺。儻字過多，即再付十金，亦無不可。其建侯兄處十金，一并與之爲妥。仰瀆尊聽，伏乞玉成。先從兄介眉太僕銜，已見史傳，可無再查矣。敬并叩謝。祺愚直陋妄，撝謙益滋其愧。鄉墨題名領到。盂鼎自無可疑，君子一言以爲不智，清卿親見其器，自當可去成見，而篤愛更甚吾輩矣。尤望早成全圖，并精拓其文，多惠數十紙爲企耳。寰殷器蓋全者，葉氏以二百千得之廠肆，當厄于漢陽，此別一器，仲飴小倩曾慫恿予二百金，自以收之爲是。卣文至佳，以『不敉鰥寡』文推之，自是周初器。『㿝』字加『皿』奇古，盥彝文不見它器。剔之不可不慎，以秃針捻畫之中，聽其自動，而勿損邊爲要，切忌用刀。吴小山在敝齋半年學拓未成。

圖陽泉使者鑪一尚可。聞父子作畫，無意出游。此等乃文人伏案餘事，非躁者所耐也。遽中觶自是精品。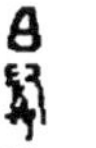毀記在阮書，此字可校之。關中亦見一拓，均平平，未必僞。季隻則似僞矣。杞伯盄之名却無二，非僞。張允勷處有一鼎，又借拓一尨姞毀（『尨』當即『東蒙』之『蒙』），云其戚所存，容檢得奉寄。汪嵐坡之圖未甚合法。清卿至精，只欠一古，圖成，再拓原象形文，求神似則備矣。張玉斧雙鈎亦未甚善。二鈎本不爽毫髮，一中鋒遒古一秀弱則大异。可見凡事皆不能掩著，必誠求之，小大無异理也。各拓容陸續報命。分字編各《説文》家言，何不延友爲之，剪貼則坊中工人能爲之耳。金文亦可摹附。有所得想必即釋，乞并録目示。以拓爲貴，不必定收其器也。重刊各金文書加釋亦要事。手肅敬謝，上問台安不備。館世愚弟陳介祺頓首。

同治十二年癸酉十月十一日

足行遲一日，檢號未編鐘拓一、楚公受鐘拓三、附封一緘。又尨姞毀、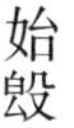（穸、究）鼎各一紙。箋紙等敬謝，惟不安耳。又拜。

作圖之法，以得其器之中之尺寸爲主，以細竹筋絲或銅細絲穿於木片中，使其絲端抵器，則其尺寸可準。然此法却未曾試，其理却甚明。他人則以意繪，以紙背翦擬而已。大小尺寸定一側，即見器之陰陽向背，其側之合否，熟看自知。圖稿繪定，分拓湊合而已。洋照法則須以紙上器，而以墨或彩拓之，有白地乃可照，但有近大遠小之弊。細文固宜細，粗花則吴氏兩罍軒作粗畫而不雙鈎爲合（平齋心緒不佳，未聞其爲何）。照蘭竹花卉作譜亦佳，畫以得迎面枝法爲難。今之照法勝古人粉本，第不知古人之筆出於古人之心，時代限之，有不能强者耳。又拜。

五

今日拓工自琅邪臺還，已三月之久矣。馳上精拓四紙，乞與子年兄分存之。一其東面向海者字甚多，當是始皇詔，雖漫漶莫辨，然前此未經人道，殊可珍。其西面乃二世詔，兹於五夫二楊樛前，又多出『五夫』二字一行。今日之拓，蓋莫善於此矣。其南雖爲明人刻『長天一色』，然是石裂而仆，非磨刻。其北則無字。何伯瑜以所費將及百金，居奇以爲游資。有欲即得者，與精拓延光共四金。遲則來春釀資自拓，并可拓晋石也。匆匆再上伯寅少宰左右。館世愚弟祺頓首。

國學石鼓精拓，乞五七分以惠同好，或可得新獲本也。羊毫近喜用大者，尊藏二十年前者，乞二二十枝。并極大者一二枝，以書額者作聯，聯者作屏，屏者作小字。尤望極大者一二，竹管者作額也。又拜。

同治十二年癸酉十月十八日

六

十二日傅足行，敬復謝一書，想已至。行後細審寰毁拓本，竟是僞作。如曩之、寰之、之、與虎之，不一而足。其碎切痕亦宛然。恐前言誤左右，致縻多金。其二毁亦不可信，此即都中刻銅墨盒諸人逐利所爲。左右多致真拓，玩其每筆之篆法與通篇自然之章法，勿徇好奇急獲之見，而平心察之，自易易耳。所重原在古人文字，豈有就文字不可定真僞者。其見器乃定者，亦非古人佳文字也。此上

伯寅世仁兄少宰大人左右，祺頓首。前欲購者，確非此拓，又拜。此種紙有細薄而緊者，作箋亦佳，此間刻手顔色俱劣，托廉生兄可代製否？

同治十二年癸酉十月十七日

七

伯寅尊兄少農世大人左右：十一月十日雪夜手復至。官册昔非無録本，特不詳耳。伏乞進署時傳該管吏持册呈閲，屬録一字不遺本爲企，敬先拜謝。新得邰鐘二甚精，當可以『六部鐘』名室矣。聞《寧壽古鑒》載内府藏十一古鐘，純廟時補鑄其一，未知是一時所作，文字相同否？若人間，則吾兄獲古之福，即此已爲未有矣。斯物出有年，今始因君子而彰，亦文字之盛矣，嘆羡奚似。祖丁卣第一字甚奇古，是作者名，記張叔未藏器有一字略近此者，徐籀莊釋爲『折』，似亦是作卣者名，俟撿出再摹録奉寄。此當是商末器也。分字《説文》之編，一通文理静細者，督一工人穩細者，一部一部翦貼之即可。金文隨見隨摹，入字下部後即可叢録，似分類爲有條理，且可多收。書名尚可再酌。得金文佳者乞假觀，已得者乞釋文也。有目釋則可校啾藏之有無，似以先刊摹文、釋文爲亟，而以自成書爲其次，乞教之。附上，廟形古乳毁（似非字），伯魚毁器蓋，豐（國）（姓）（名）毁器蓋（叔未有一器），伯高（喬）毁，城虢（事）遣生毁，非子孫卣（父乙二、父丁二），矢伯雞卣（二），皆器蓋，舟丏父丁小卣，父乙子孫觚，共十五紙，乞考定，仍望合前寄，統示一目。雪後此間忽極寒，北去千里，不知如何栗烈。銷寒雅集定多佳咏矣。手此即問台安不備。館世愚弟陳介祺頓首。

竷妄所云，思竭所知，以佐千秋之業，承屬謹當守潛默之素志，勿過慮也。拓本奢望每種一二十紙，以公同志，尤望佳墨細薄綿連扇料紙者，不厭多也（切勿惜紙，或都市無之，貴卿當易得，以薄軟爲上）。鐘圖最易作，上列有字一面，下削無字一面，即有大小，唯取唇平甬寬，以紙隔，如其式即可。乞部鐘大小幅數屏，想不見拒也。或拓不易正，則以拓本用水筆撕之，使墨外留紙毛，即以糊筆黏毛，候乾，將背面複紙，再以水筆撕去，留毛再黏，即可裝矣。郘鐘愚釋翼字下，乞直作古『翼』字，見盂鼎。張孝達釋翼謚甚詳確（不必又作『戴』），『鑪』、『鋁』從『虍』甚明，可定『鑪』、『鋁』非一字，至筆記則未可刻也。竹朋兄有《續泉説》寄子年兄，復注數十則，未及編次，乞訂正之。戴文節《古泉叢話》可見文人之作，無不大雅。若摹原文與形精刻，略有釋文，以從鐘鼎文字摹釋之後，可爲大觀，使人文思玩味無窮，瞻仰君子，惟有永企。祺再拜。

同治十二年癸酉十一月十五日

八

伯寅尊兄少農世大人台座：十六日奉十一月手書三緘，并大刻款識、羊毫大筆十、郘鐘拓、石鼓各拓之賜，敬謝敬謝。新春新年，遥惟恩遇日新、侍奉益健、勛猷丕焕、福禄來崇、莫名仰頌。官册敬再叩謝。餘詳子年書中。各拓新正檢彙報命。油浸可剔子母印銹，未試於器。封殷乞拓本，制同吴藏而似小。手此敬謝厚愛。敬問台安，并頌新禧，不宣。世愚弟陳介祺頓首。尊翁世叔大人前乞代稟賀新禧。

急足有少暇，檢近拓新莽鐘四紙爲茀禄之頌。年内内廷趨直益勤，想無暇及此。歲朝清供，以錫箭入古器，松柏、竹梅、唐花皆可插，亦殊爲尊藏增色也。又拜。

同治十二年癸酉十二月立春後一日

九

伯寅尊兄世大人台座：僻處未見邸鈔，忽傳以科場磨勘被議。大臣之去，以士子策中二語，亦可以告無罪矣。即日光復，定在意中。執事當不以暫退悻悻，不敢以多辭奉慰也。精拓琅邪臺秦刻四紙，乞察入。徐吉尚未歸，近便或不乏，容再布。即問台安不備。館世愚弟陳介祺頓首。

同治十三年甲戌正月廿一日

一〇

伯寅尊兄世大人台座：新正廿二日得去臘十九日、廿九日手書，二月二日又得正月十九日書，兼於子年書中聞已承恩命，復直南齋。雖部務亦可即復。而日來清近之福，文字之暇，亦數年來所未得者，其樂可知。又左相以盂鼎相歸，其古懷慊足，亦可謂蔑以加矣，惟有馳羨而已。前索秦瓦拓本，經冬歷春，始拓全數分。先自題一分，屬同邑新拔貢曹君代録一分寄上，共百九十七紙。愧多病未能自書，乞亮之。承惠款識第二册，并子年札刻、吉金各拓，敬謝。唯筆記附焉，慚悚無已而已。此復即請台安，并賀大喜，餘詳附答不具。館世愚弟陳介祺頓首。

畢毀宜名叚毀（古『遐』、『假』字通），王鼎（疑『在』字），登（烝）曾（疑『祭』字）念畢中孫子（文甚美，昔極愛之），末二字余釋是守，正之。

封毁觀刻圖及拓，自是真器，與吴收張器同而此小，拓未真固是未精，亦是當年康叔久用器也。乞再付佳拓數分。大鐘自以宗周鐘爲第一，可媲盂鼎，其次則三號叔亦可，它鐘不可共語，邢人未詳（三鐘同得同懸，方可匹鼎）。

郘鐘尚求棉紙連甬及面背拓精者一二分，花文既同則無字亦應并重，亦須拓，亦同裝爲是。它無字者不必多收，多而直廉，不過收備考音耳，亦存而不賞之品。

爵無字者不多，且礙鋻難刻，慎之，辨尚較易。

原有字之器，青緑厚亦不能掩。青緑重、質朽盡，或有不可剔者，疑其有字，恐未必終出矣。去漆却無術，漆去則斑去矣。細銅絲刷或可去，若浸去而内絲毫不損，則必無之事（銅刷乃劣器，不可輕用）。

徐王子前鐘，今無馮書，無從復，恐未必佳。

《沙南侯獲》，未敢求賜，謝謝。（已托人訪拓，何不托小午耶？）

退樓余義鐘拓自未佳，而非近僞，未見亦須存疑，不敢武斷。

李山農近寄八行行十一字彝拓，初看精美之至，今日之作僞，亦前古所未有矣。

丁筱農竟作古，其藏器僅見一二十拓，雖無至精者，僞刻尚不多。張允勷藏器，則所知如此，不知則無從説。

丙申角自是真品，有蓋，鍪中有蜩文。未知其直若何，百廿金可得否？如爲它人得去，則乞爲代購矣。葉器既見，漢厄自未確，記其佳器，附目於下。叔氏鐘、䤵彝（小𣪘也，小器字多之精品）、吴彝（方尊蓋也，有觚）、古銅龍節（『王命惠賃』八字）、冗𣪘（殘片）、冗簠、又盤、寰𣪘器蓋（其他未能悉舉）。多智友藏器，一願𣪘蓋至精（余釋『大』），與格伯𣪘蓋同歸王戟門，聞質於京肆，不知贖歸否？智友又有戴公戈，又一戈，皆有匣，皆顔運生物，邿遣𣪘，又一大卣，色澤至佳，皆平安堂閻賈物。以上其得之它人者，則不知矣。

南中在念之器。諆田鼎（大鼎，夏松如藏）、鬲攸從鼎、頌鼎、鄐伯𩆜簠（葉夢漁藏）、三號叔鐘、叔向𣪘、頌鼎、大盂鼎（鼎容十二石而字小，拓本亦不可見）、散氏盤、虢季子白盤、不嬰（嬰）𣪘蓋（余謂『子白之御者』）。盂鼎不知何日至，聞大如今方案，容可八石，自非專車不可。想大車以載，山河之遥，正未易易耳。至日如有精拓，乞先寄。日内與新來學拓一友説拓法，説畢，少修其詞，再奉寄，以爲初學之導，一兩月恐尚未能寄也。鼎宜度以建初尺，尺有木者，有紙褙者，有三尺五尺者，乃便用耳。足上口（徑、圜）、腹（深、圍、下垂之中）均須詳度寄拓本，乞拓一全耳。拓腹内文一段，拓足上文（無則可不拓），先寄爲企。拙釋已由竹朋寄至子年處否？『玟』、『珷』字，愚以爲作者以爲『文』之『文』乃王者之『文』，『武』之『武』乃王者之『武』，故均加『王』，以别它文武字，以義起之字也。此鼎致疑在此，故先據理明之，未知大雅以爲何如也。須審剔字，前有一紙與清卿學使，乞索來勘之。

同邑選拔曹君字竹銘，年少有才，童試冠軍，書尤秀爽，善臨摹。寒士以課讀爲生，衣食不裕，考試後，或部或教，非留京處館，無以爲計。敢乞推愛，試令寫書，或試令代筆。儻可栽培，位以金石一席，於察書監拓，或可如尊意也。如欲賜見，則語仲飴轉告，即當趨謁也。

舍親王西泉石經，武生而能作篆隸，知古法，刻印尤得漢法，亦能作鐘鼎，但迫促亦不多作，甚能鑒别，惟未嘗學問耳。十鐘主人大印、海濱病史印，即其所刻，仲飴與相契也。趙撝叔之謙刻印尚佳。當代能刻而佳者，乞以所刻詳示，并其爵里姓名爲企。

郘鐘（每鐘五六紙，連甬及背）、史頌鼎（二十紙）、匽侯鼎（五紙）、媨鼎（十紙）、季念鼎（十紙）、伯矩彝（五紙，毁也）、季保毁（十紙，非彝）、子作父癸彝（五紙，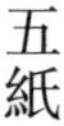字下疑『祼』形，亞中高廟形）、伯寰卣（五紙）、父辛卣（六字者五紙）、衛父卣（十紙）、戉（『鉞』形）卣、王盉（十紙）、召中鬲（五紙）、仲弛盤（五紙）、父辛卣（九行者十紙）、魚父癸壺（五紙）、鄭楙卡賓父壺

（十紙）、龍爵（十紙）、父壬𢆶爵、作父乙爵、作乃父丁爵（均五紙）、封毁（精拓十紙，文在蓋在器未詳）、[illegible]毁（五紙，上半似『句』，下『手』形，合之，其拘之古文與）、𠭯毁（十紙），賜寄，以敝藏爲報，亦乞示目。簠齋所請。

同治十三年甲戌二月十三日

二

伯寅仁兄世大人台座：三月廿日奉手書多紙，并金文如瓦文數，敬謝。兹有傅足急便，今春拓得古兵將畢，秉燭檢卅三紙，以今日新刻印識之。其目與釋，在廉生書中，匆匆不及再録，亮之。復平齋書，較前所言少晰，希是正。古器易磨易損，磨則紙糊再拓，損則須静細者善護之，聞季保毁之語，惘然不置，誠不可輕以假人也。吾兄筆墨雖多，不可焦急，讀來書似不及去年之暇豫，何耶？竹銘所作字及理拓事，所學尚淺，不能有所考訂，試畢，先試之而後館之爲企。手謝即問台安不備。館世愚弟祺頓首。子年處一札乞即致。

同治十三年甲戌三月廿三日

一二

伯寅仁兄世大人台座：近少東便，未得手復。兹寄上《金文册目釋》一册，其一册尚有數葉未畢，再有北便即可寄。與仲飴同録止此，近中所見未曾裝册者，尚未録也。餘詳子年書中。此問台安不備。館世愚弟陳介祺頓首。

同治十三年甲戌四月十二日

一三

伯寅仁兄世大人台座：二月廿日賜書。甗器乃方尊，似非匜，不能盥也。不嬰𣪘之『伯氏』，愚謂即『虢季子伯』，『不嬰』乃其御也。井鐘之類，皆王朝書耳。各拓須再檢寄，此次不及矣。肥城之器，已詳子年前書，他未聞，僻處不與地方大吏往還也。曹望憘畫乃張子達以濃淡墨拓，過小樣，愚所不取。古印謝謝。《沙南碑》語想未確。文泉丈書，容索得即寄，但無多種。尊藏各拓之惠，感感。但望有好手有綿紙時，再精拓見寄也。秦鐵權拓，想子年可分贈。匆匆再謝。即請台安不備。館世愚弟祺頓首。外致子年書一。

同治十三年甲戌四月十三日

一四

伯寅仁兄世大人台座：五月朔奉四月望後各書，并金拓等，敬謝。『千秋萬歲』當是琅邪臺物，宜以白蠟塗之，乃不損字。乞再付綿紙者一二十紙，如奉寄者之式，擬與自存者同裝。新得之孫淵如藏古兵、小松題簽云『奔戟』者，未見拓本，乞并簽字器字各拓數紙見寄爲企。十六車之語未聞，前所聞肥城出土數器歸歷肆語已奉告。延煦堂拓本可得，則乞提有字者可見。又有一盤花文中有字者，出任城肆，歸丁筱農，此等似均是夏商物，不多覯也。懷鼎之制，乞問一大概。匜匜疑仍是方尊之屬，文無匜字，如不可容兩手沃盥，則非匜可定，匜亦何取乎有蓋。未合古人制器之理則可疑，或是酒器耳。烏魚穗（穗乃土人以形似名之）四斤，奉佐養志之末，海味無佳者而易得，所需可示及。敝藏《金文册目釋》一册，乞察入。即問台安不備。

尊大人前乞道仰念。館世愚弟陳介祺頓首。

同治十三年甲戌五月十一日

附箋

邵黬鐘釋文

隹（唯）王正（字當作『正』，上二畫泐）月初吉▼（丁）亥（亥）。（句一。）邵（台上作○，下從『口』，自是『邵』，後鋁從二『口』，可證非㸚，似不必以上不從己疑之）𨸏黑（『黑』上似『咸』，疑即黬。黬，《説文》『雖皙而黑』，古文名黬字皙，《史記》列傳『曾蒧字皙』。）黬作器者名，邵之公子也）（一行十字。）

曰：（句二。）（以上記事之辭。）余𦥑（似『異』、『翼』字，釋共未安）公之孫。（句三。）邵白（伯）之子。（句四。）（稱『余』，述其先。）（二行十字。）

余頡（余謂即『劼』）㠯（密，余謂即『毖』）事（事）君。（句五。）（再稱余，述其志。）余𦾔（獸即『守』，與盂鼎用𦾔同義）𢦏（半泐，余謂上似『馬』，下似𢦏，即『駿』）走（『駿奔走』見《詩》，三稱余，述所職。以上叙作樂器之由）。（句六。）作（三行十字。）

爲余鍾。（句七。）（元）鏐（字見曾伯霥簠，阮釋『錯』，余疑『鑢』，《說文》『鑢』訓『錯』，此似金名，非鍾字）鋁。（句八。）大鐘八（四行十字。以上鼓左。）

（肆，《款識》作，此省，齊侯罍鼓鍾一與此同而從『金』，《晋語》『歌鐘二肆』，注『列也』）。（句九。）其（縣『宀』下繫『龍鼄』，古象形字）（四）（『堵』籒文，《周禮・小胥》『凡縣鍾磬，半爲堵，全爲肆』，注『鍾一堵磬一堵謂之肆』，上字中加一橫畫，與囧文异，又异于古文『亖』、《說文》『丣』，以半爲堵通之，自是『四』字）。（句十。）（喬喬，『矯矯』省，高上作，夭矯之象也）其龍。（句十一。）既壽（久也）（五行，合重文十一字。）

㓙（古同『暢』，《廣雅・釋詁》『暢，長也』）（虡即『虡』，《後漢書・董卓傳》『虡，鹿頭神身獸也』，《文選》薛注『虡虡，形貌』，二語言其虡長大而飾以龍，如夏后氏之制，其狀矯矯然也）。（句十二。）大鐘既（穌）。（句十三。）王（玉）⿰金⿰頁吅（潘引《說文》以爲『讙』字，又書頁爲『夏』，余謂從『頁』甚明，自是『⿰頁吅』，當從『玉』作⿰王⿰頁吅，古『鏐』、『璆』、『鐐』、『璙』等字金玉互書，此從金同。《楚語》『而以金石匏竹之昌大⿰頁吅庶爲樂』，注『⿰頁吅，華也』。樂無喧理而⿰頁吅有衆義，自是玉磬之衆而非特者謂之⿰金⿰頁吅，惜字音無可考矣。今人呼古玉片之有孔者謂鏟，而不知即磬，余竊識之，不意得此字爲證也）鼉鼓。（句十四。）（六行十字。）

余不敢爲喬（驕省，言爲此鐘非驕侈也。『高』上作『山』，氣上出之象也）。（句十五。）

我以享孝樂（七行十字。）

我先且（祖）。（句十六。）（以上叙作鐘之事，正文止此。鋁堵虡鼓祖韻。）以蘄（祈）眉壽（韻與寶叶）。（句十七。）世世子孫（八行，合重文十一字。）

永以爲寶。（句十八。）（文末自頌作結，金文例也。）（九行四字。以上鼓右，左右以鐘在懸言之。）

右鐘銘九行，八行行十字，重文二字，末行四字，爲字八十六，爲句十八。潘伯寅少農藏器，凡四，以拓求之，三鐘大相若，一小。同治癸酉六月二十六日癸酉，鮑子年夔守各寄二紙至，連日大雨，蒸溽中釋之，至『驕』字殊快意，文字謹嚴如此，猶是周初法度，吉金中不可多得也。俟見諸家釋文，當再訂正。二十九日海濱病史記。

一五

伯寅仁兄世大人台座：五月廿五日奉四月廿九日、五月二日後手書七函，知偶有不適，想近履已元復矣。聞兄將刻金文甚喜。第一必求其似，必講求鈎法刻法，與原拓既不爽毫髮，又能得其古勁有力之神，而不流於俗軟，乃可上傳古而下垂久，方爲不虛此刻，必須有學問知篆法肯耐心者相助乃克有成。今人動譏阮書，蒙則謂雖未盡善，尚未有能及之者，非校審不知也，選工延友乃爲先務之急，未可似如他書發刻即可無事。其體例則必須一器一版，前摹文標目，後釋文。字多者或一器二版或數版，至釋文而止，必不使與考相聯。字少者一版二器，器必從類，類雜則不可編次矣。此最活動，一刻即可成書之計，唯記卷記葉字不可刻。㪚藏近可及千種，其新拓者與尊藏必多同，其舊拓而難得者尤可珍，乞長夏以裝册自先釋之，再與諸君子商定之。秋間專人寄讀，或以摹本寄亦可，然不如册中可附數字以傳也。讀書識字不多，前已實告，不過以少有心得相質，何博之足云。阮、吴諸從真本摹刻者，不得真本亦必當刻入，目下注明，此方是傳古人不是傳自己，所見乃大而公，乃真是好古人真文字，補秦燔之憾，而不是玩物，而自不能爲僞刻所炫。蒙嘗竊謂有好者必有僞者，能別則僞者自遠。上有甚好者如宋，宋之僞者必多。然僞亦一時一時不同，以真文字摹刻爲僞，如今日則非求之於其力其氣其神其文其義，鮮不惑矣。各金文書亦可閱訂釋文與真僞寄讀，雖少勿遺，疑者或注附字，以存未見原器之慎。拓不緻者，摹一本寄校，不善別僞，宜求真知，勿存成見，如亞者皆疑之類。字少者乃古，雖易僞，豈可删。《説文統編》乃博考之大助，文字之集成，凡字書皆當附以金文校《説文》之有無异同，亦必不可少之書。此次必不爲前人之例所拘乃可大備。《博古》以至《古鑒》諸書，雖覺费力，然實有益於古文字處，不當屏棄。不可廢，即必不可棄，乃此事之成始成終而無憾於闕遺者。不刻秦却可，秦止書，已無文字矣。此復即問台履大安不具。館世愚弟陳介祺頓首。

同治十三年甲戌五月廿六日

一六

此次書乞教正，飭録一紙批示。再請子年、廉生、清卿諸君子正之，乞各致一紙。蒙刻存往還之雅，愧感愧感。第字過小，如合鮑吴吴（退樓、清卿）王與尊處書同删定，爲代就正海內，尤感之甚。刻不必工，惟字大如子年書可矣。《齊侯罍考》非自書不可，如欲看，可先向退樓索之。器當名鉼如銘文，銘文中有罍名者却未見，田陳物自無疑。拙説却有許多不同前人處，乞正之。丙申角失之甚可惜。小器字多至精之品，次於重器字多者一等也，即過費亦可以次者易之。寰毁失之亦可惜，字多不易得。器文乃斑結至堅，剔之不免有痕，要之有斑可剔，字影真而又剔不動者更是真據，何疑之若是耶？其僞刻一器有許多誤處，誤則不成字，古器不若是，以此校之可見。兩耳在旁曲而上出似漢鼎者，亦有周末器，其似盤耳者則仍是古器，東武劉氏㒸齊妻鼎之類是也（鼇小鼎同）。字古於漢即秦，古於秦即周末，古於周即夏商，彝器與印皆然。二手奉舟即古『受』字之鐸，與葉氏『若母』二字亞中兒冠㝵形卣形之鐸，文同在柄，而葉器文勝。其僞增字一鐸可去之，雖損見銅亦無妨。柄字隱隱似與葉同，可去斑至將見銅，字之有無自明，無則不足存矣。它器無僞刻字者，去斑則須從容。鐸少於鐘，此數鐸皆商器也。已得之器，愛之切則所見久愈有真，汰其僞者以省累，且可少得貲。真而字少器殘，亦不可棄。久則審定自可不惑，勿徒騖新得而不深玩其舊有也。肥域毁作者名之字似尚有缺筆，其卣柄之字，均乞致精拓假示是企。甗器究是匜否？素方伯之器多而佳，一商毁一簠曾見否？葉氏拓紙色黄者，云皆其藏器。定邸亦有藏器。瑞邸藏多僞者。古器不畏殘破而須護惜，文古即佳。利後子孫，乃古瓦棺以瘞骨者。葉氏制如聯，於其愛日堂壁上見之，漢字之佳者也。似是葉藏俱在，可力收之。尤幸其書未成，今始著録也。丁小山去秋得琅邪臺瓦完者一，其字屈填者乃漢而非秦，遜斯遠矣。《沙南碑》用厚紙，先撲後拭，多拓使黑乃佳，乞致之，得乞分惠。古文字不是奇，因其學問識見心思，能盡一己，以通天地萬事萬物，而制爲文字以明之，是以多奇。今人反之，所以平庸淺近，遞降而愈昧古人制字之義，止驚其奇而已。古人文簡而字多，後人文繁而字轉日少，可以見矣，古人豈有無理之奇字哉。它器所見之字而此忽异則必察之，此而忽弱則必疑之，而不可以皮相貌取矣。古人奇而有理，後人博而無理，其中之高下淺深不可不以理定耶。古人之文無一字無法度，不可不逐字逐句求之，周末則多襲取矣。今日既欲明古文字以收聖賢之遺，而使秦政李斯之惡，尚有不能如何者，豈可不通籌計之精審爲之耶。所望勿視爲一藝之小事，而重爲存古文之真之大舉也，唯大君子察之。祺再拜。

所惠此紙，皆爲奉復用，已幾罄矣。以易書喜用之，貢使來，尚可物色否？邰鐘有字無字凡幾，乞詳示，勿輕視之。都中有净皮紙（綿連紙名），拓字何不用之，以薄軟者爲宜。字少如爵，亦須并花文拓，使紙大易存。一器剪一紙樣付拓者，發紙收拓收繳器皆記目更佳。拓友來，長夏擬拓鐘爵二種，鐘大者一日不過僅得一紙。求以邰鐘作屏乞留意。拓甬以紙隔使如甬即是圖，圖之最易，莫如鐘矣。金文惟《攈古録》所收，尚有未備者，或以敝藏拓本目釋校增尊藏，再鈔一分與退樓校所藏，與南中諸收藏者皆校録之。以吾兄位尊門高，與文字友往還，和平虚下，俯而挽之，則海内之士，豈有不樂助喜成者，尚望擴而充之也。張叔未所藏器與拓

同治十三年甲戌五月廿七、八日

友，皆係念不置。又拜。

一七

六月二日奉五月廿三日書。奔戟似古戚，戚亦舊説，不得無足悔。邾子伯簠誠有刻畫痕。匜非明器，手試不便盥，即决非匜，且有觚，觚、酒之戒也，何用乎匜哉。懷鼎乞畫一大概（無异他鼎則不必）。祺又拜。

曹君鴻勛於書啓，能寫未必能作，若屬代筆，則尚能摹仿。書啓則須學作京官書啓，大方而簡浄，能知京外事，與往來之啓，恐似易而難。若屬監拓，或可細心檢點愛護，發紙收拓，當副所托（可托則能熨貼），久之則考據亦可學習（聰明、於文墨事爲近），當不至終爲門外漢。拓惟伊家極寒，以課讀爲生，須京用之外，尚能顧家，亦須用何職，方能酌定，可與仲飴商之。拓友之難備嘗，教拓則苦其鈍，又苦其厭，久而未必能安，重椎損器，多拓磨擦，私留拓本，妄費紙墨，出外游蕩，技未至精，而自恃非伊不可，與言每不隨意。若陳粟園者，真不可復得。即欲多延一二人，亦須有人照料方妥，此亦約略。竹銘或者可托，而尚不知其終如何也。又拜。

同治十三年甲戌六月六日

史頌鼎、記是程木庵物。文中之事，與王戟門所得多智友家願（舊釋）[illegible]毁蓋文所言者同，當互參之（余謂作者名大）。丁子兩日非誤。『鮇』是『澤』，或是『夢』。『友』是。[illegible]，仍當是『揚』异文，定非『匡』。

匽侯鼎（魯内小臣𪔁鼎）。

至鼎（未見器，不敢定）。

舒鼎，是。

伯矩毁（余謂此種古人以盛和羹者）。

伯睘卣（與余藏爲一人作而文少遜，制同）。

衛父卣，佳。『衛』非國名，見《獲古編》。

子執旂卣、申卣（未見器，不敢定）。

戊形卣。制奇。

曼子卣（見器乃定）。

子孫父辛孫卣（同）。

曹侯毁（同）。雖有説曹，不敢附和。

休毁（同）。

季良父簠。

龍爵。

父癸甗。

吕大叔斧（見器乃可定）。

吉金原文未精者，必須見器。僞甚者，以拓本審之可矣。

郘鐘，張説『翼』字非，戴是。『異』即『翼』，見盂鼎、史頌鼎。『穌』非『魯』，『魯』字金文極多。『瀼』亦習見。

仲弛盤。『弛』字未安，『兒』近之。第三字『臣』是。『父』字未定。第五字似『肇』。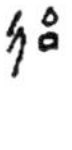下『以金用作中寶器』七字，『中』是人名，古文之簡者。

盉釋姪，未安。

吉金字小而細淺者，以顯微鏡審之。

裝金文以類。不得原拓，先裝刻本。

邰鐘似鑄款。

《攀古樓款識》釋文，自以張説爲長，以其博雅而聰穎，於理爲近也。祺愧不博，又不能窮理。而竊謂古學之長，必折衷於理，博而不明，不能斷也。辭賦之勝，亦必以理。漢學之雜，必擇以理。讀古人之字，不可不求古人之文，讀古人之文，不可不求古人之理，不可專論其字，竊向往之而愧未能也。

聞成見或有偏處，此只是考古人之字，而未深求古人作篆之法。多見而深求之，真與僞自可信與心矣。文人、才人，香濤足以當之。

古文字一篇中之氣、一字中之氣、一畫中之氣，豈今人所能僞哉？古人道理，大有不可以漢魏奇字與《説文》只訂其偏旁例求之。

父辛卣（九行五十四字，潘伯寅少農藏，器泐而拓不致。）

用冊□作父辛（尊）。

□（似『名』）□□。子子孫孫寶。

□□□子□（先）（從『二自』不從『二百』）

□。亡(無)。□□□孫。不
□□(器繁文)。(『兄』,又似『邦』)(似『鑄』)彝。
用作大(似『謨』)于(乃)且(『祖』)
□。父母。多神。(毋)念
□。□□(乃)(泐,孜侮)(鰥)(寡)。
□(泐)□(泐)□(泐)□(泐)不剬。
此紙未留稿,伯寅閱後,與精拓同付還,再校釋之。

一八

伯寅仁兄世大人台座:七月九日徐吉還,得五六月所惠書,并鼎圖全拓。知已入直,并聞恩命有加,即日光復,企慰企慰。秦瓦拓,謝謝。葉鐸角卣,俟有好拓手,再各乞數紙。字雖不同,而未得它釋。叔向父毁,自是周初器,吉金文之至佳者。卣柄字未知究是如何,已屬人自歷物色。姞氏毁似是張木三得於陝者,非龙姞毁同出。魯士俘父簠『簠』字,似以與子白『簠』字同，来敢即拓遽定。佳廿一季戈誠僞。林字器以不佳故未録，亦未必不真（或宋仿）。何饋石真是新出者，極不易得，甫得一紙，已屬精拓多拓，未知可至否？至必奉寄。伏生冢字同。中州李氏，想是玩器而不拓文者。盤亦聞之，云方者，字七八百，均近妄矣。費歐餘之殷何名，昔年都門所見小字殷，則師虎爲佳矣。祺往來簡牘皆信手不成文理，屢蒙付刻，已悚愧無地，敢再冀精刻耶？改字尤感。屬言之紙，又令破戒，何耶？戣字之疑，真是巨識，餘三器無疑。一未定，增疑。七，小品，未及。清卿所得鳳翔出土方鼎，似是商器，可再審之。其殷文作，甚古。吴方尊蓋，乃葉藏之佳者也，昔爲精剔，今見損字，惘惘，不可失之。摹刻金文，必須神似，必須一器一版（此最要，與集漢印文一印一紙同，易於編次）。郘鐘須篆文同制作同，乃可謂之均郘。惠人紙止便於書，無則可已。再鬆（紙之大病），則其長去矣。煦堂自未能任校刻之勞，或能自作一書耳。有力固負之以趨，真者棄，留者退，亦恐裹足。鐸先剔字，有乃去僞。弟所藏拓，已詳目釋。歸來所得，或有遺者耳。寫字之人固不可少，刻金尤必須專延一友，而諸君子督之乃可。吴小山在家，任意增減作圖作畫，翻刻拓本，事多而不能致利，未必能就館。潎處拓友，皆日日自看自教，拓未至精，而相處已不易。如粟園者，今日豈可得哉。此文人閑中忙事，有官守者，非得人代稽，不易易也。襄鼎圖，謝謝。金文字多占一葉者，釋別作一葉，即習見亦不可忽無釋，此不可易；字少占半葉者，釋居後半葉；字少至半葉之半可容者，則同類之器二種共一葉，亦不可易。子年大得意者何事，欲早聞之。車飾之字久不定，不見，無從説。拓目容寫副再注同寄。仲飴處拓亦無人無紙，又收藏處外積物多，是以未能俱得，容檢所有再復。山農召公五器誠至寶，擬以寶召軒名贈之。磚拓尚未動手，先奉齊字磚拓五紙。遲日徐吉即來，當檢近拓寄。拔貢試畢，歸便不少，有見寄者可詢交。收古器至盂鼎，似不必再過求。收古器則必當講求古人作篆用筆之法，知之然後可以判真贋，可以知鈎刻之失不失。延友則必須通篆學，誠篤精細、不輕躁鹵莽者。此等人亦必須善遇之，使之能安，然甚不易得。阮書向以爲今尚無過之者。前人有考之器，可刻即刻，以待後來。今人則擇有見者刻之，或有或無無害，不必留作後刻，亦不可厭多。如諸重器，雖考即數卷，豈爲多哉。摹出對原拓影審之，刻出亦然，映看是真法，勁軟則是刀與筆也。作一書，第一貴知要，而又須能包舉，不必以己之成見先入主之也。手復上問台安不備。館世愚弟陳介祺頓首。

左相書歸盂鼎，自取方無痕迹，且可速。愚見似尚非謬，或寄運費二百金與小午，托其製櫝（厚木、鐵釘葉、内用紙厚糊、塞滿不少動，或托子年切致蘇億年爲之尤妥）。覓車、擇京差員弁之至可托者委之，而進城事自任之，當必妥速。盡棄所藏而藏此，尚且未過，何計留資他謀耶？强之亦可至，似不如如此，乞恕愚者之直而妄也。又拜。

《集古印證》刻成未，佳紙二部，當具印費廿金。惜印舉各官印，及收藏家各新得，有所遺耳。叔均有續者，未知附刻否？此事乞詢之。小餘明府藏器多佳者。華山碑惜未得見。又拜。

同治十三年甲戌七月十一日

附箋

兩罍軒所藏：庚午父乙鼎（未定）。手執中觚。魚觚。孫子觶。庚觶（真）。舉丁觶（真）。岑妃敦（僞甚）。虢季子壺（真）。突子伯簠（即非僞，亦應作芮太子也）。曩鬲（此僞無疑）。齊侯盤，戣（字疑，此必不可言，言恐至好有睽）。此皆所謂未見器不敢定者，非敢妄議，欲得丈一言以印證侄之所見耳。此屬，乞批。（冊冊父乙鼎、[illegible]父辛卣、且辛觚、齊良劍、朕作矛、永始鼎、黄山鐙、鈎，多可疑。）

一九

伯寅仁兄世大人台座：昨函想甫至，兹拓藏爵畢，交徐吉寄上，即頌大安。弟陳介祺頓首。

同治十三年甲戌七月十六日

二〇

伯寅仁兄世大人台座：中旬曾復二書，并爵文拓卌五種，想已至。廿一日奉四日手書，知近與煦堂往還，得見各拓，并云有宗周鐘，未見究不敢信。肥城器已得二拓，其二人乘車字甚精，其一字亦奇雄，惜拓未緻。秩山作此皆寫意，無肯爲摹刻計者，誠篤可托，極不易得，而損器拓少私留乖張之弊，又復層見迭出，人孰知傳古之不易若此哉。尊藏《金文册目》已録副謹繳，惜未録釋文，又未注陳已釋，又不得見所未見之拓，爲悶悶耳。仲飴之拓，已多見於見贈者，蓋未專以此爲事也。刻金文專任貴及門京宦，似不易易，向習何書，易改古文從己，甚難力追上去。此問台安不備。館世愚弟陳介祺頓首。

同治十三年甲戌七月廿七日

二二

伯寅仁兄世大人台座：昨寄一緘，并金文目原本，想已察入。兹復將録副一本加注奉覽，日後仍望付還。於愚未釋者補釋，或并以副本見賜尤感。不朽之作，固在傳真，尤嚴去僞，不勝切企。即問台安。館世愚弟陳介祺頓首。

頃得瞿經孳兄來書，即當作復求寄。翁叔均有《續考證》，當附刻。近見各印，亦當并續，但摹刻不失真爲難耳。同日又拜。助資廿金外尚可代銷二三部。

同治十三年甲戌七月三十日

一二二

伯寅仁兄世大人台座：七月三日具復緘，想已入鑒。秋中清朗，維台履佳善，上侍康安爲慰。盂鼎已至否？念念。兹拓上邢仁母鐘一紙求釋。𡰥當是『仁』字，『母』以『㚷』通之，或是『㚷』、『接』字否，『母』、『女』可通否？『克』下字『秉德』，『女害（憲）聖』下三字尚未釋定。此鐘雖大，制作似未如虢尗、兮中、尗氏諸鐘，唯不得見宗周一鐘，想像文王之聲爲憾。今所傳者，則不是過矣。享國永者，音必有合，紀侯鐘厚而音短，宜乎大去其國也。此即吕工守業學拓者，其人之謹細極難得，工雖賤，行不劣也。張允勷寄伯高父甗拓一紙附鑒。此問台安不備。館世愚弟陳介祺頓首。

同治十三年甲戌八月八日

一二三

伯寅仁兄世大人台座：中秋月上時，得七月至八月四日七函，并高驪、日本箋各二百，自製箋四百，《古泉叢話》十册。所賜過厚，則心不能安。千里而遥，又無一日不相念，尤愧所學無以副厚期也。伏乞察見，知其不足而教之，幸甚幸甚。高驪箋如此已可用，不必再佳。其怡邸明善堂日本紙，久於明人尺牘中見而賞之，今幸拜惠，當珍存不敢書，若尚可得，則二三百葉足矣。自製箋則所繪皆紀恩遇事，亦不敢用，勿再施也。怡邸所收皆有明故物，宋元本書，宋拓帖（真者墨止是异常之黑，今墨止是不黑），宋元明紙墨（佳紙止是細，質韌工純，久搗去滓，有堅者柔者二種。墨止是松肥油明，烟取上頂細者多杵，堅角膠和則至佳，反是則漸白。今之至下至白者，松柴灰亦入矣）必多。可屬廉生留意於坊中收之，多則波及，不令交直，則不敢受矣。明瓷瓶、水丞、茶杯、印泥合、舊雕朱漆合子、方而雕不纖可藏印者，文房雅玩當不少也（明周柱射獵圖檀合精者，珠貝金玉無奇不有而雅）。所詢各事，列復於後。盂鼎圖，清卿學使當已作，未作則量明尺寸，拓全花文耳足，使之不須再問再拓，即可在陝作圖。先成一大圖，再審其合否似否，於都中刻之，以大紙（金錢榜紙之類）拓之，然後縮入著録，專作一册可已。舊釋一稿，寄求教正。所學不足考此重器，唯不敢辭費，模糊牽扯，其中頗有當改，與籀莊引用不可從者，乞即削之，勿遽以爲定本而附刊也。金文釋得可讀，已非易易，諸説凡不武斷者，皆可存以待後，不存之，又安知所據之有此一誤，而見後釋之善耶。郘鐘釋文雖不博，尚明順無大疵。

齊侯罍(鉼)釋，曾向平齋索得否？乞訂之金文凡例，企企。叔氏鐘、鍨殷(至小)、龍節自尚在，造象則李寶臺所僞居多，即字小有金，亦未可信，以六朝石推之可已。吉金專收三代，已力争上游，亟求勞心糜財，喜新得而不察故有，似與諸家之玩好而文字天機不深者弊同。既已振衣千仞，必當於文字中求所以自异，如積學寒儒之專收拓本刻本，孜孜於古文字中而已，如此則無不適意之時矣。肥城卣甚不及所得之拓，當是無人不拓。提梁上字甚古，似『壽』而□奇，其作寶尊彝者，亦似一手書也。煦堂有力，器拓自當如是之多。録目亦止須校吾二家所無者，然必須釋文，奇者必須摹，僞者亦别記之。不見拓本，雖摹示亦有不敢斷者。愚者之實事求是，良可哂也。其望當代之大收藏家專傳所得至可信之品，而不敢言可汰者，則其誠亦可憫矣。褱鼎必不僞，雖不及王子申盞盂而亦不遠，亦古書之一種。山農拓本可先勿裝，封寄一讀。小農藏少而可汰者亦少。父戊盤乃宫子行得之任城者，真商器所謂象物者，或九鼎同鑄之遺與。静殷之字皆可尋出所自。敝邑于氏壺借不出，從容商之。郭氏止一槐堂，所藏止菑川金鼎、孟奠父殷殘蓋、借人二爵(同銘)及尋常數器、六朝石一二十種而已。不相近，故未能致其藏拓，亦不來索作文字游也。葉器王中皇父盉不僞，奉册非四手而甚奇，有蓋自仍是方尊非匜，雖未見，可揣定之，妄否？丁未角昔借拓，文至佳，『劉商』疑即『翦商』，徙當是徙省，□

疑是『獻』之古文。寓記是卣蓋，有兩耳，何以名尊。子孫角亦古，下似有字。柬豆究是何形，可筆畫其大概。豆未見古者，即字可，亦須見器乃定。諸器想已得之勿失。鐸新出，字尚奇而剔未善。介山馬氏或是先得召伯虎敦者，壺有召伯文，字不多如敦，可慕之至，或是豫令，仲飴或知之。内城肆卣字不僞則佳，略疑其筆畫範未精。陽識爵雖殘而字佳。卡倉簋於許册見之，云非『倉』，是。『車杠』，㾓鼎謂之『金甬』，以似鐘甬，見於許氏《説文》，中有字痕，何不拓之？醯浸而損，并筆箭亦不可矣。白摺紙性鬆不可拓，閣拓有金箔紙，或可向捶金肆詢之，未必有。張叔未則有宋本書副頁拓本。今有東洋薄紙或可用。素方伯拓紙則不知。葉器尚有有蓋、父乙斝、女康丁皿，器亦佳，所藏未可悉數也。收藏必以無僞爲求古文字之要，不可如葉氏，雖多亦奚以爲也。祁君刻印欲有意求古，可求之鐘鼎，鐘鼎字不足，即專作小篆，而求鐘鼎之力於手於筆，求鐘鼎之法於筆之兩端，一筆一筆求之，以運於小篆之中，自可有過漢人處，而必爲千年來之傳作矣。欲傳必心精力果如古人，方能望見古人一二，有一二則必傳矣。

竹銘似代筆是所長，即欲歸，或不敢定，容晤詢之。拓字今惟聾者張子達衍聰，拓白文能精，其多疑而大呼不能聞，婉言不能謝，是極難事。昨有一札應東山兄弟之屬，其拓則似可如尊處之次者，前爵與戈拓，多半是所作，而乃弟稍勝。若每日可精拓二十紙，不自拓，不費紙，不損器，則亦可試之矣，未審左右有老成人與共事否？手復即問台安不備。

同治十三年甲戌八月廿一日

二四

伯寅仁兄世大人台座：復書未緘，廿七日晚傅足至，又得月二日、十日、十一日、中秋、中秋後五書，并金石拓、筆記刻卌，敬謝。《煦堂金文目》校記繳上。日昇之説，唯祝保躬前，非禮無以見之語，即此心之耿耿惓戀者耳。（王札）曶鼎、鬲攸鼎、諆田鼎皆得真拓（曶有錫摹本）而無副，宗周鐘、國差（佐）甔則求之久矣。示及於尋氏又得大鐘編鐘各一，文仍是遵中之子作子中姜鎛（即『庤』乃『錢鎛』之『鎛』），鐘制似之。幣則似鐘者當名『鎛貨』，下齊者當名『錢貨』，此蒙近日定説）。篆作鳥迹，果爾則前鐘益信。何以篆异？何以不拓示？何以止拓無字者來？所企此書至，尚未醯漬，或可保全於萬一也。欲直言，而恐先見之妄，又恐不欲其言，所冀存真去次，力求汰僞之見，定而直諭之，俾盡言而不至蹈不謹之失，方敢直復。至自信過，好呰議，非學人在野者所可爲，似可必無，所企古文字之好日深而有以教之，論文字以握論器之要，則幸甚矣。尋與部無字者，以制可定其類，直廉不可不存。羊子戈似僞（墨太重）。貉子卣則佳。鳬尊之類，字同此者皆僞。舊仿亦有似水銀浸者，未可即定。內有召伯尊彝字則佳，然山左頗有以舊銅片刻字，黏於尊、卣、觶等深腹之器而獲重利者，不可不審也。鏄如購就，儻次兒未行，或可一寄書否？顯微鏡却看字有用，追求不必過於仿佛。良山戈似非今僞，昔即疑，陳余造鉞似真，亦常器。翁拓仍繳，不能作甚是，相去太遠。鐘平究可疑，字非可以鐘見，然不見器，有不可直斷者，不敢不謹也。中秋日所示一紙，敬佩。尤企請求討論古文字之字之文理而日進日深，以超乎今人之上，契乎古人之神，則傖父、臭夫亦無從詭取矣。燕丈重之而無僞者，他人有力無識。乃爲古器之害，兵燹静，文事興，力豪乃益甚耳。兹又詳言拓剔各事請正，其清稿則寄廉生，惟鈎刻與鑒別之説未備，乞以前説與書屬廉生采取而訂定之，附一定稿自存之也。附上角拓二、觚拓六、觶拓十六（又一，似不足存），乞考之。宰椃角（即阮器）與觚，似目中之寄，丁小農器，可屬平齋致精拓二全分，分一見寄。父戊卣盤，尤企拓全文者十數紙也。手此即問台安不備。館世愚弟陳介祺頓首。

防損器拓事目，乞閲後交廉生，此非文字，與裝册各事，專爲收藏家有志多拓傳古之鑒耳。傳古首在别僞，次即貴精拓精摹精刻以存其真。拓出對器看，鈎出對拓校，刻出同（有器，有佳拓，細校自有所見。久看器拓，自見其神）。吉金器名印，以隸書爲佳，必不可以今篆相并，故隸别之，但隸必須不熟，有古碑法，不能則不如坊工宋體字矣。印泥宜緑色，石黄入藍即緑矣（緑宜淡，隸能古則印可大，否宜小，紙小即不大方）。殷（封）蓋（若有某某藏毁一印，則止封字足矣。去闌，二印緑色，作者名墨書）。器（印去闌）。鐘重，遠道鉦必磨，必不可寄，見字即不可拓，亦可摹寄。或以鏡照而摹之，則細亦可見，否則無。延册目盂鼎釋内夾三紙，與原本均乞付還，仍乞示考釋，仲飴處亦有一册，有誤字，有校翁拓一，尊札一紙，可入録。剔拓説廿六紙，拓本廿五。足來，每計所寄乞賞，以令慎重，歸則合所寄賞，無須分注也。此次即半爲三處信物來，故爲多寫，亮之。

附箋一

剔字之弊

刀剔最劣，既有刀痕而失渾古，其損字之原邊爲尤甚，全失古人之真，而改爲今人心中所有之字，今人手中所寫之字矣。

銅絲刷剔，亦損字邊，損斑見骨，去銅如錯，古文字之一劫也。俗子以其易見字每爲之，謬之甚矣。僞刻用以去斧鑿痕，使拂去渾融如舊者。

針剔尚可，須用大針鈍者。自畫之正中，時刻轉動，聽其斑之自起而字邊仍不可動，不可用針刮磨，勿令針走，劃出畫外成痕，又於不當通處通之，而不能留得住。尤不可用尖針與用力過很，不知字底銅質之薄，古久銅質之朽，以致刺銅成孔，或鈍很致破。蓋款字原係中凹，積結青緑，原非真銅，其字邊方是真銅，斑落見字，雖字邊有少斑，亦可聽之矣。其銅質已無，青緑凸起，字在高斑而無復平地者，則不可剔，剔則斑去而字亦去矣。須斑下有原銅平地而字畫之中是斑者，乃可剔也。

醋漬去斑之説不可用，凡酸物皆可去青緑斑，而不能去朱斑，但變紫耳。嘉興張叔未（廷濟）有去字中斑之法，未知其詳，但見其字真而肥，字字清晰，而校之舊拓未去斑者，則神理鋒芒遠遜，吾不取則亦不欲聞矣。有字者，必有可見字處，若一無可見，而誤信不見字亦可出字之言，則古器之厄厲矣。古器藏數千年而出世，制作色澤極可寶愛，誠不可不察，而以求字損之也。醋浸亦須有銅質地平，見字甚明而不可拓者，斑至堅而又不可針剔者，乃可試之，不如是則必不可。

剔字須心氣静定，目光明聚，心暇手穩時爲之。須先看明字之邊際，勿以斑痕浸入字邊內銅之色變者爲斑而去之，遇堅處須從容試之，精神倦則勿剔，有人有事相擾則勿剔也。剔印亦然，子母印銹不出者，油浸數月可出。古人之字，有力有法故有神，剔者知其如何用力、如何是法而剔之，則不失其神矣。良工心細，或亦能之，而不如讀書人解古篆刻者之所爲也。一誤即不可復，不可不慎之又慎。若直不敢剔，不肯拓，亦非至善，不能傳古，與無此器何以异哉。

拓字之法

昔用氈卷（白細絨氈，中不夾灰土者，卷緊，以帶滿縛緊，兩頭切平，適用爲便）。今用毛刷（犀尾勝羊毛者，皆今櫛沐所用）。有柄者，施之字在平面者，無柄而圓者入竹筒中，施之深腹之字者（此種每有鬃鬛過剛，久用雖隔紙亦損字邊際鋒芒之弊，或用劈者、用柔者、用退豪大筆者，愈用久愈柔鈍愈佳，不可不慎也）。二者重用皆有所損。凡敲擊皆不可過重很，而搗者直下者尤甚也（毛刷有紙爲刷刺之弊，圓鬃硬刷，究大可畏，必以不用爲妥）。

昔用銅弩鍵襯薄細氈，敲擊極細淺之字，良佳，但不可重很，尤須中平無廉隅不傷器者，乃可試用也。

昔用六吉棉連扇料紙，小名十七刀者，今無之矣。今薄者名净皮，校昔固不能薄，尤不能軟，紙料粗，有灰性，工不良之故。張叔未有宋本書副頁紙拓本至佳，以明羅文紙爲之亦少佳，素方伯拓本紙黄色亦雅。今紙厚則粗，拓石尚可，拓吉金則不能精到也。

昔用清水上紙，或折紙，水濕勾透，吹開上之，拓可速而紙易起，水上者不甚起，而字中有水，每乾濕不勾，後用大米湯上紙，勝於清水。上紙之劣，莫劣於膠礬，礬則損石脆紙矣。

今用張叔未濃煎白芨膠法上紙，然止是札詢，未見如法拓者，姑以芨水上紙，以紙隔勾，去濕紙，再以乾紙塾刷擊之。

拓包外用帛一層，内包新棉扎緊。舊帛少省，然不如圓絲帛之零者爲佳。包上墨時，以筆抹墨塗于小碗蓋上，或瓷碟上，以包速揉之令勾，乾則再上墨，不可以包入墨聚處蘸之，使棉有濕點，著紙即成墨點，有墨點即須易棉。近有使棉全濕者，究不合法，最易墨入字中。包外墨用不到處易積，而忽用之則墨重，須常揉去之。帛敝則易，包鬆則時扎之，緊則不入字，鬆則易入字。上墨須視紙乾濕，濕而色略白，即用包揉濃墨少乾，趁濕上一遍，令少乾再拓。此一遍最易，蓋紙地且潤，然不可接連上。上墨須膠不黏手再上，方黏不起紙，膠即重，紙即不起，亦不可。上墨須勾，勿先不勾，後再求勾。上墨不可使有駁墨透紙，使紙背有不白處，有輕重濃淡處，最後則俟紙極乾時，以包蘸好墨撲而兼拭，則墨色明矣。其要則先須字邊真，尤須字肥，瘦細即邊真，亦不如真而肥者。拓止爲字，字邊真而肥，乃得原神。墨色則其次，淡墨蟬翼拓固雅，不及深墨之紙黯而猶可鈎摹也。字外之墨，漸淡而無，如煙雲爲佳，不可有痕。拓墨須手指不動而運腕，運腕乃心運使動，而腕仍不動，不過其力或輕或重，或撲或揚，一到字邊，包即騰起，如拍如揭，以腕起落而紙有聲，乃爲得法。劣拙則以濕包直搗入字，不看紙乾濕之候，不問包墨之匀不匀，不求手法，不審字邊之真不真而已。白紙黑墨，至成黃色，墨水浸鋪，字無邊際，無從鈎摹，何貴乎有此一拓乎？（廉生云『著手紙墨如玉』，良善形容。）

上紙有極難者，鼎腹爲甚，必須使摺皺不在字而已，紙不佳則尤易破。紙不可小，須留標目考釋與用印處。紙文宜直用勿横。紙不可揭處，以口呵之，重膠濃拓，或以熱湯熏之。

器之陰款，止求字邊即可，陽識者可肥可瘦，須執包緊，直落平拓，勿轉側爲要，轉側則必失真矣。又須解字之筆法，不少拓不多拓乃可（鏡、瓦、磚、泥封、刀幣、泉同）。

器之深者以竹葦縛撲包探拓之，暗處以鑷鉗包探拓之，爵斝内以匾竹角加少棉帛拓拭之。器之難拓，莫過于兩齊侯罍，以拓三行留中一行爲善，其不闇而紙極難上者，亦可整紙拓完，再逐行拓之，以便摹刻，唯以可刻爲主。拓鐘法已詳。拓器須循前人佳式。拓古泉須置舊册上，並册濕之，則不動。（古器性情各有不同，須細心揣度拓之。）

拓圖以記尺寸爲主，上中下高低尺寸既定，其曲處以横絲夾木版中，如線表式，抵器即可得真，再向前一傾見口，即得器之陰陽，以紙褙挖出後，有花文耳足者，拓出補綴，多者去之使合。素處以古器平者拓之，不可在磚木上拓，不可連者紙隔拓之，整紙拓者似巧而俗，不入大雅之賞也。

拓古石須厚紙先撲後拭，石完者以濃芨膠上紙，乾，以白蠟先微拭之，再上拭墨，即有古氈蠟之意。必不可用膠礬水上紙，尤不可用大椎重擊。拓時須先洗刷使清晰。拓石須四圍留紙，並額陰側勿遺。拓磚必須拓五面，或正面及有字有花文者。

拓字之目（近日習氣，以私拓售直爲事，必須慎之。良友久友可送，不可私拓也。）

裁紙大小須自定。（先裁定大小各種，用時爲便。）

發紙須有目。（發墨同，須記日，紙箱須内存，白芨、帛、棉花同。）

發器出拓須有目。（須記日，拓者亦記。易磨者，紙糊後再發亦可。）

繳拓須有目，拓劣亦繳。（須記日，可知所拓之數。）

繳器須記目。（記日，某某手，收何處。）

收拓本須用紙褙（俗語）。作包（一器一包）。題字，内用紙護，紙面記收支數目，外用箱盛。

磚瓦泥封，須上白蠟後乃可拓。（土範同。）

拓式多見，擇其紙式大方者從之。（不可省紙。）

拓紙不可大小過不同。（以易作一束爲便。）

拓紙須留標目題字用印處。字之高下前後，亦須合式。

拓器，冬則几用氈，夏則以舊書紙軟者藉之。鐘則以舊絮坐墊（俗語）襯其乳，且易轉移。

拓鐘須先以紙挖孔套於鉦乳上，孔大則黏紙使小，僅可下紙爲是。以此紙樣鋪於棉連紙上，以水筆撕之，每孔自外去大半而連其内，須於紙樣記明某鐘存之。拓鐘留孔不拓鉦爲大雅，斜貼作鉦甚俗。拓甬須審其寬狹。（追後拓，先撕一條長方孔落紙。）鐘之上面無拓者，拓之，則鐘之尺寸甚明。

紙不可過小者。（尊、卣、角、爵、觚、斝、觚、觶、盉、戈、矛、瞿。）

拓爵須連花文一段。（紙小易失難收，且不大雅，又不便題字用印。）

虎符與金銀錯字者，字細淺者，須摹其文拓之，不可剔去如愕距末也。

拓字之法，前記已詳，如未備，可録寄再詳。匆匆隨手寫去，須略爲改正是懇。此種非文字須別作一條附後，筆記同。

附箋二

拓字損器之弊（傳古不可不多拓，多拓不可不護器。）

氈卷搗，硬刷磨（重按）。（皆可至破。）

毛刷敲擊，字邊固易真。小鐘之類，擊敲時動者，則易磨出新銅。

吉金古澤，乃數千年所結，損去則萬不能復，且損銅如何能補哉？其良工修補無痕者，再傷尤爲可惜，不可不切切慎之於始也。

重器朽器，不假常人之手。（此見須守得定。）

拓字時有必須將器轉動手運然後可拓者，或底在几上易磨者，皆必須紙糊矣。語拓者以易損，無不艴然，然不可不慎之于始也。（紙糊又須揭，以細軟布裹緊易磨處可矣。二者酌之，如必須紙糊，則不可不從也。）

硬刷皆可畏（將軍之號不靈），無論作何用也，刷古印亦然。尊卣腹内字，近多以（圓長）

硬刷入竹筒，探而搗之，雖隔紙，久搗亦恐爲硬者損字邊際，須以少軟如犀尾者爲妥。

朽者易損，雖完而尚有聲，質已化爲青緑，不勝敲磨。與其悔於事後，不如防於事前。我既愛之，則不可不保之，彊不愛者而使之愛，彊不可托者而望其可托，是亦愚而勞矣。廉生謂於金文石理愛若肌膚是矣，然豈能不拓傳，豈能刻刻監之？唯有求謹信之人而任之，或得謹信之人使監之，庶乎其無失矣。

爵足腹易損，尊卣鼎壺等字在内者，非欵側非轉動不可拓，須審其勢而護之。詔版不平，又兩面有字，其凸面與角易磨。字在足内者易磨。（底有字則易磨上口，在側則易磨旁面。）

銅質薄甚者，重敲易破。鐘易磨乳，兩面有字，最易磨凸面之鉦間。鼎字每在腹内外，皆易磨。尊、卣易磨口與腹外，觚、觶同。殷、簠、簋不能磨（盤、匜、豆同）。愛古者以此類推之，將拓，先試其易磨處，防之可也。

古幣至薄而不平，古泉有薄小而朽者，尤易按破敲斷，不可托躁人之手、小童之手，與借出不知何人椎拓，甚至遺失損易，或求精拓而一意重按很敲，亦甚可慮，自非精細者不能無弊。

此次所言拓别各事，皆係平日經歷體驗用心所知者，雖無可觀于傳古之事，亦尚不無可取，大雅不以爲語小而虚心察之，則古人有文字之器受惠多矣。

同治十三年甲戌九月二日

一二五

伯寅仁兄世大人台座：十月四日奉九月望前後三手書，承道衷曲，感悚感悚。此古人所謂『飲水冷暖自知』者，非人所能贊助，忠告之義，唯期執事之反身而誠耳。蒙惠明善堂藏紙，敬謝。即問台安，餘詳後紙不備。館世愚弟陳介祺頓首。

尋氏無字鐘，切勿寄。偶言之，即思其過重必磨損，當終是無字者矣。邰鐘有字者凡幾，無字而制同者凡幾，乞手録一目即復，欲屬族弟子振學摹作一印也（并求拓賜之）。今以敝藏兮田盤文爲作尊字印一，似未失真，既得之便可漸漸摹小。此間無佳石，乞賜寄，然須如此印式方可，不合則須磨石矣。可用則令再仿師奎父鼎寅字作一小印。尊齋印一，『囍』字化一爲兩，以闌别之，以求免俗。匆匆未篆妥刻妥，倘見者皆以爲可，則亦請再寄石至。有欲作此種印者，則先以油素摹金文，注明某器，或寄拓本尤佳。摹稿先寄，可則如稿付石，以後再議縮小。古鉩印文傳不足入鑒，乃蒙獎掖厚賜，使寒士歡顏，殊爲代感。拓剔各事乃近年所閱歷，乞留意，勿蹈其弊而不察。弟今止二人拓，尚未覓得妥者，又須延時日矣。此種非文字，刻作小册，爲收藏家拓剔用人之先導可已。盂鼎釋文乞早擲還。李君釋收存。[illegible]毁殘片、齊陳曼簠皆佳。所云『補底而字仍非僞』者，則未敢信，廉生所云，亦似有見。寓卣記是蓋，何云片銅耶？近日作僞至工，須以作字之原與筆力别之，奇而無理，工而無力，則其僞必矣。《金文目》如編定，乞見寄。[illegible]毁、齊陳曼簠各乞十餘紙。載問台安不具。祺再拜。

附箋

吉金作文字觀，則討論不厭其詳，作玩好觀，則推敲必厭其擾，察其誤而訂之則感企矣。《周禮》『小胥』注：『鐘磬者編縣之二八十六枚而在一簴謂之堵。』案：此則編鐘編磬皆當八，余昔於齊地得無字編鐘八，今匜宧主人得晋出大鎛鐘二，又無字編鐘七，聞一僞字他售，當亦八也。邵鐘是編鐘亦當有八，其無字者乃銘不能容，故無之，當并重，去之則音不備。

曼龔父簋多四字者（一字改），似可疑，須審之。作範否？花文製作與劉吴异否？真器記似光滑。劉藏至蘇乃器蓋全。吴所得載卿吉金不少。

釋吉金文字，以理定之，可期清真雅正之歸；以字測之，易有支離蕪雜之弊。自達巷黨人以來，人心終不能去思以博學成名之害，所以學術不明，終與古异。然文獻不足，雖聖人亦不能徵，而博我以文，亦聖人所以設教。今日言理不外四子、程朱之書，《易》、《詩》、《書》之文，言博則唯《三禮》，惜乎《三禮》之書，非天子不能修，非大儒不能解。今日之能讀《三禮》者亦不多覯，烏能即吉金定古人製作之二一哉？

古人作字，其方圓平直之法，必先得于心手，合乎規矩，唯變所適，無非法者，是以或左或右，或伸或縮，無不筆筆卓立，各不相亂，字字相錯，各不相妨，行行不排比，而莫不自如，全神相應。又作範須反書鑄出乃正，是非規矩之至神，其孰能與于此。惜乎聖人所傳學書之法，今不能知矣。古人之法，真是力大于身而不絲毫亂用，眼高于頂明于日而不絲毫亂下，乃作得此等字，所以遒斂之至而出精神，疏散之極而更渾淪。字中字外極有空處，而轉能筆筆、字字、行行、篇篇十分完全，以造大成而無小疵，非聖人之心，孰能作之始哉。無大無小，止是一心之理推之而已。

《尚書》至今日無從得確據以定之。其理之至者，固可以孔孟、程朱之説定之，其文之古者，則唯吉金古文可以定之。吉金之文，亦唯尚書可以通之。福山王廉生農部懿榮書來，謂

《大誥》『寧王』、『寧武』皆古文字作□作□之訛。余謂文人見詩，前文人見兮中鐘西宮㱿，尤不可移，則《大誥》之爲真古文亦定矣。伐武庚之罪，自當告武王廟，三叔之罪，自當告文王廟，則文王文人之説，甚爲有見。

摹吉金作印，不可一字無所本，不可兩字湊一字，不可以小篆雜。一難于形似；再難于力似；三難于神似；四難于縮小，必先大小長短同能似，然後乃能縮小；五難于配合，本非一器之字、一體之書、一成之行而使相合，非精熟孰能之。各字結構已定，難于融通，字外留空尤難，于疏而不散，須如物在明鏡之中乃爲得之，須筆筆見法，筆筆有力，乃能得神。不可好奇太過，如『齋』、『劑』字，古止一『齊』（□、□）字，若『齋』字用加『辵』字則是『躋』矣，『劑』漢印作『齋』，從『火』，當是『火候』之義，乃古『劑』正字，漢人誤以爲『齊』。蒙謂『古無齋字』。整齊、齊戒，一字二訓而已，從□，又誤以□之作□爲示矣。

今日得齊地所出戈二，拓上，其釋在廉生書中。盂鼎至否？得此重器，何不力汰成書，卓然一大家耶。祺又拜。

同治十三年甲戌十月十三日

二六

伯寅仁兄世大人台座：月十七日奉九月望後二書共一緘，并畢姬鬲拓、金甬拓，甬則未見有字。鬲與甗皆真古文字，不知廉生春山何以疑之？十燕草堂似未見燕藏十器之意，且大雅所收已軼前人，似不藉此爲重，俟酌定。以紙裁樣寄，當即如樣寫，唯新紙無佳者。聯則乞內製蠟箋，當并呈。有欲書之語，示下尤妥。存紙在京寓均遺失矣。承欲賜刻年來論古文字往還尺牘，唯有悚愧。略與廉生言之，不删則必不可，存其事，不以其文，或可少免罪戾爾。廉生索翟刻校正《穆天子傳》、《古今人表》、《易林》，尚未覓得。論及武祠新出何饋石、伏生冢石，今示欲得之。武石購之拓工劉泰一紙，即上。書當物色二部，伏石則未有副，且不古也。敝藏六朝石未曾拓，冬凍，來春當令學拓者爲之。徐足即行，鐙下手復，敬問台安不備。館世愚弟陳介祺頓首。

邰鐘有字者共幾，無字者共幾，尚有未得者否？乞一一示及。欲令子振弟摹印奉正，有殘拓與之數紙，尤代感也（欲知清目，以手札爲定。可刻『□邰鐘室』。古今不易得也，勿輕視之)。盂鼎釋無存稿,付下爲企。祺又拜。

同治十三年甲戌十月三十日

二七

伯寅仁兄世大人台座:前月十九日得十月惠書四緘,金文多種。既感奇文之飽飫,又見每拓之不遺,敬謝。盂鼎既云年内可至,刻想已納尊齋。如已精拓,先乞分惠數紙。下半字不晰者,須以小包撲之。此寶已屢經剔損,切勿冒昧再施。作圖用洋照而勿令其傳印,收版自存之。花文以拓本撙節上版爲合。可作二圖,大者用原尺寸,小者則以照者摹刻,字亦可照,小者爲一縮本圖與字也。洋照花樹能得迎面枝,且可四面轉側照之,作蘭竹菊梅譜尤佳,山水皴法用之亦佳,唯須去其俗暈,出以古名大家之畫筆,必過前人,非心精眼明手敏識超亦不能至。画院中亦不可無此一格,集各處洋照山水圖,析作粉本,便可自有機杼,唯用筆如作書不易耳。示讀謝湘陰惠鼎、南苑唱和大著,幸甚,唯采入臆説爲愧悚耳。所索詳後紙。徐足未至,須新年再復矣。所詢亦别復,乞恕謬妄。附上烏魚穗四斤,希莞存。即請台安不備。館世愚弟陳介祺頓首。

同治十三年甲戌十二月二日

附箋

頌毀真而器字泐，張叔未、姚六榆皆有全器，南中似尚有一，未及檢校。

史頌毀蓋，不及叔未、堯仙藏者，拭墨拓不緻，或不僞。

白□父毀蓋，似真而『父』字剔損甚，當以藏本校之。

成王尊，是何文理？

系伯干首字劣甚，似陝僞。

藥鼎，究有可疑，自是僞刻。

□尊、帚女彝鼎，均僞。

葉詔版，僞。

父癸毀、父丙鼎、□父乙爵，均僞。

畢姬鬲，似亦未真，既去『作』字、『寶』字又過小。然不見器不敢定。鬲若僞，則逼真矣。

羊形己觚，僞劣。

□觶、兒癸觶，即真亦非佳品。

虎目器有神自是古，然必無字，古人字不妄施也。

距末無文，似亦非距末。凡無文者，不必過勞心思，冀其有字。

長宜子孫洗，真。

富貴宜子孫洗，前寄過，真。

吉羊洗，無字。

尚方竟一，掌四方。

十二辰竟二。

宜子孫竟一。

内清竟一，似透光。

萬歷竟一。

明逾滿月竟一，唐。

蘭閨畹畹竟一，唐。

賞得秦王竟一，唐。

長生無極，可，永奉無疆瓦，遜，然均未佳。

琅邪臺殘字瓦三，無字一。

既專收三代，則宜有界限以省心力。

論古文字，不敢不從直，不悦則不敢言，不答則亦不敢言。若石查之不悦，實止論九字刀，未論所藏，乞代婉謝之。

尊拓金文，何不用净皮棉料薄紙，而以厚棉料紙拓磚瓦，杭連可不用矣。紙小則無題字處。緑印泥色太澹，以石黄靛各研細和之即緑，緑色須鮮足。

《傳古》一束，匆匆未及黏本，且不便寄（子振拓印亦有束合）。其直八十金，交廉生處即可，若吾兄自留則無須矣。前所寄上者如未備，乞檢録一目補寄。即欲多用一分，無須助資，亦當寄也。傳古之事近鄙，然助我拓資，俾得一一早爲拓傳，當不敢辭勞，以副同志之望。雖無多僞者，然亦不足觀也。徐工爲龔處裝目，并附一紙，雖未至佳，而一一指示，尚有可觀，不至如吾兄所裝者之未愜也。拓手不可促迫，六七年始能有此大概，不惟所費不貲，亦且歲月心力俱久，惟感厚意而已。又拜。

來年當拓大紙鐘，以爲裝屏之用。未審盂鼎用何大紙，金錢榜紙之類，尚可大否？邰鐘合裝一巨幅配鼎，亦鉅觀，企企。

鐘十五紙。鐸一紙。鼎十八紙。犧尊三紙。尊七紙。卣十六紙。壺一紙。罍一紙。鈃一紙。斝二紙。觚六紙。觶十六紙。角四紙。觥二紙。爵四十五紙。四耳簋一紙。簋三十紙。錞一紙。盤四紙。匜五紙。區二紙。鋘一紙。鬲三紙。簠四紙。簋二紙。甗二紙。盉二紙（父辛者未及拓）。和一紙。鑰二紙。干首一紙。瞿三紙。戈二十五紙（爲器廿六）。矛四紙。鍛一紙。距末。以上三代拓凡二百三十三種紙。

秦量三紙。權（圖一紙，拓五紙）。木量詔版六紙。精拓琅邪臺石刻（一癸酉拓，一甲戌之字拓）。以上秦拓十七紙。

漢鼎十二紙。甗鍑（鬸一器合拓一紙）。金刀一紙。鍾四紙。飯幘一紙。熏鑪一紙。雁足鐙一紙。行鐙四紙。行鐙盤一紙。高鐙三紙。錠一紙。燭豆一紙（皆如高鐙式）。鋻一紙。洗十四紙。壺一紙。以上漢拓四十七紙。三共二百九十七紙。附藏古册目一本。未及拓入者，弩竟而已。小品亦有來備三代者。皆如傳古啓所列無遺矣。

二八

伯寅仁兄世大人台座：去臘九日得十一月書一緘，除夕得望前書二緘，唯初四日所寄之書，竟尚未交廉生轉呈，而傅足僅不空還爲悶悶耳。鼎湖之變，實出意外，其慘其難，不問可知，再十四五年兩宮之春秋已將高矣。保護經畫更不知復如何，重勞慈慮，當倍于前十年也，衰年睹此，草木同哀。况執事之受重恩，而親奉遺詔者耶，不盡之痛詳廉生書，後不敢徑達也，謹問大安不備。館世愚弟陳介祺頓首。

清卿刻瓦事，不敢重拂子年兄之意，不刻亦不過贈以全分瓦拓耳。匡鶴翁所言魯武公墓金册，恐齊語，《古玉圖》則僞書。欲以藏金文拓寄讀，甚感。可屬廉生告曹竹銘車便言之，第篋必堅，裝必不動，封必不可濕乃可耳。《印舉》以次兒未歸遂閣起，若必欲先睹，亦可發何封以一奉寄，唯未編未裝無序目舉目，不過僅見印耳。于令未必有購古器事，非殳壺主人。杞伯敏父諸器，始甚居奇，後爲人給乃售，心泉知其詳。丁氏父戊盤已有拓本。魯節丸尚未及拓，它則藏古目拓已備，欲得何種，再示及。拓剔法不必工刻，草草即可，小本又恐厚。目録二册領到，敬謝。盂鼎釋同。所得象形盤，雖無字亦足寶，真九鼎之遺。有人欲見贈，恐未必有二也。盂鼎已至尊齋，真三千年來之至寶，成康以後之人，恐即不得見，況秦漢乎？況宋以後乎？今人何如是之幸，斯器又何爲而出，殆天之爲矣，宜有以副之，勿徒作古文字觀，作寶玩已褻矣。所拓墨過重，透紙即必不工，墨即入字，紙已不爲薄，止是上紙已不易，何況精拓。精拓則墨至重，紙背仍白。此是膠未脱滑又上墨所致，紙破則不細心而拙耳。圖不可不如器，勿嫌其大，花文不可不如拓而用雙鈎。已爲屬西泉子振作『南公鼎齋』、『南公寶鼎之室』、『南鼎齋』、『盂齋』、『盂鼎齋印』及『南鼎齋古彝器』、『古文字』、『盂齋先秦文字』、『兩京文字』、『盂齋法化』諸印，且一齋名作大小數印。尚未擬得稿，當促之，後便當有可寄。西泉似不讓撝叔也。如有青田、田黄、壽山石無鈕無裂文沙丁者亦可，即寄，以省此間購買。兵燹後文墨事無易者，意欲爲作齋名大額而無紙，且多乞數紙，恐寫壞也。金文唯齋室二字，堂館則無之。西泉不欲刻甚小者，蓋漢璽印小字字多者尤不易也。子孫父丁觚補底或足内則似僞，否則真。太康器則何以又有拓本，已得耶？借拓耶？念之。丙申角（鋬内蜩文亦象形字），云往海東，不成字。涅金鎛化、共字垣字泉化、重一兩十四銖泉化、當皆真。敝藏圜首足幣化止有一二，已分一與子年，再得即當分贈。古器得一即足，古泉則甚敝精力而無止境，即欲收亦止可以三代文字爲限也。袁筱塢聞移駐巴里坤，漢唐各石當可得精拓，《沙南侯獲》尤企切。尊藏之本求假數月，屬西泉鉤刻之即繳，勿如前語。吾兄以文字交之意至厚，祺唯以真意相答而已。感愧固在文字，而仰望者則在勛業，不可以此過勞心力也，唯采納之，幸甚。祺又拜。

附箋

郘鐘碎一，聞之心驚不已。碎者棄之耶？存之耶？棄則更可惜矣，存則寄我（殷同），當訪工監視綴完之。季保殷之長足，亦無二之品，真可惜矣。兩遭其毒，似不可再假手館童矣。張子達（衍聰）之拓法，却勝東省他人。但聾甚，又多疑，又能使氣，又私拓，又不惜護（却未損），非有人監拓不可。薄如幣布朽破不可觸者，恐非所宜。又不能拓陽文，而尚能作圖，圖須指示乃大方。求善拓而穩妥者，宜亟亟矣。收支亦必須一極老成人矣。又拜。

尊藏閎富，不可不力汰可疑者，而使後來者議之也。郘鐘自爲一縣，乃著録所無。藏雖多，唯盂鼎與郘鐘耳，重之重之。

秦殘瓦三字者，尚直數金。又拜。

『南公鼎齋』印，今促西泉刻出。齋字乃弟影齊侯罍寫之，尚相合。二人已費數日力矣。

刀法矜貴非拘。新年以十千購人不售之石。如以爲佳，則請共酬以八金，交來足鼓舞之，它印小則無須如此矣。又拜。

光緒元年乙亥正月十一日夜

二九

伯寅世兄大人台座：十二日寄一緘，想鑒及。盂鼎想已作圖，望并精拓早見賜。日内屬表弟譚雨帆照吉金圖，兹奉上數紙爲盂鼎先導。照成高寬所小數相仿佛便是合，否則是有不合，再審改便可定，圖小于器十分之幾，圖成而花文不清再拓摹之，字亦可照，照畢即可令手民摹刻，無須浼清卿石查諸公矣。大如鼎者以照本尺寸推而爲之即可。花文須如拓墨，勿雙鈎。尺寸須用建初尺校，古尺唯建初，今尺無以信後。唯所照之版宜自存之。藏器佳者宜均照之，裝如册。宋拓碑帖書畫皆擬准此。其照紙須糊中用膠乃不脱。每圖所費幾何，過多則示知，當令雨帆秋後北來也（此間得藥照好則不能早來。印稿四紙附）。此問台安不備。館世愚弟陳介祺頓首。

光緒元年乙亥正月二十日

三〇

伯寅仁兄世大人台座：二月十一日夜得手書七緘。具復所詢。杞伯毁文字非至佳，質制俱遜，掖宋嚮五啓福藏，老聾倔强。若欲得之，與尊卣各酌一直，當爲覓人轉詢，各二百餘里，須少與資斧，成再酬之。勿似都中昂直求之過急。簋字無可取，亦未知存否？盤有拓本，亦非佳者，方之邰鐘，未必即僞，可存拓借器校之，未可以其餘概之。匆匆未及審定，若真則不可不易得之。造象（銅、石）、竟、磚、瓦尚未拓，範（銅、石）同。若欲拓，乞代致，付五六十金，再購紙墨選工教拓。子振亦能爲之，已勝時人，在齋中尚未居前列。近泥封四百餘已上蠟試拓。印舉編者不歸姑置之，若拓手欲分存亦聽之，後再以所增者自編之。所示史頌毁、張叔未者佳，頌毁器蓋、史頌毁蓋、姚六榆者，觶尊至佳，衛姬壺、祖辛觶佳，懷米山房者，皆可入尊藏。可欣從此又可多得佳拓，更企大著力汰傳後，尤同志所至慰者耳。汰目乞再以精拓寄商。盂鼎圖唯耳未合，可先照之，拓手似陜賈，門外漢也。直齋寂坐，自不勝觸，勿致疾也。小午所得自未真（平凉同），尊字大疑之，子執[illegible]後加『手』與[illegible]與多畫者皆無理由。廉生致代助傳古，敬謝。西泉子振同謝。候獲軸容再繳。蜀郡嚴氏洗佳。王器則僞刻。器不裝則可，無各格大木篋存之，究易損。金文册候舍親郭匡侯觀察還可寄，然須血脊厚封使不畏濕乃妥。承代刊《秦前文字之語》，感愧，平齋、清卿處書亦乞索入。始未意如此，不曾斟酌，有許多笑柄，亦無可如何，唯存交迹而已。餘詳致廉生書中。即問台安不備。館世愚弟陳介祺頓首。

來札俱乞記日。欲試作得鼎新名，寶齋各大額以色箋或蠟箋大幅爲宜。西泉見廉生云有洗弩，廉生言舊天發拓可及之。何昆玉石印多佳者，以上蠟則粗者亦光堅，審之多寄數石來存之，不刻再璧。又拜。附謝定盦中丞一緘，乞即致書附去，并道感謝。舍弟詒卿爲企，又拜。

光緒元年乙亥二月十四日

三一

伯寅仁兄世大人台座：三月朔得手復，知杞伯毁已以重直得之。此毁文字與鑄法皆非吉金中上品，質已似無存。然古物初無定直，十不及一者則可如十之直求之，迫則人得相要而不可以常論矣。南中八器却中上，然尊藏已有足冠海内者，又有精品多種，何不日自賞之，即作爲日日有新獲觀，而從容蓄資以收字多且佳之品，或小精品、未見品（以器制言），則益可得古文字養心之樂，尤企以精拓得古文字造作之心爲樂也。吾人之憂戚唯自有得者能解之，否則求養而更有以求自擾者矣。承示近況，所可備采納者唯此而已。刻書本不易事，道學經濟之書尤不易，小者可裨訓詁音韵史傳則可刻，選政本不易操，若《秦前文字之語》則愧其間字句過多，有一二少可暫存者亦不成文字也。爲初學刻經書好讀本，使蒙童與蒙師可共守之而不迷不歧（字字有着落，語氣不誤），即可惠天下後世，愧學不足，又老而無友，爲虛此宏願耳。林文忠有《水利書》二册，何不訪刻之。亦有可屬大吏刻者，則《洗冤録集證》之類是也。侯獲碑交廉生。即問台安不備。館世愚弟陳介祺頓首。

光緒元年乙亥三月三日

三三

伯寅仁兄世大人台座：近聞恩命，補授大理，即日光復，可爲豫頌。台履想已大健，趨直如常矣。款識六册讀注畢，而傳足急行，未及詳復，先繳六册，希察入。再寄須裝妥防行潦。

所注多妄而不敢隱，乞亮之。寄書竟付裝，唯愧僅別真僞，不能發明三代文字訓釋有裨經傳耳。近因病愈後，家中又有病者，遂鮮暇。刻印必先示印文乃能篆擬，寄定小大與石至再刻。前石不宜刻者，繳八存四。即問台安，并賀不具。館世愚弟陳介祺頓首。

光緒元年乙亥四月八日

三三三

伯寅仁兄世大人台座：二月望後，以小恙與寓中多病者，京居有拂意事，身心未安，故復未詳。然文字要語亦無不復，唯魯丸未檢得，尊未妥，卣無從問訊耳。今示《續款識》二册，已竭二日力讀注畢，聞傅足行即交呈。雖甚妄，然不敢不竭其愚，唯深愧悚，尚乞教之。別録校上，疑者乞廉生勘之。彭女彝、舉鼎、甗當真。子□（孫）爵真。小□爵（七字）疑。小臣鼎則似僞。册毁、涉戈僞。各器皆有藏目。印至佳，唯盦刻滿白不易，庵則易而不古，已令擬稿先呈。石則數百文千餘文青田即可，第一不裂，第二無沙丁，其次壽山，他不及矣。卣字過尋常，恐多亦是累，且可省資。海東錦山崖刻拓，乞假讀并各家釋。盂鼎圖已裝二軸，真是巨觀，秦漢以來那得見此。乞再賜二紙，當作一軸式繳呈。如欲裝成者，當入竹篋，俟車便呈。然必須縮照一本，入《攀古樓册》中，自爲一册。再如器展爲巨圖方熨，今懸看愈寶重愈不慊足。照費刻費請任之，如照成即乞數紙。再乞拓鼎耳内外及兩側及上全形，口向上全形，口向外脣全形，鼎腹鼎足真形，鼎口下花文及觚棱全形，精拓足同賜寄，俾得依照本真形拓本綴成刻傳之，至企至企。精拓銘文一洗前陋，尤所企也。聖王文字三千年，却可仿漢，乞酌定。可否有圖，似宜刻釋于下，刻隸書標題于銘上，及某處用某印，皆須審定，一一酌妥，然後傳之，當謹參末議也。瓦拓二附，弩拓將畢一分，東漢後物也。六朝石再一月或可竟，如欲之，當再寄。即問台安不備。館世愚弟陳介祺頓首。

光緒元年乙亥五月六日

三四

伯寅仁兄世大人台座：五月廿九日、月七日奉四月廿八日、五日、廿二日、又十一日、十五日（錦山古刻札一）復札四，知清恙瑣屑，屢有假請，刻想勿藥，體履勝常，飲食日健矣，念念。

讀注《金文册》，不敢寬，亦不敢有成見，昨退樓有所示，亦以可使斥妄，不敢心口相違答之，草野何爲而世情耶？·諸女甗拓，似亞中字少遜，可校之，或亦不僞。日利器即真亦少弱。尊事以杞伯設昂其直，止可從緩。鼎圖照寬四寸，再拓全鼎，分紙記明寄下，即當代刻。今先寄六朝石杭連紙拓全分六十五種，乞以此拓貲即爲照鼎之用，再月餘，綿紙者即拓齊應屬。又燕庭方伯所贈關中豐字古器二拓，丸一（不足存），乞鑒之。此復，即問台安不備。館世愚弟陳介祺頓首。

光緒元年乙亥六月十六日

附箋

鼎圖下方擬用名印一，中用『南公鼎齋』，下用『伯寅所藏第一』。以『寅』字『寶』字皆『宀』并列不能篆，故易一字，已屬西泉擬稿矣。

三五

伯寅仁兄世大人台座：月廿五日奉六月十六日、廿二日、月二日三手書，欣聞台履元復，侍直如常，多雨酷熱，動静清適，深以爲慰。所詢具詳附紙。新出漢石，甫得一紙，先奉上。似非漢人佳書，僞否？乞與廉生同審定之。此請台安不備。館世愚弟陳介祺頓首。

光緒元年乙亥七月廿六日

附箋

賜寄新得錢化拓十六，皆佳，惜未拓背，已乞子年假全分拓寄，企切。鼎形拓尚未足備作圖之用，容再録目乞精拓。洋照圖至，當展拓撙節之使合，命工製呈，唯恐細花或不能工耳。《傳古别録》廿册領到，感愧，無妨割裂板片補入，此不過爲手藝先導，止無錯字易解可已。《集金文》十七册，秋晴或有車便，背糊即妥。《全生集》之善，久驗知之，其要在别陰陽症。陽則『醒消丸』，而有麝或不生育之慮。陰則『陽和湯』，主治甚明，唯大虛症應重用參芪者，未言及用。此書須知之，陽和則須多服製藥，尤要小方，亦多效。今得刻傳，甚濟於世，先乞數本以藏本校之，此等必不可有誤字，校後再當求代印多本。舍弟在京刻一本，有祺記字，小舫潤色爲序，寄豫尚未得見。洋照照小易而照大佳，大則并無拓本之本皆可照，如曶鼎之類。石拓一紙漏封耶，或在廉生封内耶，乞先詢之，當是董僧偘也。石尚未畢，北磚、竟、瓦、則以次及之。唐宋元石甚少。瞿刻書竟覓不得，擬托人刷印，尚未知板存處。赤截卣字似弱且呆。大布、大泉、五銖範似未即僞，亦未拓背，拓背，藏泉家例也。宿直牌似真，守禦官牌遜，均葉物耶。佛法號印則劣矣，大歷僧志亦無佳處。二印已促西泉，但大則極不易，且令試作，或冀可用也。手此再謝不具。又拜。

三六

伯寅仁兄世大人台座：徐足還，未得書。於廉生函中知以夏秋熱甚，又患痱毒，今年此間無不生痱，亦有甚者。此病止是血熱，每出血而不成膿，以《全生集》方『洞天嫩膏』塗之可愈，而仙人對坐草、馬鞭草不生北地（或山間水涯，馬鞭生之），日來得雨未透，秋陽未減，而星尚赤，唯以再雨種麥不隔閡爲祝。京師涼早，清恙當已脱然矣，念念。金箋已書『南鼎齋』三字。竊以爲『南齋』、『鼎甲』、『南方』三者皆可於三字寓之。惡札有污佳箋，不足存，乞教之。此種箋非真金，恐亦不耐久。室小紙高，上下尚可少去也。新得秦漢瓦卅三紙，中之漆合者，或有已寄一二種，須校。僞瓦日多，膠合者重，新陶者燥。昨傳足所寄漢拓乃真者，其石出尚完，爲人斷而爲三，其一爲砧，又作室用爲角石，不可出，其一覓不得，所拓已爲人購去。此次武城官瓦即出其地，上當是『東』字，或有年月，當再求完字者。可語廉生，昨言之尊，竟爲蕩子富者以三百餘金收去，可謂失所，亦耳食使然。手此即問近安不備。館世愚弟陳介祺頓首。

尊事尚未得其肯出脱實數。急不去，止可少候。已切屬西泉，俟彼有意時即與商，商定即以彼字寄。渠漫云『四五之數而非真話』（今日之直，真不敢過問）。倘二百即擬爲定，若二五或三則不願代定。先乞酌定，以爲不可則不必議矣，便中示復。又拜。

金紙上印泥非一兩月不乾，閲時乞留意，勿即裱。手揑須加紙，乃無摞痕。晚生陳佩綱敬請伯寅大人台安，并謝厚賜粗石，學刻二印，恭呈鈞誨。佩綱謹頓首上。

光緒元年乙亥八月九日

三七

伯寅仁兄少宗伯世大人台座：九月朔得七月十日、八月朔日、十四日書一函，欣聞恩命，定即光復矣，又知因熱頭面瘍腫久而始愈，今已侍直如恒，慰慰。照鼎須如刻册者，一即入册，鼎字同，再以原拓分兩行刻入册，并考釋爲一卷，先成之，再照一大者，尤佳。大鏡不易得，字縮照刻佳，研後亦佳。二鼎皆似僞。卣前已復。金文各册固封交敝同邑孫文起太守即可，或傅、徐二足。煦堂器所知者僅肥城出數器。寰毁、尗向毁至佳。亟望見各拓本。新得鐘未敢定，以洋鏡照摹一文，未見者就器尚可辨否？錢化允全拓，敬謝。拓墨似乾。《秦前文字之語》録存勿刊，至企。尊無容説，篕詢在其兄則商之，爲二百爲三百可先計及。新得漢長安樂磚字甚佳，拓二紙寄。子振族弟以畫法拓曹望憘石畫象四紙，屬呈鑒。吟舫同年所收器如何。照鼎至，再檢前拓，疑再奉詢也。手復即問台安不備。館世愚弟陳介祺頓首。

光緒元年乙亥九月二日

三八

伯寅仁兄世大人台座：徐、傅二足八、九月書，想鑒入。今日午後聞有北足，日來胸中杞愚，以長生瓦二紙書上。新得一瓦，外輪有字，雖似東漢之初，而實從來未有，雖非三代，亦是异品。拓二，并同出磚拓二賞之，其所由得則言於廉生。且有夏象形盤拓，統俟再致。即請台安不備。館世愚弟陳介祺頓首。

光緒元年乙亥九月十日

三九

伯寅世仁兄大人台座：廿一日寄所校《秦前文字之語》卷一，并校刪副本一，由廉生代上，想已至，其餘仍欲校刪，切企切企。廿四日畢力來，奉月三日、七日書，又各紙（未注日）及金拓，又金文六册，敬謝敬謝。海東錦山摩崖古字拓鈎過必繳，非如金文，不欲乞留。六册校寄，不敢久存。其十一册則請先以五册者，此次即交傅足。廉生究是好奇太過，舉業不過敲門磚，何足短長。理學博學豈可有意用之時文中，怨尤亦已自誤，況陋與刻，易不容，且干功令耶。尊履想已健，《全生集》敬謝。肥城卣提之字，懸釋似是，第未見精拓，『稻』則非，首形必非人，象奇物似人者耳。新得象形而無父戊尊三字者之盤，足亦似人形有耳也。《西清》著録之盤，若有未剔出之字，則必收而勿急出之，俟以山楂法試之，善，或使一能者來作。昔所聞則加黑礬，或秘之耳。古戚無字而佳，直少可收。漢壺即古亦不精。尹氏簠則僞（拓俱墨，侵字甚）。析子孫中觚，或可，以字邊起綫故（或是匽侯器同出耶）。祖己父癸鼎僞。子父五顛倒，劣尊也。丁舉卣真，大字勝，關中僞此文不少。奉復畢，又取十四日所得九月十日、十二日、望日書讀復。鐘即剔精，亦須見精拓，再爲一酌。父甲爵極似敝藏，或同出東土耶，不僞。聿貝父辛卣又與敝藏觶同文，當亦東土，若底是補字則皆僞。子孫形字方鼎似少弱。赤器父所作器見于關中，此旅毁而曰『享考』，似文可疑，『季』字亦有誤。㫃姬鬲之『㫃』乃從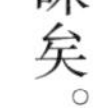，味矣。八字毁第五字六字少泐者或真耶。照法則真，秘之則留版，畏知則拓字刻書皆可已矣。西泉刻二大印求正，字大而能穩妥亦不易，非阿好。石則以大錢十二千購之，近涷而有醬油文，高大不易得，酬以都市之直可已。大印易爲，『寶藏第一』印大，甚不易易。此問台安不備。館世愚弟陳介祺頓首。

光緒元年乙亥十月廿四日

四〇

伯寅仁兄世大人台座：西泉刻大印畢，祺爲之記，今拓上二紙，印後寄，均教之。此問台安不備。館世愚弟陳介祺頓首。

前寄二册，今寄一册，其一册月末有便即寄矣，此外未有録成册者。凡四册所無而尊册所有者，乞目釋。《攈古録》金文，久思録一册而未得。他家所集，有在此外者，乞勿遺。

光緒元年乙亥十一月十六日

四一

伯寅仁兄世大人台座：十七日一書并大印拓，想月末可至。今有車便將石印寄上，乞察入。西泉乞綿紙精拓鼎圖四五紙。今因敝族家廟有小工程，監修月餘，《金文册》讀畢已記于目，尚未及詳注于册。雖不敢輕動筆，亦思盡心玩索，以答厚誼之重如所請也。雋尗簋非不在心，尚未訪得存處。冬來唯拓藏瓦，多已寄者。新獲一毀，字尚真而有損，製作則精而古，直亦甚廉，亦近來不易得之事，拓上二紙，乞鑒之，來春當拓竟也。傳足日内當還，有事尚可來人一次。此問台安不備。館愚弟陳介祺頓首。

光緒元年乙亥十一月廿五日

四二

伯寅仁兄世大人台座：十一月廿八日得十月廿六日、八日、十一日三書，聞清恙竟尚未愈，極爲念切。雖示所用藥而所患未詳，唯祝勿藥之喜耳。尊即指嬴季，且有二爵，簋則終不知在誰手。《金文册》正月有行者必繳。《秦前文字語》正月校删録副再寄。錢化拓一束，敬謝敬謝。起居未安而遠惠之厚如此，感悚之至。近所得唯殘瓦二三十片，中有一秦詔殘瓦至佳。今拓上二紙，惜非三代，可入真賞。今年止拓石瓦畢，明年拓磚竟，裝《金文册》畢當附裝，裝就，當以一分至都，與同志共賞訂之。前瓦拓如欲補，或付目或付拓補足。終歲無不拓之日，且繼以夜，勞與迂甚矣。仍思拓尊藏與山農仲飴所藏，不知能遂否？手此上問台安。不能書紅箋，別具奉賀新禧，唯上侍康和，福履吉綏爲祝。館世愚弟陳介祺頓首。

光緒元年乙亥十二月四日

四三

伯寅仁兄世大人台座：年前後至今，五奉手書，未曾一復，以正月初旬小病又多擾累，又款識册未讀畢寫畢，公車多便，竟未裁答，歉歉。春來唯台履多福是祝。所示金拓唯䍜卣至佳，次則諸女方尊（疑非匜）、（丁）尊，敬謝，餘皆非尊藏可比。鏟幣拓亦敬謝。瓦器拓，子年已寄，亦常品，小當，似不足存。《秦前文字之語》冗未及删，前鈔本仍乞還，以便照删，萬勿即刊。上庸長司馬孟臺石拓如有拓副，乞一紙。拓者北來本不易，人尤難妥，不敢冒昧。竊以精拓傳世方是己物，不然何以信今傳後，豈可虛此一藏，因循瞻顧，敬推愚妄而已，勿過勞清念。錦山石拓未刻，與金文六册同繳，乞檢收，有無磨損，乞示。紙封册面不耐看，或易之，敬謝敬謝。祺正月十三日得子，二月末長孫皁幸列郡庠，并附聞。前寄瓦當拓不知已裝册黏本否？如易寄，尚欲檢年來所拓補足，以此種多同文，非檢目所能晰。今春拓鏡，夏秋拓磚。近日拓者多間斷，裝者亦病，凡事久則難耳。起居當已平復，念念。手復即問台安不備。世館愚弟陳介祺頓首。

附古瓦器拓五，刀化拓二。

光緒二年丙子三月七日

四四

伯寅仁兄世大人台座：三月廿九日奉十六日手書，知款識册、海東古篆石拓已至，想無恙。所奉答者，義理文字皆無足存，乃既欲付刊，又已付裝寄示命題，唯有愧悚。乞置之敝簏，勿令今訕後責，則尤感厚愛耳。公始卣是佳品，餘字少不精，不識可少收此等否？雖無隙地可容拓者，而多寶不傳，精拓不布，亦深爲古人悵悵。精拓而多存之，以俟其人，尤爲大雅企，不可徒存而虚此歲月也。愛今愛古同此一誠，過慮者自有以處之，可不相妨，不可不作也。瓦器鈢字拓四紙附鑒。手謝即問台安不備。館世愚弟陳介祺頓首。

光緒二年丙子四月初一

四五

伯寅仁兄世大人台座：廿二日奉十日二手書，於子年書中知已光復，而未言何部，書中亦未及，唯遥賀而已。煦堂借閱金文五册，允并寄讀，先謝，唯讀，則乞寬以時日也。裝札三册題就繳正，愧悚無似。中惠父設疑之，尊、虢尗簠、父辛觶亦疑之，此等皆可撙節。而拓用薄扇料。照圖則仍望擴充。至於來拓，則不敢冒昧。地既隘，則上品次品可分存。所言雖贛愚，然不如此則無以爲君子之友矣。新得古印四拓上。即請台安，并賀大喜不備。館世愚弟陳介祺頓首。

光緒二年丙子四月廿五日

四六

伯寅世仁兄少宗伯大人台座：廿日得月七日手書，并示新得中師父鼎、周業生毁、子負柬爵拓，俱佳。鼎、葉東卿，字非金文佳者，後二行作小字，三行及（嬉），考文不他見。毁非一，此似李芷齡先生藏，尚有一陽安量，俱珊林丈爲鑒者。爵字古，厚下試審有未盡筆畫否？登州尚龙姑毁竟歸尊藏，雖數杞伯敏不足敵，且花文不習見。蓋無字未必僞，即僞亦勝木蓋。有一个鼎，不甚完。穵自是古究字，何不并收之。疑者僞者可力汰之，則當竭所見代定，即或過，必無不及矣。刻書如有廉生畏人知之見，則可不言爲誰藏，而并他藏同傳之。傳則必不可失真，字與拓圖與照者校，皆不失毫髮則必傳。祺之所以未成書，固無學無力，尤未得人能知此意助成之耳。小午少農有一方尊蓋至佳，乞借拓分數十紙。所藏不少，未知皆如此器否？『周客鼎』三字似可疑。袁藏拓如多，亦乞録文。金文拓能多得固慰，得録文録卧亦慰。或藏或目睹，則力與勢必有不及矣。王戟門之子入都，携其舊藏過此，未得見。嗜好不止於古而玩物又無一不好，長安小住，納粟之資未必能足。廉生或識之，選拓所藏，不知可否？新得一漢器，字曰『革曲』（或是印，則『曲革』），如印而大，背中有銅如柄而斷，四角四圓條似係於柄，亦斷。未審所用，拓奉考定。新又齊出，然非三代比。又古鉨文五，又古銀鉨一小，其似者乃齊出，均拓上。手此即問台安不備。館世愚弟陳介祺頓首。

光緒二年丙子五月廿三日

四七

伯寅仁兄世大人台座：閏五廿二日雨後，得後五五及十八日兩手書，并金文拓，敬謝。盉，舊傳世之真品也。父辛卣在可信之間。子中伯匜則不取。盤而曰『䀀』，何耶？小午少農方尊可寶之至，昔僅得蓋拓，今見器拓尤幸，仍惜拓未爲至精耳。自是『寢』，『友』，『黎』，『環』從『止』未定，『璋』省未定，『它』，『止』未定。又聞中有隔，未知其制如何。守毀非葉物，或一器，葉藏其蓋，是否？圭之與下一字，乞考審之，尤企再付數拓也。敝地真成大旱，不得透雨已將十三月，種麥得食，尚須十一月，秋雨若足，不過菜蔬或充一二月饑耳。無可移之粟，無求食之資，真不知如何矣。此問台安不備。館世愚弟陳介祺頓首。

光緒二年丙子六月十四日

附箋

尊藏既專收三代文字，則秦漢即可從緩，更無論六朝。藏範甫拓，止齊刀二範、寶四六化一範、六化一石範爲三代，拓各一寄鑒。祺又拜。

四八

伯寅仁兄世大人台座：十六日奉六月中及廿三日手書。二毁拓雖勝簠，然[illegible]字過奇。[illegible]匜是長山袁氏物，却無疑。爵字不在鋬内即新。園亭之樂，祺不唯無之，即書室亦無一楹，不得已於對門構數間，亦久未就。今年不知何故，身心無一日得安。文字之樂亦不能暇，况其他邪。旱灾在民窮財盡人心不靖之時。既不敢設想，而時事則徒傳少荃節相至烟台，隱憂更深，天乎天乎，奈何不自强邪。手復即問台安不備。館世愚弟陳介祺頓首。

光緒二年丙子七月廿日

四九

伯寅仁兄世大人台座：八月杪奉朔日及七月廿五日手復，并㕛壺拓。字與太史㕛（友）字相似，或亦友邪。齊刀甚富，均謝。刀拓以兩紙本夾之，便可反覆上紙上墨，且摺齊易正。一面上墨畢即上紙，使與下紙相對，又易正，且一律。裁紙分拓則面背易淆。凡小物兩面者皆可如此拓也。未能無好册謹繳。小午少農方尊，切企得棉紙精拓數紙，不易拓則字互見數拓亦可，真不易覯，拓不出者，可摹則摹之。附上自作自書一聯求教。即問台安不備。館世愚弟陳介祺頓首。

光緒二年丙子十月十五日

卷二

致王懿榮書

王懿榮，字廉生。山東福山（今烟臺）人。一八四五年生，一九〇〇年卒。祖兆琛，嘉慶間官山西巡撫。父祖源，先後任四川龍安、成都知府。同治十二年，先生應順天鄉試，中式副貢第一名，副考官爲潘祖蔭。光緒六年貢士，副考官爲翁同龢。同年，殿試二甲十七名，賜進士出身，授翰林院庶吉士、編修。三爲國子監祭酒。廿六年庚子，先生任京師團練大臣，八國聯軍入城，書絶命詞，仰藥投井死。

先生性嗜三代鼎彝文字、秦漢金石，兼及古籍碑版。任京官多年，散值後必赴市肆游覽，時有所得，雖典衣酬值不顧也。力不能致重器，則於璽印、泉貨、古陶所收極富。光緒廿五年，河南安陽發現殷代卜骨龜甲，上有文字，濰縣估人携至京師，先生審定爲殷商故物，爲研究殷虚甲骨文字開創者之一。所著有《福山金石志稿》、《漢石存目》、《南北朝存石目》、《天壤閣雜記》等。所藏古陶、甲骨後歸弟子劉鶚鐵雲編輯行世。

先生經鮑子年、潘伯寅之介，與簠齋遂通縞紵，時致書論定金石文字，光緒七年，先生返里，過濰縣，客簠齋家四日，遍觀所藏。二先生嘗以金文與《尚書》互證，簠齋謂：『《尚書》至今日無從得確據以定之，其理之至者，固可以孔孟程朱之説定之，其文之古者，則唯吉金古文可以定之，吉金古文亦唯尚書可以通之。福山王廉生農部懿榮書來，謂《大誥》『寧王』、『寧武』皆古文字作、作之訛。余謂文人見詩，前文人見兮中鐘、西宫毁，尤不可移。則《大誥》之爲真古文亦定矣。武庚之罪自當告武王廟，三叔之罪自當告文王廟，則文王文人説，極爲有見。』

簠齋致先生書，現存最多。闕者僅四年，其時先生曾往四川探親，河南訪友，書或有間。至於先生書札手迹，吾家悉皆珍存，裝裱成册。聞秉忱叔祖言，五十年前，尚見家人謄録，今已不知尚在人間否？

一

廉生大兄世大人左右：新訪拓文登晋咸寧司馬長元石門題石二紙，敝藏石拓十四種，乞察存。大著先繳，乞録副見寄，以便增注。即頌廉生大兄元安。弟陳介祺頓首。

同治十二年癸酉九月六日

二

廉生大兄世大人左右：去冬得復甚詳，愧久未答。兹從子年兄交寄正月廿九日書，并房行卷，敬讀。箋封重瀆，又代酬直，慚感慚感。聞三月大著可成。寄上敝藏石目，又石拓十四紙，齊石尚未及注詳也。齊金則鳌鼎器蓋，太公和二區一鋘。清卿兄釋爲『釜』，甚有見。《史記》有『嫗』文，器有『區』字，二名似宜并存。田陳之器，自是齊金，齊人齊語，當兼收之。春來拓古兵兩月餘，將畢，今日篆一古兵印，屬族弟子振學刻。先以歸來所得齊地戈矛奉寄二十紙，爲器廿一，瞿在其中，其又十三紙，則非齊出而并附焉。就中惟吕不韋戈字極佳，確爲斯相書，惜僅可見鑄款詔事二字，其鑿款則紙厚手重，拓未易見，擬摹刻拓附，未及作也。齊瓦則子年處可看。齊磚尚未拓，雖少佳者，却有一三代齊字者，亦足自豪。誠齊知齊之誚，吾輩必不免矣。膠東倉官金刃柄，惜缺其半，并拓寄。又有古罍字，亦創獲之奇。均乞大雅賞而考之。復吴退樓書就正，乞即寄清卿。清卿書至，此次尚未及復，乞爲道念。貴師伯寅、子年觀察乞先以此書拓同閲。傳古小啓之事，恐子年增出閑擾。若有二三百金，可爲二年延友之資，并可以及至契。第殘缺零星，或爲人笑而悔，然一人因此重勞，古人有知，當佑之而有以相貺耳。武氏石槨銘尚未見。荷蕢丈人拓可得否？盂鼎至否？車載須厚護，伯寅不自往致，自必遲矣。手此復謝。檢拓已一日夜，不及他述。即問著安不具，世弟陳介祺頓首。（次兒長孫乞晤教之。）

同治十三年甲戌三月廿三日

三

廉生仁兄世大人左右：廿六日得五日手復三緘，并金拓、小字《説文》之賜，敬謝敬謝。適有急足，先寄日内新獲魏齊三石拓、崔鴻石拓。餘再復。即問著安不具。弟陳介祺頓首。

同治十三年甲戌四月廿九日

四

廉生大兄世大人左右：二十六日得月五日手書三緘，於二十九日具一紙敬謝，并六朝石拓四紙，想已察及。詳誦來示，辭氣既遠鄙倍，又過撝謙，實獲我心，唯愧弗荷。大雅之於古好可謂深矣，尤望於已得者則如恐毀傷，未得者則愛其文字，而聚之、辨之、思之、傳之。於古人之書法，則求之於吾腕。於古人之叙事，則求之於其例。於古人之用意，則求之於其理。於古人之作字，則求之於其義。雖此傳世之千百器，僅古人之一事而不能賅備，然求古人文字之真，則舍此别無可覿。而求之之所得，則在乎吾學之所至，吾心之所之爲淺深，而不同於好奇玩物之有妨於心德矣。古人一事之不可及，已可見於此，然其所以能如此者，則聖人之學，先王之政，固有以貫乎一事之中者也。博者事物，而約者理義。因古人之器，以求古人之心，想大雅必不以齊人之迂言爲遠於此事也。退樓、子年、清卿諸書均乞索觀而詳誨之，切企切企。附上玉拓一紙，石拓三紙，乞鑒存。即問著安不具。弟陳介祺頓首。

同治十三年甲戌五月十一日

五

退樓所藏有至佳者，而不肯汰，殊可惜。所跋則必不可言，雖其文有萬不能盡識者，然其間亦自有意義常例，二語甚是。南中人語亦偏。不求古人作文之法、作字之法，如何能不隔膜。（有聰明、有傳授，且爲之者多，惟未能切至耳。）然學問無窮，豈可自是，唯用心以求其真知而已。（太史公謂：『齊人闊達多匿智。其天性然也。』自是推許有不可及處，齊人只是心精力果，求骨子不作面子，拙在此，長亦在此。）以貌取古器，則貌僞者至；以奇取古器，則僞奇者至。然不能於今日所見之外有真奇，不過仍以所見移而贅疣耳。不成字，不成文理，不成筆法，不成章法，何以爲古文字。不真好，不真用心，見色澤即疑爲字真，見形似而不求甚解，守真器數十百，見真拓數百紙，而復大收僞字，葉氏之覆轍也，豈可蹈之。蹈之則仍是玩物之習重，而好古文字之學輕。寒士能拓能收古文字而講求之，豈有力者所能逮乎。僞刻必有斧鑿之痕，以銅絲刷去之，則又有刷痕而字鋒又失。且舊物手摸即可知（銅玉等皆然，古物皆然）。僞者必不渾融，僞者斑下無字，斑中更不能見字。古器過朽，銅質無存，則字不可剔而可見。

真者字底有銅汗積灰，必不能僞。鑄字刻字必可辨，鑄字佳者，每上狹而下寬。古人之字只是有力，今人只是無力。古人筆筆到，筆筆起結立得住，貫得足，今人如何能及。不知只是未向此中追求，好古必以文字爲主也。不識字之銅販，多見出土器即能辨其真僞，學士大夫乃不能辨之邪？見拓本即可定者，以文字知也。疑之過者，非其時代晚，即其字不精也。宋元仿而入土者，字與制作不能不遜。色澤即有極佳者，亦其用古銅鑄者也。古人模範之精，今多不能思議，以土爲範，範上以刀畫之成格，格上漆書字，字上再以土堆成陽字，鑄成即爲陰款（銅每極薄，耳足中又有土範），豈今所能爲？蒙臆古書有刀有杵，『聿』即從，古文字似有此兩種也。內外範合而質甚薄，何以不少誤，銅不細，劑不良，不能無少缺。鑄範留氣孔不合法，則氣在內而金不即凝。花文與字有撥蠟之説而今不傳（漢器及印中均有土質，法尚未盡亡，瓷器大行，而古法蕩然矣）。書自有時代，相較可知。書亦有工拙，書亦有王朝與各國之不同。文義亦有定制，多見類推，自可知也。古器之直，十器不敵一者，即可如十器之直；百器不敵一者，即可如百器之直。少收而精擇，少許勝多，亦未必即爲過費也（況不能十器、百器之直）。要之見得真，看得細，尤在心穩得定，是皆出於讀書游藝之餘。信手書答，就正好學深思之前，尚望時有以教我。平齋亦知其不能致力而姑言之者，以愈講求愈細，所見愈有貫通歸宿，而重有望於海内君子之相教誨相切磋，而非專爲平齋發之也。考釋古文字，蒙自言讀書識字不多，非虚語也。衰年不能再博聞强識。年來課孫蒙求，於義理少有所見，進於故吾而已，非有所知也。推之讀古文字，亦少有能斷處。竊謂不博則無可斷，博而不能斷，則不能折衷而歸於是。文品之高下淺深，章法起結層次，皆理爲之。漢儒之功，在於存古；宋儒之功，在於明理。理明而前聖之説、先儒之傳乃定，天地萬物之理乃明，吾人心身之知乃切。其博大孰能過之，特不侈矜多富以爲炫耳。義理之次，即是文字，無文字則義理亦不傳而晦。今日唯此吉金是天地之藏，祖龍之暴所不能盡發而焚之者，可不重乎？釋之以多見爲第一，考經爲第二，證許爲第三。有據者斷之，無據者則桂氏《説文義證》案而不斷之例爲至是。不可徒博，愈引愈遠而愈無當也。薈萃而不能斷，祇益蕪雜恍惚，亦奚以爲？至取僞器而長言之，更不知所謂矣。止刻金文釋其字，考不必其皆有，有亦不必求多，以字逼真得神爲主，釋不定者闕之，或兩存之，書成易而古人傳，我輩之志慰矣。雨中陳介祺再拜上復。

同治十三年甲戌五月三、四日

六

廉生農部世長兄左右：拓器愛護色澤，必先以紙糊易磨與手易撫處爲至要。此十紙未留稿，乞屬人録寄，并摘録寄清卿學使爲企。隨手寫去，聊即來示書所見及者而已，切望正之。

尊藏古印與子年所藏之可假入《印舉》者，乞示寄，不固請。

附箋

北周武成宇文仲造玉象。此真是玉象，非『白石』之名玉名玉石者，似又在崔鴻楊大眼之上矣。此拓工吕守業所拓，每日不過一紙。又紙墨等費，未能應海内同好而未識者之索，是以有小啓之白，而欲爲古人傳之，爲至好共之，非爲利也，不可則止可遲遲矣。懇乞鑒之。

魏永安張神遠造象，魏興和馬都愛造象石坐，六朝耿僧文造象石坐，與四月廿九日所寄武定皇建河清三石同出一地，惜年月在佛象而今不存（『黑苟』或即皇建之田『黑苟』）。

崔勲石其象已缺，惟餘二足。大著敬謝，尚乞再詳考官秩見示爲懇。字係重刻，尚有痕迹，當係改刻官秩也（録稿即繳）。

古兵共三十餘種，云廿一，或有遺邪。内出吾齊者已注明。拓工往琅邪臺，月半後方能歸，石瓦磚須伊拓，但需時日耳。延友既費而又難妥。《傳古小啓》之事如可行，寄費一二百金至，當多使人學拓，多購紙墨，或可少速（子年前有所言，以有擾則可已，復之，後未得復。子年所言百餘金）。用人大難，求精亦大難，傳古豈敢憚此，早有以酬同志或藉此耳（子年、伯寅、清卿、退樓諸君同）。（無索者則不必言，有則過瀆，心不能安。）

丁刻武氏石槨銘尚未見，何饋丈人石新出，祥瑞圖石同。聞軒轅以此居奇，且移存其家，而時以脩石室醵資得者，寄觀即繳，不必先以見贈。永壽殘石已得數紙。鑿石之弊，皆玩物之見，亦可見人情之不古，人心之自私矣，豈復知存古人之迹於其地哉？近以見三代文字爲幸，秦漢六朝皆其次矣。

孫氏之斧似僞字，制如今木工之所謂『錛』，與《攀古》所收均疑之。斧必有銎，今人名爲幣之器，蒙謂即今之鋸，不利則錯之。

金文石理，愛若肌膚，好之，必當如是，方爲收藏。碑估當遵不令拓，而自令人拓，易其所售者，尤望推此以愛古文字片紙而極珍之也。祺又拜。

齊東伏生冢爲水所侵，得舊石有□，當是『漢徵君伏生冢』六字，似是六朝以後書。友人近寄一拓至，再得當奉寄，尚可存。

七

廉生仁兄世大人左右：六月二日得廿二日夜手復，知近有河魚小恙，想已元復。病中猶勞見答，感謝。唯撝謙每用紅牋，乞勿再施，其説含英六字太過，它亦冗長，均乞恕之。寄上新拓琅邪秦石廿四紙，其東面二紙。此次剔出之字（爲之者）清晰二紙（校之可見），乞兄與清卿兄分存之。其廿紙則乞兄與清卿代銷，一紙一金即可（拓實常工所不能，惟冀好古者有以鼓勵之，何拓則銷二金），有同好者易以精拓金石亦可。再乞代懇清卿兄假付蘇億年京平百金。由京中求吾兄代繳，弟得示即奉寄，倘清卿都中無用處則不可矣，向來寄京匯兑亦甚便也。外此次寄伯寅兄書録上請正，并寄清卿前書，索稿來時均乞從直批示爲感。專此即頌暑安不具。弟陳介祺頓首。

晤仲飴乞代致假觀瓦拓六十種交來足。又子年處尚有泥封可入《録》。

同治十三年甲戌六月六日

八

廉生世兄大人農部左右：七月九日徐吉還，得前月廿二日手復。長言過愛，唯有悚愧。足下心鋭手勤，文茂學析，所至真未可量，反復益深欽嚮，至愚之所至，則前已自言之，尚乞有以教之也。前後各書當屬人寫出，以所見者請正，將來修飾删節，尚可付刊，以存吾齊二人往來之雅也。此次且未詳復。兹檢吾邑所出古齊字磚五，各拓一紙，并吕工精拓藏石，大安李節造象（『大安』五字自疑）、魏延和元年壬申鞏伏龍、太和劉女共姜、正光嚴小洛、李昌楊豐生、隆緒女官王阿善、北周保定馬落子、建德鄒道隆妻尔僧香、隋開皇張信、仁壽大都督齊慎略、開皇姚長寬、北周别將辛洪略造象，共十二紙，均乞考定。豕形敦、邵道生、王蘭𦵏石拓，敬謝。《金石目》仍繳，往來必寄，可省别録，亦可注一二事。凡事能過細，具見精力，然亦須自愛爲大者用也。子年云『清卿欲爲刻秦瓦』，感不可喻，秋後當檢齊與秦金同寄。止求代刻，不必出弟名，叙中及之即可，仍當繳資，且以文字重報，乞先爲道感意。《傳古啓事》，今銷一分，當檢一分求寄清卿，不能銷則清卿留之，以所得複者或精拓金石相惠即可。亦乞閱後與欲得者一見，使知其甚不易，而真好且有力者有以助其傳，而不哂其爲賤丈夫也，否則何以供其傳邪？清卿得鳳翔出土方鼎，余定爲商，一敦字亦至古。想所得必多，乞屬教一拓手，寄吾二人，且望收目，以便再寄。齊太宰歸父盤、陳侯因資錞毁、陳侯鼎、陳子子匜拓奉鑒。孫氏器形，仍不敢定爲車飾。匽侯鼎字，見於任城召器之害（憲）鼎，燕釋甚定，郾王戈亦可定。匯蘇百金事勿固是企。高驪箋止便手目，作復少易，不薄滑，切毋令作，箋版直上下刻者，知已令作，感感。寄來『簠齋』二字小印二式，乞令仿刻于版。後吉日癸巳封筒乃看色，若已仿，即令龍文齋自售亦可。東洋皮紙印箋亦佳，未知有否？南中七八十文一番，附一片作式。尊藏石及印，均乞精本。小事多瀆，惶悚不安，乞勿代付，使不敢有所請也。此問著安不宣。弟陳介祺頓首。

同治十三年甲戌七月十一日

九

廉生世兄大人左右：月十二日手復一緘，并金石拓一封，内原目外黏稿一封，想已至。秋爽，想動静甚適，著作益勤，羡慰羡慰。近來拓爵甫畢，徐吉北上，寄一全分與吾良友暨伯寅，乞鑒釋之，匆匆未及少注所見也。竊謂秦以前是一天地，同此世界，而與後迥不同。蓋自伏羲一畫開天而大文始著，文不外陰陽，陰陽即是奇偶，奇偶即是單雙（『奇』之兩面即『偶』，『陽』下即『陰』，離即無物），即是虛實。至文王、周公，極世之文；至孔子，極人心之文；至秦燔，而自古聖人之所以文斯世之言與事蕩然矣。漢搜殘缺傳聞，而聖人之言不明，先王之政無據，千餘年如夜行，至程朱而聖人之心始明，先王之政則仍不可詳求，如秦以前之人世界，恐終天地而未必可得矣，蒙是以於三代之文字有深嗜也。嘗諭長孫阜以詩曰：『天開混沌由文字，人擴靈明亦在兹。大義微言常不覺，終歸混沌又何疑。』乞教正之。清卿處乞致感念，尤企其書不置。手此即問著安不具，弟陳介祺頓首。

同治十三年甲戌七月十七日

一〇

器形本以所用爲别而作，既尚其象，又有取義之設。如今傳毁下有方坐者，又有四耳者，蒙皆謂爲盛羹之器。四耳取其『二人共持』，方坐取其『下重不蕩』，皆至敬之意。味以太羹爲始，和羹爲美，故特重之與。朱子所謂『析之有以極其精而不亂，斯合之有以盡其大而無餘』，乃一貫之旨，凡事蓋莫不體用之全，不能即形、即意、即事、即聲而有所造如此也。知聖人之心，然後可以知聖人所作之字、所言之文，而非可以淺嘗聖人，如童蒙之自矜也，有所見則謹而識之，而無可以自是也。博學而又篤志，切問近思之，則所進自未可量，所見自當别矣。所好所知，止是求一個真，止是要學不厭。通形象，非通古文字不可；通古文字，非多見真鐘鼎古器文字不可。今日而欲求秦以前古聖人文字之真，敬進一解曰：『通真古器文字，非多讀古人書，而深研聖人所反求天地自然之理，有得於聖人義理之心不可，人雖作不到，而理自不可易也。』後人所不知聖人之事有二，古文字其一，道理其一也。聖人之心，能盡其自然之性，盡天地萬物自然之性，行于身則曰化，見于事則曰政，先王之政事，蓋集古聖人之大成，而因革損益之者，惜今亡矣。雖秦燔爲甚，亦時代遞降使之。重瞳三月之火，秦府庫古文字乃蕩然。蕭何所收，恐止是秦圖籍，未必能見到收古聖王文字也。今日贗鼎之工，非復昔時俗劣不識字者，其大力肯收者之見解，彼皆有所揣摩而巧投之，不可不謂之絶技。唯真知古人而有所獨契于其不可及。然養器有字，自足不亂，某人之用，則尊卑明，某事之用，則事物皆有條而不紊，易知易能而有禮者，此物此志也。器形既不同，文字又分别。食器、黏者則椭圓，取易拭，或圓，不黏者則方，魚鼎、禽鼎、㲹鼎則長方，如今魚鴨池之類，他可以比類推之。古人用心無大小，皆用其極，小者祇是其心用熟，自然能如此，非如後人止專在小處搜求也。父之養器，子自不敢用，自當以之祭。有國有位，得自作器以祭，父大夫、子士，自是用其父大夫之養器祭，士不敢造器以祭也。不敢造器，自是不敢作款識，今傳世無字之器，當是無位者與市鬻之器也。乞考正之。常人之器以形别，有國有位之器以文别。器文有書法，有述事，有義理，有文義，有體例。古人祭器敝則埋之，自是誠。此器不能用，不可用，無處可存，存亦不敬，深藏不見不用爲是，則理當埋之。此理所以傳文字於萬世者，古人初不逆億也。古人作字之始，止是聖人之心，有學問道理，徹上徹下，包舉無遺。於一事則以一指明之；於一意則以一字領會之；於一形則以一字象取之；於一聲則加一字以諧合之；四者用所不足，則轉注、假借而引伸以通足之。雖一字無非聖人之心德處，真知今人之爲時代所限處，則能于可愛處知其惡矣，此亦不必强辨，且求其無疑者何如。

同治十三年甲戌七月廿五日

一一

廉生世大兄左右：月之中旬，尹姓車與徐吉先後奉致二書，并金石拓，當已察及。兹將六月所復長書，隨讀隨注俚語于鈔本下，又不自知其言之長，今由傅冬便寄，請教正，尚企賢者再有以啓發之也。此與前所奉寄之書，子年、伯寅、清卿之書，暨見寄之書，均乞索録，刊削改正，共存一稿，以志往來論訂之雅。其鑒别拓裝之有小可取者，亦附存之。可倩鈔胥，不必求善書也。潘刻本校過并附。又一紙，亦愛慕之心所發，知他人見之必以爲好古之俗乃如此也，一笑。附上聃毁拓（四耳方坐），乞考定之。此問著安不具。世愚弟陳介祺頓首。

同治十三年甲戌七月廿七日

一二

惜今書已非古字，古器一字又數器不甚同，多收拓本多見，則可通處甚多，即刻本亦必不可棄之。

近浼友自蘇紙行向涇縣第一鈔紙手鈔得極細薄軟棉連紙，似可敵從前十七刀者。分様半張（并分様與清卿爲望，日内極望清卿書）。如京中覓不出，可醵資爲代覓。每刀須京錢九千，但尚須寄京之費。月内三函（尹、徐、傅），想已至。

同治十三年甲戌七月三十日

一三

廉生世大兄左右：七月三書、八月一書，想均察及見復，日來唯企清卿學使書耳。金石無所獲，須登場始能出，春秋耕所得銅器易物也。中秋近，拓友歸，唯吕工尚登登不輟，須拓齊一類乃奉寄也。吾兄與仲飴爲伯寅貴師録《金文册目》，惜未及字數與釋，與已見拙釋，既企補校，尤企再以仲飴家舊藏册校録之，既出㪚藏外不能多，則亦不甚費力矣。文登嵛山集晋咸寧司馬長元石門字二紙拓不緻，可贈同好。今秋不能往拓矣。此問著安不具。世愚弟陳介祺頓首。

同治十三年甲戌八月八日

一四

廉生世大兄左右：中秋月上時，徐足還，得七月廿九日兩手緘，并印石聯紙，市平小寶十兩，鮑書羅文紙，幼雲書古幣拓一篋，鮑刻書二十本，前奉書稿，敬謝（胥鈔竹紙即可，勿再如此）。承復之詳，非敢私感，可見以平日讀書窮理不敢放過之心，推之應事，方能如此過細，人止是一心，小處不苟，大處方能不苟。有位者侈言我『於小處雖如此，遇大事自能當得』，乃自欺欺人之語，不知平日已誤天下多少事，職分久已欠缺，遇重大事，不能别有一心應之恰到是處。所望賢者以此應事之心，用之平日，讀書窮理而加詳焉。使愛才之誠，他日得獲知君之譽，而天下被其澤，一鄉被其惠，則不僅一古文字之友矣。迂妄忽甚，幸勿示人，使嗤病狂也。學問之事，全在分析而不儱侗，儱侗止是不分析，分析得十條路出，方知此一條是九條皆不及，而知之愈真，行之彌篤，是皆能分析之力也。尚乞教之。推之書，不字字句句分析去讀，文不字字句句、段段節節、分析虛實淺深、開合反正去讀，碑帖不分析鈎撇點畫起住、一筆筆析開去學，止是整吞很捉，何由得一分明路徑。分得清，積得富，又見得同之不同，不同之同，則合之而大，貫之而通。小大蓋莫不然，特在人權輕重而用吾心耳。自愧精力已衰，涵養不足，是以竭所知爲賢者告之。清卿何久無書？實心考校，自是重勞。可言勿多用人防弊以增弊，止坐堂大半日，前無一人。打戳無起講者撤驗，多取面覆，即可得真矣。蘇七之款非要事，所得金石文字，所刻書，乞詢之。齊刀令令吕工速拓，乞一分自存，一分爲致石查兄，并先謝允惠藏印泉拓之諾。高驪箋如此已可用，不必求貢使者，非欲如式至佳，衹以年來忽作古文字往還，常行八行過劣，是以各處奉浼代製，今又荷飭工爲之，感感，唯求以緻直爲安。賜答仍用紅箋，乞亦刻版，作足红密行齋名箋相往來，既慰亦便讀也。切企切企。允拓藏石假藏印先謝，印乞先付拓本。如欲問作印泥法，當再述。近所用鐘鼎文小印，乃自篆，令族弟佩綱（子振）學刻，始猶拘弱，今漸長進。復以所存譜中古鉨印與鐘鼎文字同者，令撫之，尚有七八分形似，已將卅方，先作一册，寄請是正。又四册，乞致貴伯寅師、子年、石查處，可否爲之一銷，白五銖以至一兩無不可者。寒士以刀筆生活，如再有索者，當即再寄也（印皆《印舉》所無）。尊印本當令即作，唯豐姞𣪘中字似而未定，自尚可用，第三字則未檢得，必不可以臆綴。又古文字皆不可排比，極力縮去，不能甚小，可檢全七字，油素摹出，再縮小配合。古文佳處，即在空處，離奇動蕩，當可知印石之不能容。愈古愈佳之字，愈不能小，乞以所賞字見寄是企。或寄他石，此石改刻何字，或爲人寄刻。付有金文拓本摹本字樣，儘可多刻。尤感奬掖之意。子年札繳。區鋘釋，清卿頗有所見，勝於弟説，如未見，當并録上（得器時考而未釋）。吕工已如命鼓勵之，當令以精拓爲謝。

委書聯再繳，如有佳紙，不鬆而浸漬，不粗而乾澀，無礬蠟之新紙，即可書（乾隆淳化軒箋即宜書，四十年前者亦可。有聯語更佳）。聯大扇小俱無妨，弟久不書屏，小字題古文字則樂書，年來喜用大筆作聯，即三四寸長筆毫，亦可小字，但苦無大而佳者，未識廠肆可遇到否？示及。生性迂拘，大小必期許盡無憾，此以魯得之之質，亦吾齊士之所偏，若自謂精力有限于天者，則正恐未曾用得出，分析而專精知所先後，則精力不可限量矣。弟二函聞嫂夫人又作去歲舊恙，想已愈，醫與地理是人不可不知者，是古人學問中之一事，無學問何從知醫理，讀書者守古方而施之，非其疾者，是以皆模胡也。八月廿七日晚傳足至，得十一日夜書，知作腹痛，當即霍然，腹痛甚，則似古方『當歸生薑羊肉湯』爲效，若近霍亂而非常痛則不可。天氣漸凉，桂皮煮羊肉亦可（大火沸即細火泠，去油再細煮，去净油止）。聃殷拙考，曾寄仲飴，未携入都則補寄，必不僞也。年來所復伯寅、子年之書，乞集而命胥鈔出，與今寄言《拓剔吉金説》清稿一分，乞并選擇删改之。書則存往還之雅，説則附爲同好之覽。又乞於前言『鈎刻』之説，論刻傳古文字之事，詳采成則，使剔護拓鈎刻以及別僞之事俱備，寫本見示，實所仰企。即以六月中手采者爲底本，擬於家中自刻一粗版本，記今往還之迹也。古人作字，始于象形，使人見形而會其意明其事，其他則輔翼之而已。後人有許多古人事不知訓不聞，故茫然爾。正之。大保字加『王』作[illegible]，使人一見而知爲王之保，不同他『保』字，如『玟珷』爲王者之『文武』，不同他『文武』字也。洋紙是怡邸明善堂物否？敬謝。録目所詢，石所出售者秘之，故未晰。大安字雖僞，仍是六朝，象與石俱古也。金文五種，敬謝。不飲酒，可留作引年之養；不謀利，亦須知治生。此日用刻刻不能離者，治生不外『量入爲出』一語也。大則制國用，小至畫虀分粥，亦是此理。古聖王之用，即祭祀亦隨年之豐歉，其穀數即於公田計畝均分之數知之，其民數則鄉鄙無不有在官者，時時皆有記載，合之即知，亦在日成月要歲會之内。後世不唯不知其真，亦無從稽其數矣。舉選即在鄉學、國學之中，天子諸侯公卿大夫元士之子，皆同在大學之人，所以上下志通而若一家一人也。君農曹，古司徒屬也，讀《論社倉策對》，久欽于懷，故觸伸妄言，以冀誨復。即問著安不具。弟陳介祺頓首。

同治十三年甲戌九月二日

一五

廉生世大兄左右：重九後一日得八月廿四日次日手書，知尊體又於月十三日後，自酉戌至子丑作寒熱，想已調攝全愈，殊深馳念。若果是瘧而非傷寒之作，寒熱則尚輕，日日作者亦輕瘧，有小方甚多，或擇其近理而無妨者試之，然此刻當已除矣（勿早履地却是要事）。嫂夫人想已安健，均爲代祝。清卿兄書誦悉。敦尊字似僞，雖有鬮痕，不敢據也。方鼎與毁，自是商器。宜子孫行鐙，是漢市鬻器。東井小當，則亦疑之。近日因獲利，作僞日工矣。承代致清卿文、蘇七百金已見收存，今由畢芬便寄上百金，附目一紙并詳注乞代文，餘者所付或不足，或由寄款補，先示收字，從容見復可也，瑣事不必詳答，唯告近狀以慰，懸懸爲切，切勿勉强説閑事也。尹車之書已至，餘俟車便。復清卿書并瓦册瓦拓一篋，均交子年。子年書亦未封，如已不畏勞，乞披閱再致子年。子年屢言清卿欲刻秦瓦，今又來詢，云今冬必可刻出，可感之至。聞有此便，連日夜手編一目，他事俱不暇。貴河陽師書來，止鐘拓無字十之九，不作書矣。且昨書甚勞，亦欲少息。子年書并書直目仍繳。手此敬謝。惟新愈珍衛是祝。弟陳介祺頓首。

同治十三年甲戌九月十五日

一六

廉生世大兄左右：月之四日得九月望暨後二日手書三函，欣聞清恙已愈，深慰繫念。唯元氣未甚充時，肢體不可不少運，而必不可過勞。今作答如是之難，乃如是之多，可見心迹之殷，尤念勞之或過，切企善自護也。藥尚服否？壹是如常否？凡晨起日初出時，陽氣下壓，陰氣在地面，日落陰氣上地面，正午陽光極盛，夜分子半時，皆須善護一身陰陽之氣，勿使爲兩大陰陽之氣所侵，勿失所養（冬至前宜定心氣），煖須去衣再飲食，食須午後，勿過飽，新愈宜少食加餐，均乞留意，藥皆補偏，過則又偏矣。承示起居甚詳，具見真契，法書中鋒直寫，尤見臨池心得，不經意乃真本色，若再於兩端求古人法則必傳矣。族弟子振蒙推愛噓植，感謝感謝。從玉從木之古鉩未得見，乞惠一紙，或鈎本亦可。尊藏印如古彝器者，亦欲先睹。庾生高驪箋想無多，止須此種五六百或一千，唯有請則惠之（伯寅贈二百，已用過半，清卿處亦用之，他不用）。使同求取，則必不可，乞勿成其貪也，至懇至懇。翟文泉丈校刻《穆天子傳》諸本，覓得即寄。印文可否易氏字，仍不能如石之小，當作一稿先就正。若選所賞吉金中字鈎寄尤佳。附《論釋古文字》、《以古字作印》、《古人作字》、《金文與〈尚書〉互證》四則，乞教之。唯自愧所記問甚陋耳，非虚語也。子振以兮田盤字爲伯寅作字印，又出新意作『八囍齋』印，二而似一，章法尚能化俗爲雅。大者可用，方能再小，至小如陳侯因資錞，若集其八九字爲印，石已不小，已極難刻矣。

石查農部『未可以金石玩好目之』一語，心感之至。蒙見止分此文字玩好界限，故篤且真而嚴，不敢自渝所守也。印拓謝謝。自以揚烈爲佳，朱墨可愛，他則語重未敢荷也。尊履所患，自是在陰分，切勿遽以爲不足，而過服峻補。寒熱自是陰陽相争，不寐自是陽不能入陰，或陰分有病，見瘮亦是時邪（似是陰分中有鬱，宜未通），而非虚損之徵。時邪初治，即須麥地，以防其鑠陰，此吴竹如先生之語。瘧多因食水，或暑熱爲夜寒所束，或受陰氣而復鬱燥氣（此言外感，外感者多，内傷者少），須於此消息之。醫家能辨虚實寒熱已難，其人若能辨一經之中爲氣病、血病，氣之下即血，血之上即氣，而知互根（分出上下，再分寒熱虚實），不可須臾離。用藥之陰陽，即恰能如其分，則直無其人，唯擇其老成而歷練多有效者試之，或不藥，亦得半之道耳。醫不明理，則不如不驗，驗方，方又必須相符之，病乃驗。試病則不可不慎矣，乞細心體會之，已愈勿求效急，勿忘善護也。揣度言病，未可即信，不過竭慮以佐精思之觸發，聊寄禱祝之意耳。（復弟二函。）

惠藏代□安臧三鏄貨（下齊鏄，下鋭錢）、鉛□昌、□邑□平三布貨拓，謝謝。『代』似隱隱尚有一筆，□即□省，『咸』從『臣』，乃『守咸之臣』，臧善臧否，當如古器、古鉩印從『口』，鉛者難辨。小布則多皆羽翼鐘鼎者也。六朝石有副再波及，不亟亟。

十一鐘拓此次匆匆，下次即寄。今年爲東海關龔觀察以八十金索去金文二百餘拓，復以四十金屬裝，爲作十六册，編次題記雖勞，頗慰素志（録目及題畢即先求正）。年來所費過多，不能不思藉此以傳古人。又銷秦石拓，又爲族弟子振銷《古鉩印文傳》，殊近鄙卑。所冀古人知我，而同好者又知其甘苦而恕之，且有以大償其期望，則自問亦可無愧。而大雅之富收藏者，或不至投而不報，以無人可拓見復，則文字之福，或可因良朋而益擴耳。拓事今年頗費調其有索者與否，聽其自然而停，可見全交之不易，既勞心又傷財，將來自裝册成，當寄鑒定。安得有如許大力盡收此片紙，祺亦安能有如許心力、財力爲此遍爲玩好之供，止期成得一二十分，留俟异日其人之傳爾。自己未嘗不想刻，而不肯將就鈎刻，任其失真，則僻陋之至難事，是以仰企海内君子，而不自私以求傳也。區區之心，唯我廉生能亮之耳。（復弟三函。）

聃毁釋文一册，寫手未在館，乞閲後即擲還，再寫寄。盂鼎釋文，想已於貴座師處見之，均乞是正。鼉磯島石拓甫至，即奉鑒。又借拓齊刀六字者三紙（造邦見《商書》，從『牛』省『口』加『厂』），乞致子年、石查各一。又《印舉》中古鉨印四十七紙，今日增二紙并上。檢時記原次，將來録目釋寄訂疑再復，此已考訂一年矣。何饋圖拓一，乞致清卿。文字結習，固我輩所不能忘。我思古人，尤寸心所不能已。體元新復，不可因此致勞，遲遲見答可也。白金五兩，子振敬謝。即頌頤安不具。世愚弟陳介祺頓首。

同治十三年甲戌十月十二日

附箋一

子苾所集《金文册》在庾生處，可借來，以敝藏册目釋校之（伯寅有之），録其未備者（久企而仲飴未及爲之）。尊藏及他家所集，亦乞校之見寄。疑者异者摹之。石印先繳，俟稿定再付石可也。子振所望不奢，此次贈伯寅印，亦無須過費也。傅足午前未來，午後竟得一古圓鉨、二戈，皆齊産，均即拓上。又得瓦器上鉨文二：一如圓合子蓋，徑約五寸餘，一則一握而已。戈文一是『陳右造鈛』，而『告』從『金』，戈則金戈之間又有筆畫。一是『子嬰』（□即『服』，見㾓鼎，及他金文，此從『女』，尚未及考）。『造』作□（或是『旅車』）戈。乞審定之。《古鉨印文傳》五册，乞如前式賜題。致伯寅一，子振弟奉贈一，勿付直，其三以寄清卿可也。祺又拜。

十三日夜

附箋二

封函後檢案間，遺隅陵之部一紙，平齋以爲非古，而不知其非秦印所及，即是周末，其印式亦與古同，故附於後。書之時代似難分，而不知多見即可定。斯書今既裒集，其古于斯者，即周末書。秦漢印相近，唯書與印制少异。异于漢者，即秦印可無疑矣。乞正之。新增之圓鉨（購而未定，故未剔），文似即□□□□之『洵盛』二字。昨夜緘書後，復讀來書，記復日，乃思言拓傳事，恐致良友以索拓爲難，夫往還古文字既不易，而不能不思擴我見聞，考定古文字更甚難，曷能不思就正於好學深思之大雅，且啓中久已白之矣？祺再上。

同治十三年甲戌十月十四日

一七

廉生世大兄左右：月十七日畢足還，得九月廿九日二書，同日暨月朔附封二，竟印拓二封三十二種，知前月望書、銀、瓦當册，子年、清卿書拓册目，均一一費心檢點交付，敬謝。唯尊履甫安，致以瑣事，過勞筆墨心思，不安之甚。況不寐自汗，心經尚未復元，耳鳴亦是腎竅，方當善自愛護，不宜以素習之心勞之而不能自已也。人心之靈，重在知覺，無事則讀書，如未曾讀，身心茫然無主，即是未能知覺，有事則偏於素習處，亦是未能知覺。能知覺則慎于未病，察于已病，保于病之將愈，方能得愛護之正，而非平日細心于理，則亦無從知覺也。吾兄之能用心，若專致力于正學，豈可限量。今既未復元，則當專此心于養，或静坐，或慎起居，調飲食，善自推測，以釋高堂之遠懷，以慰友朋之馳念，則尤所切企者耳。近想動静諸臻安健，尚望詳示而采納之，幸甚幸甚，未敢一一就來函縷復也。琅邪臺秦瓦可得之拓，乞從容及之。木篋何不一啓，中且有子年裝册。候册目還，再爲子年校補，若寄陝則周折矣。子振一金，敬代謝。竟印既非三代文字，又須展轉借拓，勿勞爲企。京師僞字，即刻銅墨合子者，然否？前與伯寅言：『奇而無理，工而無力，則必僞，似已道盡。』其理與力，則用心于古文字，多見而識之自喻，不能口舌争也。伯寅堅欲刻吾數人往還書，不可却，乞將來删定之，其標題擬仿『齊東野人之語』，易爲《秦前文字之語》，未知可否？其非語此者，概可删矣。各器釋雖一字之説亦可收，亦不可過以已意去取，其稍有見者皆存之，异日儘可改正，再説再入。伯寅書當檢彙寄采，子年書同、清卿書同，乞與貴伯寅師商之，并相約以識古字論古文爲語，不涉入賞玩色澤語也。即專力于此，并秦漢金石，以及六朝，俱可從緩。唯真僞必不可回護將就，使古文字淆亂。各書已見之所以然，不執臆見，有肯語此者，亦不妨擇附。拓本鈎本刻本，必以類聚。字學各書，必以字聚，一字一册，以説文爲次，以金文居首，得一書即分字翦入之，一拓同。於考釋最有益，易貫通，積之富且久，自可於羹墻間遇之，若古人之詔我矣。即如大著識《大誥》寧爲文之訛，雖未可即以爲是而不闕疑，推之君奭之寧王，亦皆從文爲長。又金文之體例句讀，亦皆可證《尚書》。然其折衷論定，則唯古聖之理與法爲可據依。深之則書理明一分，識見定一分，淺之則筆法明一分，識見真一分。自愧管窺而無實學，唯企之大雅與海内篤信好學之君子而已。手復即問近安，至日陽復，唯氣體充盈爲祝，弟陳介祺頓首。

附寄藏鐘文字十一紙，乞考釋。齊刀二種，乞與子年、石查各存二紙，未審及入《續泉匯》否？藏古十六册目，甫録一稿，正之。每册加前後素紙八葉，字多而有考及别録釋，加一二三葉不等（共四百八十），每册裝直二兩五錢，紅青綾封木板面（此間無磁青絹），拓費則約如《傳古》啓八十金，共三百餘紙也。題字拓印檢點，已三月之久。止索拓本或如此，而補洗弩等亦可，但尚未及拓。或少亦可，有力者則不能甚少也。經年累月椎拓不休，其間破裂磨擦之憾，周旋酬應，牴牾含容，教拓絜聒，收支檢護，心力之繁難，束脩紙墨一切之費，蓋八年于兹，而近年尤甚，此事未嘗一日少有間斷。今之好尚共趨于此，或者天欲斯文之絶者少有所續，而有一二好文字不作玩物者討論之，則此拓之勞，誠不能已。有欲助者，有此一目，可決去取矣。利乃至可耻之事，有詢之吾兄者，以目示之可已，勿先爲之容，而使徒被鄙夫之誚也。呵呵。祺再拜。

同治十三年甲戌十月三十日

附箋

宏（『恭』代字）。厭乃德（《書》：『萬年厭于乃德。』當均是古『饜』字）。俗（許印林讀『裕』，以爲句首，是極。人之『裕』則從『人』，風俗同，『衣』則從『衣』，皆谷中寬裕有容義）。我弗以乃辟陷于囏（《書》：『裕我不以後人迷。』亦當如此讀）。厤自今（《書》：『繼自今。』『無逸』、『立政』，皆當今字句，古語也）。蔑歷（疑即『明試』）。諸乞以此推之，有得即以示我。伯寅金文册、子苾金文册、敝藏金文册、煦堂金文册，均不可不録釋，彙爲一書。未安者必摹之，祺所未見者，乞付一閲，定其真僞，不見則仍不敢信從也。祺又拜。

同治十三年甲戌十一月一日

一八

廉生世大兄左右：前月既望、月二日傅、徐二足北上，計均至。日内傅足當至，兹有徐足索書，秉燭作此，奉問近履大安，即企示慰。新得齊造邦刀并節墨刀、齊刀三種，尋常以同得故并寄，各拓三紙，分贈吾兄，子年、石查。造邦刀欲子年即入《續泉匯》，并説『造邦』乃『告』去

『口』加『厂』，證以《湯誥》『凡我造邦』文，自是太公始封所作。初氏釋極有理，可爲定論。第四字確是『立』旁，其半字則不可識。其釋就者，則以今字約略而定篆文，未免太任意矣。今又得贛榆之青口所出秦瓦殘字一，敝邑西南土名營邱古城所出瓦一（此瓦字即仿秦瓦字），皆『千秋萬歲』字，而秦尤古，當以別於琅邪臺者（拓各二紙，乞即寄清卿各一，并言所出之地，以佳拓與之）。今有敝邑僞瓦，以水膠和沙土爲泥，印於木刻（其法名『水膠泥』），其土似即磚沙屑，但未經火耳。五銖雙龍範似僞，可告子年删之，并爲道念，勿厭齊人求古文字之擾也。一笑。傅足至，尚可有人來。來者皆以得伯寅與君處賞爲喜，故程足索信甚切也。此問頤安。

弟陳介祺頓首。

景劍泉所得小器，尚可易得否？嬴季尊豚卣有人可出重直否？欲收拓本則李山農、丁小農之拓本歷下有可托者，并延煦堂之拓本均可購得，不過拓劣，頗有售者。吴平齋之拓本伯寅處自可易得。通州李氏所藏當有數十器，昔年有行九者，見其自閻帖軒購一齊[illegible]（舊曰『孟』，當是『癸』）姜設也。又拜。

同治十三年甲戌十一月十四日

一九

廉生世大兄左右：十一月有程足來索書，交伊一緘，至蒲臺而還，今復寄。十九日傅足至，得十月廿八、九日手書，知文履因勞又小作寒熱，病根株猶伏邪，元氣未充復邪，曾服何藥，日來大愈否？徐足去已一月，日内盼切矣。金石印三拓得一一詳復，慰慰。族弟子振摹古作印，既須爲之集字，又須爲之響拓，增減其不似處，其字外之空處尤不易，今蒙大雅鑒及，又勖以培族，感感，唯自愧所培者僅此耳。平生倩人作印數百，皆不慊，唯同邑王君西泉能知古意，作數印尚可，今以其《印存》就正，但不肯刻過小過大者，又不受迫促，如以爲佳，則請寄三石二金來（印文則『四五式』），試浼刻之，果佳，則一印數金亦不爲過。可用之印不須多，止求與吾書相類，與吾收藏不疥疣耳，否則亦奚以爲哉？子振刀勝於筆，臨摹尤長，自篆則遜王遠甚，摹古亦仍遜王，唯以此爲生，故刻不甚遲耳。若以印文集吉金字見寄，爲酌定，先以次石作大印寄，再以佳石令縮小，自較易也。《古鉨印文傳》三册，乞以二致劍泉閣學，并代謝，其一暫存伯寅，四金亦代謝。尚欲縮小否？欲摹師奎鼎寅字否？此印可傳，唯伯字少遜，以盤字多泐也。劍泉印式四屬擬稿寄再付石（今西泉爲之擬酌，別紙黏，希致之），尊印或先示所集字，尤企。寄清卿瓦拓惜未入鑒。聃段、盂鼎稿以未録副，故乞還，自閲令人寫後早付是幸。伯寅欲不改惡札即刻，悚愧之甚，是令不敢作札矣。治生乃作人根本，不能立定操守，即由不能量入爲出。今失一素所倚重者，再得人自不易，不能不增累。唯今日人心不可與共權子母之事，學者尤不宜分心力于此，須求之在己之堅定處也。凡事過不去處，收斂向裏，自不支絀，特克己爲難，而怨天尤人終無益耳。賢者以爲何如。魔障雖是戲言，亦是自畫。真知從篤好中出，篤一分真一分，篤一日真一日，篤在小在偏，真亦在小在偏，不敢謂知不真者之皆好之不篤，而不敢不自益篤所好，以求知之益真，所愧者僅在古文字，而非古義理，尤愧均未能實致其力。所企君子能之，而因有以啓迪我耳，不可以魔障自喜而自囿也。《傳古》之事，感感。前册説既請正，後又少有所記，不如式裝册，則不見其可重。將來如册所載，爲伯寅與足下補齊，再裝册一分，求爲存之，以俟助我拓資者。伯寅則已爲人來索，亦必有以報之，新正當即檢點。甲子餘年，儻藉同好之助，得竭心力盡拓傳所藏，早與海内共之，亦此生之至幸也。玩好則亦無用之物，何事虚糜，三復獲心，能無嚮往。『嘉祥古版』之言不可信，數千年無此説也。梁大同石象字，須審其紀元處，石磨凹否，它字皆真。寧遠印僞，建安磚當真。石查古貨拓五紙，謝謝。

伯寅言，石查以竹朋與祺言九字刀可疑而不快。夫信必有所見而信之，疑亦同。祺所見九字刀面文，不唯與凡齊刀不類，即其背文與刻畫之筆，皆亦不類，故疑而言之，而不知石查所藏有此也，乞代婉謝之。藩署磚三皆僞，歷下寄磚瓦拓屏二十幅來售，無一不僞，皆此類也。月來拓藏佛，日不過二紙。今寄北魏太和二年彭雨徂（失坐机），八年丁柱（塗金），十七年曹黨生（塗金），廿二年吴道興（背有護法象及侍佛者，塗金，此關中寄），延昌二年孫梟雀，五年安陽人（鑿字，出濰城内），隋開皇三年吴示（似『永』）興，仁壽元年高容比邱僧遵銅象拓九，又大業三年銅坐机，齊出八，共十。東魏興和四年比邱尼静悲石象（書似《黄庭》、《樂毅》，北石之南宗者，罕覯，出濰城内），五年劉目連石象（孝静帝癸亥改元『武定』，此正月初二，故曰五年，齊出），拓二，乞鑒，拓不易，未能多贈人也。近得，（豈『千』之奇字邪）秋（一行）安樂（一行）殘瓦一，千秋殘瓦一（秋存一角，一行），萬歲殘瓦一，（歲）殘瓦一，千萬半瓦一，又殘者一，秋歲殘瓦二，千萬殘瓦一，千字者一，萬字者二，歲字者二，奇字殘瓦一（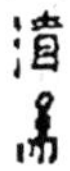）十五種，拓各三紙，乞選精者一分，早寄清卿學使，其二與伯寅分存之。又千萬殘字一，磚質而非磚，亦非瓦，與樂安隋氏所藏字佳者制當同，上下有文，平面是字，未知施之宫室何處，皆兩漢侯國物，拓亦三，不必寄吴，恐誤以爲瓦。今日又得一琅邪臺瓦，字完而將裂，未漆合，不敢拓寄。吉金一無所得，唯漢器一二，印近百，是今年所獲耳。近拓兮田盤，是敝藏字多文佳又元人著録之品，二紙，乞與清卿共之。伯寅處書一册目一（有校補）、金石拓二、東海味一，乞飭紀加紅染紙封，文外有奉瀆，俗事詳别紙中。手此敬問頤安不具。世愚弟陳介祺頓首。

同治十三年甲戌十二月四日

二〇

廉生世大兄左右：十二月九日徐足來，得日長至前後二惠書并東箋，彭君銀一兩。初五日曹竹銘北上，寄書計傳足還必得復，乃除夕至，僅得十八日發書二，吴書二，金石拓一束，石查説并印拓五，聃敦、區娱釋，清卿收字一，東箋一大束，慰慰。唯竹銘至已四日，因俟宜古、李賈銀云十九日始面交，亦過拘遲，而不知不得復之爲悶，且并李事亦可代稽也。鐘拓紙十四，齊六字刀拓六，《藏古册目》，知均至。蘇七信已寄清卿學使，何饋拓、《古鉩印文傳》亦先寄，謝謝。尊履雖如常，亦須數月乃能充復，諸希加意，自謂能守身，似未知其難，知其難或能守之，日益明切而能久耳。至所謂『經濟之學』，則似是以用爲重，天下無無體之用，體之不立，用將焉行。讀書而用不足者，止是體未明耳。不責其本，而以其無用，遂偏重用，是亦因噎廢食矣。徒善不足以爲政，是讀書未能明先王之法，又未知其當可之時之因革損益，更不知其不外天理人心之自然，日用飲食，尋常之事也，此之不明，則必入陸王之學矣。君子之所以异於人者，止是此心之明，明一分是一分人，明十分是十分人，向止明得五分而止，終是明得五分人。若一朝用力，再明得一分，則是明得六分，夕死，亦是明得六分人。且今日明得一分，即已不是昨日之人，實實是新矣（人與理與人與心與新），篤好與定性，至難立根基，求知覺於切近實在處，真是不易，此是聖學入門之切要處，行之不力，止是知之不至，所以有『談虎色變』之喻也。今日豈可再無非常之人。吾生豈能常值無事之日。有志如君子，不可不求明體於先儒之言，求達用於先王之政，而知吾身吾心，斯世斯人之故於數卷書中也。自慚炳燭之明，又復不力，上視壯者日出之光，奚翅千里，然亦莫言三十是年少過，此三十之正月初一日，即不能使再有此三十之正月初一日矣。惜寸惜分，古人實見及此，仰企有爲，妥申末見，伏乞垂察而明辨之，幸甚，幸甚。君家二百年不析居，可敬之至，自是有人而兼有法，始能至此好名，就用人說則可，自立則不可以此自恕。朝廷之利，理之即足，未常短少，爲之不疾，用之不節，遂至日困，所以不必言有無，而上求所以得失之故，即是使能言利，亦豈能供不節之用，而使民之財盡而不散不亂乎？有土則不患無財，有德則不患無人，有土有人而無德以治之則亂，亂則民窮財盡，本之不重，而求末之不竭，豈不惑之甚乎？治亂盛衰之分在人，賢愚不肖之分在心，欲求知人，必先求自明吾心之好惡，《大學》『誠意』傳以後，止是言好惡而已。偏則私則亂，正則公則治，以此推之於天下而已，聖王之世，若劉、晏者，豈足道哉？仲尼之徒羞稱五霸，齊人止知管仲，晏子豈鄙之哉？本之不立，則用不能全，爲仁不熟，不如荑稗，枉尺枉己，必不能直尋正人，古聖無如是之學，亦止是明此自然之理，而知降等之無可自立處耳。不仁則不可彌綸宇宙，不義則無以爲仁，仁之分際，精義入神，所以行仁，天下皆仁矣。不言美利，利天下，因民之所利之而已，何須喻而求之乎天下。利之所在，不得人則不能理其人，喻利而無德，則必害民，則將起而争之矣。催科政拙，所以尚得爲賢吏也，理財之法，則不外『量入爲出』四字，其淺者則不外『出入止一簿』，日日一總，月月一總，年年一總，而分類條目，簿則從此一簿中分出，無此一總簿，則百弊可出而無從稽矣。聞已記名捐納，故附及之。來書謹録一本并呈。古器文字乃古人學問中之一事，大小皆是古人一心所出，識其大則大，識其小則小，大者唯同此心之理無异，而禮樂政事無從復，文字雖是識小，然獨是古人真面目，可不至重之乎。作字之法，前言似已盡之，知其法則古人字亦可通。尊書行勝於楷，直起直落，兩端求法，運腕而指不動，不少使指微動而扭與拖。如作人，樸實分明而不少做作，則不入歧路。如作答，不必以楷，楷少近時考試又不必，不合時也。古器日下無僞刻，不敢信。清卿學使所得城虢毁，中是人名，而不可謂爲『虢仲』，『城虢』則言其事，與㪚藏城虢遺生作毁當是一時事。字太殘，亦須審器乃定。石查齊造邦刀是長山袁氏物，尚有它種，共八金，字似少磨。父乙鼎拓雖僞，非近今物。太、師阜二鼎拓均僞。林父毁拓，葉氏舊藏佳器也。阮氏格伯毁拓不緻。習毁似僞，『友』非『習』。子孫形陽識觶、父癸魚卣二拓真。父乙尊拓非補底則真。赤爵、車形陽識觚拓似真。手執中觚，史字，則僞。白作旅車彝拓、記是尊卣，葉氏拓本子辛則父乙鼎一時所僞。四曲錢文之甲戌得古印文同，自是秦前物，但不知翻沙否耳。《詩》：『不屬于毛。』作『衺』省亦可通，作『里』之繁文亦可，『求』則『以手振裘』之象。蠟封古印，自是吾東物。泥封則當日封泥印文，不見秦前封泥，疑均用蠟。仲飴處有校《補封泥印文考》，可索閲，不得，則倩胥録寄，與石查訂正之。㪚藏古鉩印近已拓墨，尚未用朱泥，當再寄。武祠畫象，何饋柳惠本無題辭。何匽則失其畫，『匽』，《説文》：『田器也。』古必作『匽』而非『篠簜』之『篠』。磬縣即非周制，亦是漢。上二人象則未詳，或古磬師與，柳惠之一人，疑是其妻，衣斬衰。漢畫精美無逾于此，良可寶愛。區誤釋合册，謹注繳。甚欲録存一稿再寄，又恐念之甚切，故并拓本同即寄，求早令人録寄勿遲。盂鼎企石查作一圖刻之，須如器，不少失，花文勿作雙鈎，如拓爲合，勿嫌其大也。鼎剔屢損精神，拓又不審，非善用墨而知字之真意，拓不易佳，切不可再剔矣。此真至寶，不可假手俗工，況小奚乎？即存處亦宜加慎，屋雖堅固，木匱亦宜厚重不畏壓，出入必自扃，拓必自監，可代言之。今寄來濃墨破紙拓一，極劣，而氣味筆畫有大勝陝拓處，乞告石查覓善拓者精心審視拓之，不可不多留數本，佳則陝拓舊本皆不足道矣。今又向友人借得大古鉩一，至大而鈕奇，作圖同拓之。此種非佩帶之用，似是左右奉持之制，奇甚古甚，而文與□（都）字者同，則此一種真夏商物矣。又二鉩，一雷首，一徒口，『徒口』疑即『壺口』，或唐虞時禹所作與。兹寄朱墨各二，大鉩附以圖，又古鉩朱墨拓各一。秦印即古印。朱拓者三，皆轉假者。又古鉩印墨拓二分，每分四十二，則前所寄朱拓，今過匆匆，未及朱拓也。《印舉》俟滋兒編，未有期，今年擬以古鉩印合周秦印朱墨拓之，先爲一編，此《印舉》之异於歷代著録者，昔所謂秦印，實古於斯，亦不止周也。朱泥易肥失真，殘處亦非墨拓不可見，唯過勞耳。此二分或自存，或與至好共之。有欲得者，將來尚欲索拓費，裝爲一册，即是珍玩矣。《藏古册目》、《西泉印存》想均入鑒。苦心孤詣，固望同志助之，禮尚往來，尤企大雅不棄之，兒者乞爲道此意也。清卿所來石拓，殊不緻，皆劉泰之儔，不唯不足傳古，直是剥古。可語清卿物色一好拓手如吕守業者，或不虚此行也。高麗箋再乞多購，前後均乞由尊處有寄銀中留用已至感，過則不敢。請以文字報文字，或以有用書詢其有無再惠亦可，他則不敢拜登也。收古器亦宜擇尤節冗，勿過於馳騖也，今日不可不如此，若拓本則必勸力收之。力有餘則分字編《説文》，附以凡字學書，尤所企也。外紙止可與子年、伯寅一閲，即焚之。此書亦宜分爲二，前半或不示人，尤幸。自初十日作復，今日始竟。力已待，即問著安不具。世愚弟陳介祺頓首。

光緒元年乙亥正月十二日

二一

廉生世仁兄左右：十三日傅足行，致長書，然猶匆匆未及詳檢也。清卿書想已致，如有寄書，望切索鳳翔方鼎精拓十數紙。清卿以城虢殷爲所得第一器，而祺酷嗜鳳翔鼎，如可易，乞指數種，當以可易者奉懇也。再小孫女拜配之事，前曾諄托徐東甫，今特重懇，吾兄切乞留意。此祺心事，又鍾愛此二孫女，日不能忘，乞訪東甫一談，不勝仰企。再貴潘師如需監拓之人，擬薦一可托之僕，爲之守護收支（必不至疏忽將就），不計工直，唯乞年餘後爲力薦一外省門印耳。此問著安不具。弟陳介祺頓首。

今日屬子振爲仿清卿藏鼎乙亥字作紀年印，先以奉贈，後再自刻，乞察入，不必酬直，嘘拂之即感矣。又拜。

欲刻印，乞摹字來。今又屬舍表弟譚雨帆照區鋘，下次即寄。鐘鼎文并可照不刻矣，并告伯寅、清卿。再及。

日内又監視磚瓦泥封上蠟，冗甚，唯念人海友朋之樂耳。再拜。

光緒元年乙亥正月十九日

一二一

廉生世大兄左右：昨一書并石印一，人未行，今子嘉太史力來，再奉上印拓一束。雖近私阿，而非寢饋秦漢手試奏刀者亦不能解。儻有厚酬潤筆者，得一佳印則可省數十百印之費，此一生閱歷語也，若不佳則直不敢受。印文印字有不可與不易，亦不能不擱筆也。寄清卿一書并拓，乞閱後加封妥寄。此問著安不具。世愚弟陳介祺頓首。

光緒元年乙亥正月廿七日

一二三

廉生世大兄左右：久盼傅足，十一日晚始至，得正月廿六日手復長函，又附封一，銀八十八兩，永和侯獲碑二軸，印石四方，俱收明，敬謝。今縷復于後。節墨刀齊刀二分，因平平未計。鮑、吴、胡處拓知均交。雙龍文範，務再致，必删。《泉匯》不載藏某家，亦隘而不足傳信。庚申角乃角中無二品，《毛詩》不爲過，重器外即先此種矣。嬴季尊可近商，豚卣須宛轉，但未知可與幾何方有處。代定李丁延拓，祺無人可托。平齋藏尚有可分者，昨與之書，言我輩海内舊交止數人，又皆老將至，豈可不以古文字厚相施報，藏之而靳亦奚爲，不重之亦奚取。糜財固不易，爲古人文字之傳，時時勞心，亦非此阿堵所能役也。得次拓再於佳者求精拓爲是。李之召器，今日之至寶也。北通州李氏器恐藏之深，然須在意（求其器則必諱，求拓足矣）。尊履自仍宜善養，此次書有誤『談』爲『嘆』字，是知心氣猶未充裕也。宋處銀與約以正小寶十足付之，彼用過仍如之，未去原紙，非原物矣。彼之二紙可即與之。竹銘銀至廿九日方付，且不足，彼處所存西泉《聖教册》，不能如彼所許，六十兩則乞夏間與竹銘爲收之。李賈所購缺頁未訂《隸篇》尚十八千，其二如不值，即八金一部亦可與。八大山人畫册勿早付還，心泉乃其徒意廬荒唐，他肆可托者，亦可寄售，即廿四金亦可。子年候宋明府還都甚是，故人身後如此可憫，今日世風教子弟之難如此，何從得人才，不待教而能自立者有幾。宜乎運之日下也。拓封僅用紅繩，乃以備閲，竟不肯動。又銀件一一詳悉細行之，必矜臨財之不苟，實足爲進德之基。唯望德日進，則心益明於大者，而小者亦得其要領。然祺所瀆亦瑣事過多（文字交數友所求并過瀆），深增愧悚耳。因論文字與踐履，遂心相契而及鄙事，尚望共相琢磨道義，而不僅在世俗之然諾，則幸甚企甚。天柱地維，止是人撑持得世界，賢者自任，不可不重也。壯年於起居、飲食、形神之宜不宜細心，有知覺自易元復，藥皆有偏，未必即當，且首烏性濇，不可過於久服，勿泥舊説也。西泉解古文字法過於子振，刀法又過之，特不肯刻，所以請伯寅先厚酬之。西泉能得於討論外，子振非代擬不可，亦其中尚有未達，久自知之，無古字者，尤非西泉不可矣。各拓候目至，即與劍泉閣學所索同檢上。大同石紀元字遯，是以詢及。何饋圖至足珍，西方莊嚴非所及。吕工可喜，止是慢耳。今又有殘瓦十紙，乞與清卿共之。新得魏興和孫思賓造象殘石，齊乾明造象小石坐各一紙，先以初拓與良友共之（吕守業從容細致爲之，不受迫促，一紙須他人數紙工夫，勿輕視之。課讀無暇，日爲文字勞，皆於背書後忙之）。前拓中已收者可仍付，其疑者不欲存亦可付入疑僞目中，不并拓寄則無從審定矣（爲古人志，不將就周旋，不問及，則不言而已）。盂鼎圖得一紙，雖有不合，亦可愛惜，未作巨幅，且銘拓更不精。如不延張聾者，則須使人來拓。不知此鼎何以傳而不顯，使得佳拓則一掃其穢矣。前寄一紙，濃墨侵字，紙上破者尚有神，不知何以又易此粗布大樸，如劉泰等者，尤恐用木柄包用大木椎加氊，則又爲鼎戰慄矣，此不敢不言者也，乞代致。瞿經孳三十金，將來由劍泉款留付。每次作復，又欲説心上語，又檢點拓墨，又瑣事，遂甚勞，不能太細，然要處或不差。宜古李恐未妥，故索其字。伊寫來不切實，又寫遂似二事。又竹銘代交遂似三矣。乞鑒之。人止一心，不能作小事粗心，大事轉細心，然小事細心，大事却難得細心，不爲小事拘牽。程子謂：『顔子於聖人未達一間，只是心粗。』夫顔子於聖人尚謂心粗，則天下豈復有敢自謂心細者乎？此祺所以欽佩而謂即此可爲進德者也，乞教之。箋紙乃奉懇爲購者，以所懇與之則近於求，尚望多爲購作數年用，而使免此則至幸。古文字之施報，其望則轉奢矣。凡學非『家傳』即『師傳』，聞祖德與庭訓，知有所自矣，敬甚愧甚，尤企賢者興寐勉之。所以此等語，實因啓發而然，非好此而召憎也。劍泉處未及復，代先謝。西泉作『劍泉』二字白答摹漢二字印，先寄，潤以二金。子振爲伯寅作『壺天』二字朱白二印并寄，與石可三金否？白文佳，朱文匆匆未工，可付石再刻。其佳而可常用且足儷古者，從厚無不可，若平平，則寄時當言之，勿多酬，不令還印足矣。瓦五紙，乞致伯寅。魏齊拓四，與仲飴清卿。印稿亦與清卿一。石查見印不復寄。凡奉寄者有欲得者當即寄，無須先分贈。前甫拓，故先共賞。三月中，朱墨拓可畢，尚擬乞助以惠拓者。如欲棉紙朱墨拓成册則又費力，石瓦磚至粗，然非半年不能拓五六全分，好同，得勿癡亦同乎，一笑。蘇七書乞早爲寄陝。何昆玉書即與之爲企。手復敬謝。并新裝縮照五器小册，統詳檢是幸。即問著安不具。世愚弟陳介祺頓首。

賜答勿再用紅箋。仲飴處《泥封考》，可索録存之。

光緒元年乙亥二月十二日至十四日

二四

廉生世大兄左右：傅足來，所復於二月望交匡侯觀察，其車甚簡而寄物頗多，恐其爲累，想與正月末子嘉太史之寧僕所寄均至矣。二月下旬，此地雨雪風多，春寒侵人，病軀即迎病患感冒。前數日猶如常，服藥中有香附行氣，次日即不思食，遂病卧而亦不能起，今始嗽熱俱見減，然甚憊，病雖小，所逼陰寒挾濕却與尋常感冒不同。未能多作書，然病中更望北來書也。自去臘至二月，四人拓古印，始僅得二十餘分，今病中檢點，寄十三分。可先選一分自存之，其餘乞每分代銷京足銀貳兩，不必一定即時銷畢。此册不能多作，無索者仍欲自存。待後如索者多，當早拓借者。如索成書者，擬用棉紙，每册銷四金。吾兄可先自裝一册考之。有圖二紙居中裝，餘則二紙一幅，各居其半之右，近中即擬自裝也。傅足寄銀與四千，他與一千。今自使畢芬前來專取伯寅欲寄示之拓，并吾兄所欲寄示者，所代購者，或竟足一車，或尚不足車，或自覓或附便，均乞詢諭畢足。畢足忠誠而無用，不能不奉瀆。物多不肯再擾匡侯，且不及畢足可即歸也。尊處所收各拓可以收字小印記於《藏古册目》寄來。新得齊出漢千秋萬歲殘瓦三，拓十二紙，望與伯寅、清卿分存。其萬歲字爲磚，止奉一紙不他寄。盂鼎大圖先企數紙，尤企精拓。然恐索而諉之館僮，又不若不索矣。伯寅、子年均未及復，勉復清卿一書，并寄秦金石文字裝册，乞即代確致。《續泉匯》校本即當覓便寄竹朋。竹朋病如前，未得書將一月。乞告子年，刻出即仍寄讀爲快。侯獲碑二軸即繳，乞交伯寅。子振止能刻，若令自篆鐘鼎則不能成章，至鈎字或增或減其過不及者，則不能解，亦極代費心目。西泉能知之且知其意，故是良友。至漢印，人止知爛銅，而不知銅原不爛，得其刀法愈久愈去痕迹則自佳，此所常與西泉共論者也。作畫不求用筆，止謀局事烘染，終不成家，仿漢爛殘而不求用筆者同。大雅以爲何如。三月朔日，無意中寧足至，遂增復數語。并頌新居，兼問著福不具。世愚弟陳介祺頓首。

光緒元年乙亥三月二日

一二五

廉生世大兄左右：初三日奉致一書并各件。今午檢几間，見瓦拓未封入，中刻傅足來云明早行，遂作此補寄，并附西泉爲劍泉刻石印二，三祝印以石經火有自裂處，非刻之過。朱文難刻易工，然松雪衡山之工亦甚不易，最難者勁健，次則秀穩，有篆法有書味，數者含蓄于中，非率爾所能至，即此不甚出色，亦非尋常時派矣。『雪枝印』，漢鑄印長方者有此種，尚不弱，無不妥處，均可用，希鑒定，轉致劍泉（弟於西泉非阿好，非於子振有不取，但真知不能不抒己見耳）。如以爲佳，則先少酬之，再寄石來可也（西泉此即請藏《天發》佳本，主人以碑校之）。

弟於初七日出屋，日内漸可復元，匆匆即問著安不具，弟陳介祺頓首。

光緒元年乙亥三月十日

附箋

箋以含英六字爲劣，自製藏器圖箋固佳，然尚無此間致。（京肆紅色足者亦紫，非正紅足色膏。）

拓字必以字邊真而不瘦爲主，瘦即進墨，不真何以看字，所以求藏石佳拓也。

鳥形壺内之犧形不古，未敢定。贛妄，恕之。

豕形至佳，古器無其匹，是以重之。凡彝皆毁，蒙之言也。再求十餘精本。

尚符璽之印，印似是莽時物，以書言，非有考也。

不剔則不可見，誤則惡劣。字外不剔可已，急者不可使緩，剔者已言其理與法矣。剔不可用刀，以鈍針自中轉動，聽斑自起，勿刻字邊。

戟門所藏未盡善，而中有佳者。曾見所拓，殊甚不緻。

角未度海，甚慰。

爲古人存真，不能不直言，然不欲其言則不再言矣。近守此戒甚嚴。倘蒙虚納而姑存其説，以俟他日質定，使敢再言，則必不敢隱，前人之書、今人之藏皆如此。

此紙尚宜書，未知何名紅色，何不肯用足，尚須求刻板，多印數種，慨允當再希，又拜。

多延友即可多出好拓手，與同志共之。

極薄棉紙至望。

豕形毁乃三代繪之至精者，乞廿紙精拓者。

戟門舊藏，乞拓寄。

盪卣蓋，清卿已寄。

丙申角往海東，真可惜矣。巨然海野圖亦可惜。

弟酷耆登州文石，海濱多有之，不第文登也。居其地者所好則弟不耆之，而耆其人物、山水、花卉，以畫意取之，凡世所有，無不有也。其闇然入水而章，温潤有至所不及，而堅或過之，亦可比德，而無至之自炫，如有存者，或有貴族戚友解此者，均望留意，副其所請也，又拜。（西泉乞代問李養泉所作刻印刀并《聖教册》，屬先謝之。）

二六

廉生世大兄左右：二月望重三日、十日後三次奉書，當已至。新居想已就緒，窗几明净，黄卷青鐙之樂，勝外城舊居否？能以閑静易紛擾否？秋闈伊邇，當熟讀多作，以首藝制勝，止求敲得門開，不必責人之不識古也。居今之世，賢者亦不廢舉業，雖説官話，而雅人吐屬，自然不同，不求异而自异，不可以异爲主。三藝中式，唯畏後二場有不妥處，得功名便可專讀有用書而不受舉業之擾矣，企甚企甚。且科第唯能得高堂無形之説，豫爲人子至幸之事，在己豈以此重輕哉？前求暫假瑣用，未知有款可抵與少遲寄付否（廿八日酉刻）？書至此而畢芬至，得月十八日手復。檢點至戌刻，聞渠邱曹世兄入都，明晨即行，遂不及詳復，又兼今日西南風驟熱，甚憊，統待後北行者。潘處各書拓册金箋印石銀三兩。古兵拓有僞者。南鼎齋可作大額印。石不甚佳。欲刻何文須言及，不能代定，大小亦須言及。無論何石皆不及無沙無裂細青田石。凍石雖佳，過細則亦軟。金文册可疑者不多，即此亦甚不易。子振弟敬謝。劍泉處，西泉敬謝。作印有必不能甚佳者，未能印印似古，而刀則可見古法，少得一二，在今日豈易言哉。

月餘此間亦冷，唯未凍冰。因久不適，未及檢藏拓。鮑書二至。今日得大泉土範四塊，各拓二。求致瞿書，至印證木刻印即可，不過看考，若石仿不佳則無味，難免鷟譏。拓本、東厚箋，敬謝。紙封拓目册目均收。權圖當後寄，龔藹人亦以似帽笑之，然止問真古，豈如今人心目，亦是去三代學問太遠，雖慕不能不俗也。鼎圖在廠肆，可以大紙多拓。《封泥考》當寫寄，唯不可仿八比，瑣事詢過再復，止能隨風氣之後，而求此所無，不能如八比，求開風氣之先。愧甚，以謔解之而已。新得興和殘石一，同得無年月二，再寄。石拓再二三月如畢，再寄數全分，望傳古之助。磚瓦鏡擬縱之學拓者，不能即拓三代器也。紅紙有礬不耐久，鐙下讀不易，是以敬辭，乞鑒之。清卿畫拓至。子年、伯寅念念，未及復。即頌元安不具。弟陳介祺頓首。

光緒元年乙亥三月廿八日

一七

廉生世大兄左右：三月廿九日晚得十九日書，知所寄拓墨、西泉槎河墨已至，并諗伉儷同健，慰慰。清卿銀百兩所餘八十九兩三錢原封無誤。清卿書并拓墨仍不能即復謝。所收陝殘瓦甚佳，宜慫恿力收之。殷及尊、隋虎符俱真。唯長楊鼎字、布範有所疑。布範若以泥入之，與今傳布同則真，不同則須審定。清卿所索金拓，前書已言補足相贈，其二分可代銷。瓦不能刻許多。所摹刻吉金，唯字失真，又多可緩刻者，若能不失真而先其佳者，汰其僞者，當同任之，不及阮刻則無以傳後，不敢妄糜。古文字義理第一，文法第二，書法第三。書能毫髮不失而有力即是佳刻，方足傳古，非易易也。所索泥封各拓當檢寄，先乞代達。邾公鐘何其似伯寅齊鎛鐘，真則俱真，僞則俱僞，非祺所能知矣。吾二人討論之而已，勿使有多言多失之咎也。阜孫雖幸一衿，所學甚可愧。病目尚未如常，承念，謝謝。家用用行利者，甚爲可慮，宜節之。古文字之求則甚貪，俗事何不即從此畫一，使之心安，而必欲尚留邸鈔染布之賜，以常情遇之邪。古磚不堅者，或作坯經雨，或火不到而僅外紅，或僅烟熏。上蠟用白蠟，以木炭炙熱，以蠟屑散之，再炙，使入不浮，慎重則先從無字處亦可，毋火過急，蠟過厚也。瓦器鉨字二種，距末一附。又寄清卿古瓦鉨拓五，秦詔瓦拓二，收目一紙。求寄八大畫册、紅結紅布、藥丸。蘇信、邸報俱收。傳足行甚亟。手謝。即問元安不具。世愚弟陳介祺頓首。

光緒元年乙亥四月一日

一八

廉生世兄大人左右：尊照題就，即乘傅足便寄上。詩劣而生，教而勿示人爲感。伯寅《款識册》已繳，可索看。直而不敢自欺，唯妄甚耳。𣪘疑僞，謹繳賜本，戟門𣪘蓋至佳，祺謂作器者名，大非願事，近史頌鼎，舊爲多智友得之閻老西。尚有一大卣字者，翠螺至佳。遺小子𣪘亦大而完。戴公戈，又一，均顔運生藏戈。又格伯𣪘蓋雖有拓本，尚欲再得也。大泉土範又得二少大者，乞致子年。望前尚有東武臧可園之令嗣與子嘉之寧僕北上，心緒不惡，尚可縷復也。此頌元安不具。弟陳介祺頓首。

光緒元年乙亥四月八日

一九

廉生世兄大人左右：傅足所携書想已至。春來拓藏石，僅得六朝者四十種，今寄上兩分八十紙，存之以待索者，每種銀一錢五分。尚有二十種未拓出，後再補寄。唐宋石少，在此六十之外，唯造象遜碑一等耳。係初學拓，故令用杭連紙，再用棉紙精拓，須二錢一種。如可銷，法帖肆估尤便，有索者示知即寄。拓精則不能迫促之。然一紙可敵數十百紙，是以不能如碑估之貪多務得，止求傳古而已。海内如伯寅所藏幾於無二，而拓未能得古人之真，殊爲企望。盂鼎圖已裝二巨軸，可謂大觀，而圖甚不如法，未免悵歉。洋照雖不必好其奇，然照古器形，縮三代古文字鋟木，以補其不能久存之憾，而用其能不失真之長，亦佳。形則展爲巨圖，小大如一，則可無畫工以意揣擬之失。照像則以名人筆法就其郛郭寫之，而運以點睛添豪之妙，則其長皆爲我用，而中國傳心之學，豈彼所能知哉。新得九殘瓦，寄二分，乞以有題字即寄清卿，其一致伯寅（海東古刻欲借閲）。晤子年乞爲道念。并乞致書經孳，先求無印《古官印考證》二部，其目『候』有誤『矦』者，其他尚未能細校。寓中有病均愈。心緒則仍劣，未能先作書也。此問元安不具。弟陳介祺頓首。《七家印譜》有處可借閲否？夒碑都中何直？西泉屬奉詢，乞示及。

光緒元年乙亥四月廿二日

附箋

盂鼎圖甚不愜意，既有斯舉，豈可不精。當以洋照取其真形再拓，鼎文鼎耳足原樣布于放大足尺寸真形上，使之無一不合乃可。不合者，全形多誤，耳形内外前後多誤，腹形誤，花文誤，足有誤。宜以建初尺校其形，以黍重庫權校其容，并校其器之重。古今尺、古今權，并用而校之。照鼎大者儘其大鏡，小者如《攀古樓款識》，便可鋟木，與銘與各考自爲一册。

洋照乃取物産之精而明其用，亦可謂洩造化之秘矣。然止是取其形而不能取其神，以形有定而静，神無定而動，動則或照成二物而不工而反拙矣。形工而神拙，則具物而已。點睛飛去，頰上三豪，西法豈能得乎？歷法亦止是精于有定者，而于天之無定者，未能候而積之，以定歲差。若性理則不知，焉知天乎？巧者能者之心目，不能如洋照之渾成如鑄，一絲不走，以爲真式，而擴充之，使如原器大小爲圖，刻石與木而拓之（墨、朱，朱中用白蠟）爲巨幅。銘文則用原器精拓本，亦可以刻者爲稿，而拓原器補綴成之，更大雅。照而不刻，則不能久；刻而不照，則不能不失真而悉合。縮字刻之亦至佳。作古文字細書，非此不可，是爲古人别開真面矣。玻璃鏡之水銀乾，故不能蓄影，銀水濕，故蓄影。蓄影畏日光天氣天光風氣，故須藏覆，藏覆再加藥使影真影留。以金水罩之則銀水與藥水可保矣。然究是金銀與藥氣，久則漸銷，故須再刻。西人則不刻，計利不爲久圖也。

三〇

廉生世大兄左右：四月十四日、廿日惠書，月四日、六日至，知範拓木篋已收。經𡏂處書無印亦重思先得之，乞代致子年，并候近況。復潘書一及之，當可知作書之所以疏矣。東箋欲以粗箋作二百箋一封，或一百一封，如朝珠袋式則易用易存。坊中付一目，當使人徑付之。《清愛堂款識》乃木刻至精，汀工年少者爲之，惜旋故。千萬字瓦乞拓本。敝藏瓦俟全分再寄。題圖以宣心迹不能成韵，第二之末，乃友朋之義，至愧至愧。《攈古樓金文》二册，兹又繳，均乞正之，真與妄與，不自知也。購物謹謝，已令阜孫請東甫代繳。夏衣所需則請交傅足，此次即携來。惟有可屬而乃仰瀆，真不安耳。景石已交西泉。此間雨不缺，都中想得雨。魯節丸止一『魯』字，檢得即拓寄。兹又寄清卿新得二瓦拓，乞即致，并乞言《石門頌》、《西狹頌》多求精拓五六分，額皆倍之（西泉急求額一紙，裝入可否）。切企切企。六朝石又拓得五種十紙，并附。真裴岑精拓易得否？子年以十金爲購《石門頌》一册，字描失過重，都中尚可出脱半直否？即頌元安不具。弟陳介祺頓首。

光緒元年乙亥五月六日

三二

廉生世大兄左右：寧、傅二力聞日内至，俟書來再復。拂意之境，既懶又不欲以閑言語擾文思也。玉拓一，石拓十五，共三十二紙寄。又《石門頌》一册補呈。即頌元安不具。弟陳介祺頓首。

光緒元年乙亥五月廿三日

三三

昨有李枚卿舍親京便，寄上拓墨卅二紙，帖一本，想前後至。西泉爲劍泉兄刻石印一，交徐吉呈。乞轉索二千賞之。劍泉處久未復，甚惶悚，乞晤時代致。前擬名印稿未知可用否？

清卿有書來否。此頌廉生世大兄元安不具。弟祺頓首。

光緒元年乙亥五月廿四日

二三

廉生世大兄左右：兩得惠書并有邸鈔之寄，敬謝敬謝。籍詳近履安和，甚慰甚慰。唯聞嫂夫人久病未愈，重擾思慮其恙，自因瘡瘍虛損，根本尚固，非峻劑不易奏功，人海必有良醫，博訪可遇，勿徒焦灼爲也。弟今年心氣筋力俱不如前，始知加意休養，不過不即再衰，無復元之説，有學問涵養則遇事有方不至過，則豈能幾乎？年來以古文字説心，今若亦遜於力矣。附上杞伯敏父鼎拓一，有平蓋，蓋無字，二十年來，唯僅增此一器。晋太康八年城陽黔陬王從事殘磚拓一，質甚堅。敝藏齊出磚有『黔陬』字，得此爲二。手此即問著安不具。弟陳介祺頓首。

光緒元年乙亥七月八日

三四

廉生世大兄左右：七月朔徐足至，得六月九日書，并吴札，布封景致刻資一金，謝謝。《隸篇》事，西泉并先謝。千萬殘瓦拓二并收。兹徐足又行，復吴處一書托銷石拓二分，乞代致。可爲清卿寄書者，不敢瀆加函矣。此間旬餘來酷暑爲近年所未有，未知都中何似。揮汗不能多作答，唯假款未得妥寄爲至悚切耳。此請元安不具。弟陳介祺頓首。

光緒元年乙亥七月十二日

三五

廉生世大兄左右：七月廿五日傳足至，得三日手書，知録科冠首，想糊名易書必當同此，甚望元作一先讀也。又聞因暑滯下，想已遄喜。然總是氣未壯復，尚乞於失養處加意自審也。念企念企。朱子書多僞者，吴刻與敝藏同，故寄鑒。承諭養氣先不動氣，敬謝。忘怒觀理，定性所難，反身尤不易，過固近激，不怒亦忍，唯愧學不能無忝爲至悚耳。所論刻石，自是名語，每於此等處心折。然一時人不能不囿于其時其地其人，非力去時見己見，以收斂此心，與古人真精神相赴，何以有真知，知不至，何以能作得到耶？一字一文亦是如此，况其大者乎。清卿處書物想均即寄，謝謝。此頌元禧不具。世愚弟陳介祺頓首。

枚卿處石玉拓册二紙，《石門》册一，知已收。但不記是寄者銷者，原目仍繳，求注復。曹石乃張子達所拓，工而未雅，愛之則屬子振試仿之。子達聾悖無可醫，然拓墨則他人皆不及。『寒金冷石』亦是好語。石何足云，金則今太不寒，寒熱因人，豈在物乎，所企能耐寒者知其中有所以寒凝者耳（收拓已足，企報亦唯此）。藏壺底有銅丁，丁外又鑿款成，似一字，却可疑，摹者若真，自是周末物。假金竟以銷抵，感愧感愧，唯企平色補足，以成友直，以慰寸心。事爲六月用，過時均無需，且究不可也。長孫女德性極鍾愛之，有家之願尤以原配爲適，但不敢必耳。全美不在有無也。先謝。口，疑即『壺口』，則杵形，謹補完一紙。『闊』（京音『課』）、『衝』（京音『忡』）無妨，於人唯祝善護愛古之心，唯以此爲念。在人者不能强，在我者不至自取，則可以自處自反矣。佛象却不供，儒者自不爾，偶取其字而已。輕者作篋，重者作几，存一室扃鑰則可。或可得一漢石，又有人云，似有一秦石，已有一石僅二三殘字，似琅邪臺刻石而小，未至不敢信也。真是妄想人聽囈語，一笑。藏物似以多作小書厨爲便，今年甫作廿事，未竟，易藏易檢易携（須堅可載），既左右一室，又不雜，以爲何如。年來得錢化拓幾四百餘，而子苾所藏獨無之，加以舊本當可六七百，亦一大觀。同好所藏，乞爲致之，并希面上背下如子年所拓式。俗云『空首幣』，下齊者似當名『鏄化』，似從鐘制出者，鐘之下齊者，所以名鏄訓博與。若集李、鮑、陳（即劉藏）布化（方肩足如布）、幣化（圜肩足如帛）、刀化、圜化（圜孔古）合而精刊之，亦三代文字一大觀。勿患鈎刻之難，止患自己心思精神不能聚斂，少得易騁，無以真知，所以得失古人者耳。古文字渾厚者，其中之真精神至堅、至足、至樸、至臧，其清剛者（刀書），其中之真精神至奇、至矯、至變，不弱不纖。我之用心用力聚精會神不似古人，何能不爲僞所欺？而并時人之心思才力亦不能知，而乃自騁自詡乎。下筆直落，而力法全具，同住最忌哀颯，住不好，下筆終是不好，指動則然，古所無也。吾兄年富才美，學博而尚志，所成豈衰愚陋妄所能幾，所冀好古真知爲吾東高樹一幟耳。祺又頓首。

光緒元年乙亥七月廿五日

附箋一

作書畢，以寄石目二與前收目册自詳校之，乃檢棉紙精拓藏石補完二十八紙，自鈐印，已僡甚，不及似前之題字。若欲裝而又欲均有題字，則將來前後全數發還，從容寫繳。但今年目眊殊甚，著鏡幾如去年未著鏡者，或不善養氣之故耶。竇潤是廠肆上好者否？枝少花略，重在重二式，晶至白净者，可浼含英寄來一試否？不佳則不可，不退亦不可，不亮亦不可（玳瑁匡撑真魚皮漆不蛀，合有一，即可緑絲），此等事止代經意即感，且使所望則仍在以古文字相施報，不及其他爲至企耳（不可贈則使見）。敝藏《金文册》，仲冬間或可裝成二部，以一寄清卿代銷，以一寄閲，再請伯寅、哲生諸公與兄遇有索者應之。雖無可觀，然極費心力，且思合竟磚瓦石一律成之，未知來年能作到否。傳古之助雖鄙，然非此無以爲古役，豈爲物役哉。所异在存心，唯期與君子共喻耳。外寄清卿學使書并瓦拓，乞即妥寄。祺再上。

西泉《聖教》事，有書與竹銘。竹銘已移居，乞飭交。或銀或册，均望代收，曷勝代企。劍泉名印，何以不屬西泉一刻，刻不佳亦無妨，欲刻則前紙付還。漢石一紙寄伯寅，可索看。云新出東武古城，已使人往購，但不慊意，乞鑒定僞否。得即拓寄，不得則致拓本。又拜。

光緒元年乙亥七月廿七日

附箋二

近浼友自蘇紙行向涇縣第一鈔紙手鈔得極細薄軟綿連紙，似可敵從前十七刀者。分樣半張（分樣與清卿爲望，日内極望清卿書）。如京中覓不出，可醵資爲代覓，每刀須京錢九千，但尚須寄京之費。月内三函（尹、徐、傅）想已至。此上廉生世大兄左右，祺頓首。

光緒元年乙亥七月三十日

三六

廉生世大兄左右：八月五日得七月廿四日交徐足書。知腹疾水穀不化，此未必是脾瀉，偶食生冷即然，傷食而瀉，則《全生集》中『水瀉方』甚驗。洞瀉則古方『理中湯』過疑，虚弱亦易有弊，秋燥三場，極易受熱，亦又極易受風露侵，元履想安善耐勞，身心俱未甚憊，念念。大作想已紙貴，闈中當已發刻矣，假款遵候不繳，唯有感歉。壺字既未晰，究有可疑處，得佳拓乃定。古器至淺之字，亦必不弱，且可拓晰，其刻法使然。龙姞毁竟是君家舊物，可惜。『尹』、『姞』似非二姓。《詩傳》云『王謝』，疑未安。『龙』似即『蒙』。『彌』乃『生』，文見《詩・卷阿》，見薛書。古『生』即『性』（百姓亦有作『生』者），甚有裨益也。黄邑必有藏器，特無人訪之耳。子振學拓古石畫如子達所爲者以贈，屬求教正。東武漢石竟真，詳伯寅書中。鐘僞且劣，何以拓之，乃不自拓三代文字之藏，如刀化類以見報耶。子苾之藏當至都門，能拓之否？明年擬使人來京，拓各家所藏，姑發此願，特穩細，大雅者不易得耳。此頌元安不具。世愚弟陳介祺頓首。

光緒元年乙亥八月九日

三七

廉生世大兄左右：九月朔得八月十七、八日手書，并銀八兩，云再詳復，想徐足至，即可讀矣。元履想已大健，能耐酬應，念念。伯寅云，吾兄得見煦堂藏器四十，曾録目否，得拓本否？人海之大，竟無一工拓者，遨游於諸收藏家，使之各如其意，而大廣古文字之傳，亦是缺典。張子達者，拓佳而聾悖，且恐損器。㪚齋者則非自督，尚未能解事。㪚邑一胥姓，其刻印能勝廠中常行者而有出入，近往張允勷處拓圖，尚可無匠人氣，然又恐手口不穩，若解事而人又穩妥静細，則粟園後無其人矣。此次作字甚從容，蓋文思所發無往而不清新也。石查兄有過情之愛，而不以古文字厚施以相往還，得無以九字刀之故耶。因彼而致此，恐所愛亦偶然，而古好有未至耳，一笑。吾兄所藏亦尚未時拓見寄，似不可不共致一拓友也。清卿學使書、瓦磚拓，乞即寄之。蓬萊所出長安樂磚，甚佳，兹拓四紙，乞分二與子年，又節墨小刀化二紙共賞之。與清卿言刻古文字語，可告含英閣試作箋封，第紅必色足，洋照花卉套版作牋，亦必佳。伯寅所用榴、葵、菊（菊箋復旦鈞天閣，亦坊中物邪？含英小字甚俗，不及此）。箋雖可，而未造工妙，且礬紙耳。塲後往還，如聞古文字語，乞示及。（邸鈔求屬竹銘或他處看一分，看過半月一訂見寄，需直先繳。）西泉附候敬謝。蘇信一乞代寄。僞刻爨四，乞各致一紙，并志所在。先此遥賀新元，喜音早至爲企。弟陳介祺頓首。

光緒元年乙亥九月三日

附箋

陸高之孫剌公鉦，似不成文理。其物所來，知否，見之否？子年處匆匆未及復，晤時乞言《續泉匯》印片早寄一部。東武漢石如何。西泉《聖教册》如何？

三八

九月十八日見順天題名，而吾廉生不與，意殊未遂，想賢者必不以此怏怏。此事有命而亦有文，有必售之文而不售，然後可以言命，自問亦可無愧。文不至不可與幸獲者校功令，不能不以此出身，是以朱子亦習舉業，但不以此奪其進德之學耳。吾人立身保家，舍學何以，今日報國，豈帖括所能敷衍，如乾嘉道間則去時俗之見，後記問之誇，而於古人之文求古人之心，不能不大有望於賢者。以此爲亟而彼有不暇，則得失不足爲心累矣。手此奉問近履不具。世愚弟陳介祺頓首。

光緒元年乙亥九月十九日

三九

廉生世大兄左右：徐足未至，想在文起處，久未得詳復矣。新得一瓦，拓寄清卿，乞閲過，即封寄拓二紙奉上，不復注。尨姑毁却可愛，近試詢允勷，未知何直便可留，恐莊處未必也。貴邑新孝廉王庸，字未必是，是本家否？滇事之争如何，念念。古饕餮盤無字者，如日内可得，當拓寄，真九鼎之遺也。傅足還，即當有好音，翹頌之至。世愚弟陳介祺頓首。

午後盤至，草拓即寄，未知與伯寅所寄拓是一否？可請伯寅一閲。又至要件，恐伯寅隨扈東陵，或其家可妥寄，或俟其歸，乞酌定，以勿遲勿失爲要。

又布化拓，子年、清卿、石查分之，不佳則已。又拜。

光緒元年乙亥九月十日

四〇

廉生世大兄左右：今年所奉書，承賜答者，詳於情而略於古，未獲啓發之益，功名之爲累如是乎。前曾奉瀆，未知直妄少有當於達懷否？在人者無定，在己者有憑，所以君子自求諸己也。近來想尊履安善，嫂夫人所患平復，深以爲念。昨由子年補齊刀化拓，未知複否？新以三十千購一毁，器文古而字不僞，拓二紙，求審釋。清卿有書見寄否？蘇七寄古鈎古熨斗來，祺以字爲非而還之，書遂絶。今清卿寶其鈎，惜釦金不可拓墨相質耳，晤子年可及之。前木篋并故絮二雜目并繳。西泉存款曾告虞琴否？昨爲其從子斈汀書子貞集字聯語，乞假一鈎刻，緑拓二十紙見寄。鈎刻均乞勿過滑光，需直再繳再取版，唯仰瀆耳。此問著安不具。世愚弟陳介祺頓首。

邸鈔仍乞允其繳直，别爲寄一分方安，收發費心即已感甚，以後見愛止求如是。古文字之交則感道義，京事瑣瀆則感情誼也。需用家鄉物，亦乞示及。來年延東甫課諸孫，或可少暇。仍恐閑事多，自已看書文字又不專。重懇相佽事，千萬推愛在念。八大畫册，人便乞付下。清卿刻瓦止見一二，未知曾刻否？來年所奉書，乞飭胥録寄，其聯（『九州，三古』）七言也。又拜。

光緒元年乙亥十一月廿五日

四一

廉生世大兄左右：去月廿四即復一書，車重想十餘日始至。廿八日奉十日惠書，并清卿寄三封，邸鈔二束，敬謝。昨書因恐失意，過於有累道心，殊近直妄，當鑒其誠。今誦書語，未免動心，尚祈不爲境妨，進學乃有益於己，心蔽必須自開，從而附和，雖快一時心耳，非良友也。唯聞嫂夫人尚未全愈，唯宜虛心靜細。世無良醫止可試藥，誤投多服不可復出，焦急則心思先亂，轉易誤事也。吾人自脩，原非望報，數是一定，循理乃爲盡人事，不能改一定之數，而可造將來之命。曲肱樂，在位高，未必心廣，使秦皇、漢武能自樂，豈復求神仙乎？不求諸人，無世俗之見，視爲身心當然自然之事，或可履道漸坦耳。自得居安，豈復爲名所擾，有定止而又能日用飲食，方是第一義也。祺少有心得，而甚無實學實踐，甚愧，無以仰副過愛，唯增悚惕而已。高郵王氏藏書，惜不得收一二，可覓一目見寄否？近得一秦詔殘瓦，至佳。人皆不解何以刻詔於瓦，蒙竊謂此宫必李斯所作，故刻詔於宫上之瓦，以紀并兼之盛者。書刻并美，鋒穎猶新。讀古人書，看古人字，曷可不以心精全力注之，以求古人之心力乎？《藏古日》久未繳，今聞寧足適，急屬拓友檢目補全，統上左右，希詳察之。外復清卿書并封一，乞即交年差代寄，至企。高君麗珍乃次屏之戚，以耳爲目，路要壟斷，於真出土物亦有所得。草上之風，小事且爾，深愧文字之蔽流爲玩物耳。煦堂向無往還，伯寅忽有彼拓不欲相寄之語，或聞好多言，或敝邑作僞者恐發其覆有先人之語。然欲其多拓精拓借拓，自大不易。盂鼎之共知，自由于笏臣廉訪，今以古傳，何必不照圖乎？清卿史頌毁佳，中阜毁未確。所收不多而雜，真賓山虛行，惜無人代訪收耳。手此即問年安不具。弟陳介祺頓首。

光緒元年乙亥十二月四日

附箋

《續泉匯》求印四部，再由京。年前早自信局寄蘇金太史惕吴大人退樓籤，陳寄封信從厚，資由彼付一二部，或作書致之，并索其刻書尤佳。

清卿來一釿範，如真則至奇，不見仍未信，乞索拓本。

大順真京紅布求二匹，俗事均乞别紙便裝。眼鏡、東箋明正求詢之如前請（用款乞由寄尊處項支）。

《册目》注繳，并各拓補完，唯缺一父辛盉，增而未及入目者，乞補之。清卿之封至要，切企切企。

四二

廉生世大兄左右：去歲祀竈日得十一日手書，邸鈔一束，銀十兩，正月十八日得五日書，二月廿九日得十五日書、邸鈔、布封清卿書，具諗。新履春和，嫂夫人勿藥，遄喜即可復元，壹是深慰。祺因元日後寒驟，少作舊恙，正月未多出門。家事亦多累心，既为兩孫授書，又遣長孫應童子試，是以公車多便而未裁復，歉歉。釋古文字不得以『八比用意法』行之，亦似過看壞八比，其實止是以楷字俗情，以自是意輕今人，而不知古人有徵之信，闕文之謹，亦自忘其學之不足矣。魯必言何以非魯，衡必言何以爲衡，[illegible][illegible]之似兩兩（二字皆見金文中），亦止可存一說以待也。伯寅十金已交西泉、子振，乞代謝。經讀誠要事，義以文別，不明句讀，何由通其義指，惜無注明句讀段節定本而附以考异以惠學者。蒙學即誤，何由培植根柢。承示一舉，尚有重於此者，惜祺所學不能多有奉質耳。西泉款已由虞琴致。八大册，四月便乞妥封付。聯未在都，不必過問。即墨周瓦再寄（復十一日）。高郵王氏藏書，精校本既不可得，單本佳者亦甚可重，不求賜，但求讀耳。雙印可拓否？長一寸二分，方六分，《合漢志》否（剛卯）？石田《和香亭卷》，不見無從説。東箋所存不過二百矣。協卿可惜，烟之害人如此，老母何以爲生。才不難，有德之才乃真難耳（復五日）。竹報想已至。承嘆以仲圭《草亭詩意卷》、《松泉圖卷》，可謂文矣，敬羨敬羨。若真則更思一见。舊藏元四家真迹不多，唯沙彌無佳者（竹尤企），佳者曾見杜蘭溪學禮官農部诗一軸。祺近好書畫，不如古文字，而識則進，昔尚有心得之，真唯欲見擴之，此間苦無從也。刻敝藏瓦本不敢請，可已則已。唯清卿所收，多有可疑，若悉刻而不可去則亦悶悶（一器一版則可去）。既無名心又交以古，不直則不誠，直則恐甚于九字力之得諸傳聞，或不言而唯質之左右，左右本亦不言而教之何如。此非專爲清卿發，然清卿之意又甚可感，奈何奈何。『映房寺』三字乃誤釋，石不唯不可得，并禁拓，村夫可哂之至。去歲聞中外往來説，擬聯曰：『門有通德，臣無外交。』守孰有大于此者乎？子母之説，則去歲入幾一省矣。安陽刀當留意。唐蓉石舍人何名邑？距末字多而不可識，拓故未出。父辛盉則其篋未檢得。《獲古編》版當勿失。千秋萬歲瓦似可疑。宋元嘉磚出敝邑浮山西古墓，收數十，以重未寄。審自是審，訨則不可釋，古印有『仁言』二字者，此秦以前官印。鼎字不可拓，亦悶悶，不見則未定（復二月十五日）。祺年來春夜常不寐，近因此病目，醫者云少陽有熱，亦未服藥。以看書作字爲累，餘尚安善。正月十三日得一子，以鼎初爻義，乳名鼎壽，又名以厚鼐。長孫阜幸列郡庠，并聞。近拓竟，夏可拓磚，裝者老病，册不易成。附近收小節墨刀，有背文者二，二字者尤罕。拓上各二，與石查兄分之。即問著安不具。弟陳介祺頓首。

光緒二年丙子三月四日

附箋一

初五日，有遠來者，得古印十餘，無官印，而有小古私鉩二，隆邱每車父兄，複姓父兄，疑以里中父兄爲氏見官印。聚姓、符姓、原姓尚新。又似石之五銖範，面（一石）背（一石）各二，兩範合鑄，出土未散失者，此亦創獲之品。又一器似刀化，長約京衣尺五寸半，柄二寸，上寬一寸一分，薄如刃，背厚二分，向上漸鋭，，有斷損一字，如今名『空首幣』，字曰，自是六字，唯其制與用無可考。又鉛小厭勝牌一，色甚古，雖小品，亦至奇。又三代瓦片一，，同安陽。殘瓦柄三，亦古。又殘瓦二十餘。殘磚、石各四五。又四朱及孝建四銖薄化泉，皆吾東東西七百里，南四五百里所出。連夜拓之，寄乞考正，亦爲傳足乞賞，恐公車信不足往返用也。磚拓七、瓦器拓七、瓦一、石五、刀拓四、小鉛牌一，每紙賞足力京泉五十，則大泉六百，一笑。瓦當拓二十紙，乞即作書先致清卿，再復，不能刻如是之多。祺又拜。

光緒二年丙子四月五日

附箋二

昔蘇六以古歸葉，幾無一真，云有真則僞自敗，可謂有詭識。推之用人，何莫不然。唯不反求，斯得售欺，豈在彼乎？

光緒二年丙子四月五日

四三

廉生世大兄左右：廿二日得十三日復，慰慰。西泉墨五兩，或可贈與否？代定早付直應之爲企。東箋尚可用數月，唯日本多事，紙或不至，不如足數年用，以免時相瀆爲便，秋間亦可。田書已交。新得古印四，齊刀化十二，六朝石二，均拓上。年來萬事不如古文字，而海内唯如君者良朋數人，不勝仰企，唯垂念之。此問元安不具。弟陳介祺頓首。

光緒二年丙子四月廿五日

四四

廉生世大兄左右：廿日奉月十二日手復，并銀封、邸鈔、東紙箋，謝謝。嫂夫人所患流注，三年始潰，自宜加意調理，且在脅腋之間，須早合口。《全生集》可信，而『重補』之説，則未甚詳。所來一金，已儘購敝邑程姓『陽和解凝膏』，得一斤一兩，此即《全生集》方，昔在都所製，即勝此。日光室想以藏鏡得名，此非鏡之上者，『跳』字出兄光𣪘，蒙久以爲一字。又尗家父簠可證，今與尊釋同，益信。『日』字用金陵甘氏日庚卣，『室』字用中殷父𣪘中奇者，寄石來即可刻上，不必先定石大小，以方石爲合也。龙（蒙）姞𣪘可謂得所。痛莫富于伯寅，而精拓從此恐不易流傳，若傳而畏人知，則不言爲誰氏而傳古可已。尹姞似非二姓，綰綽與彌乃性，則薛録後不數見。登州古磚佳者亦不甚多，長安樂完者云尚有字。允勸久無書至。東紙以薄爲佳，且封不厚，红色不足，版行不緻，乞告含英，勿省小費。[illegible]雖似『星』，然齊陳曼簠之『齊』，郘亦中直下貫，此二百番亦尚用得。竹銘詩文字出手即不戾於時，精神亦足，此或即是命，人亦穩，有勝人處，考試或不得自是，有人不易知己，有可議處，亦或即是命耶，呵呵。齊出一器，似印而大，文曰『革曲』，詳其式於伯寅書中。又齊出一鉩，三字，不可識。銀鉩缺一字一，新得古鉩四，非齊新出，共七拓，乞考。蜀新出漢刻可得否？墨直西泉屬代敬謝。復清卿書并瓦竟拓一大封，托子年，亦乞在意。手此即問元安不具。世愚弟陳介祺頓首。

光緒二年丙子五月廿五日

四五

廉生世大兄左右：閏五廿二日得十一日手書，并《丁亥詩鈔》一本，邸鈔一束，屬刻印石二方，清卿書一，代購東箋四合，敬謝敬謝。六月初旬，傅足又以書并四日邸鈔至，聞入夏近履安善，又爲秋試之計。必知彼知己然後可以，請從放眼游戲，自可得之，勿仍以牛刀爲也，呵呵。嫂夫人所患，自是虛弱，細看《全生集》各方而重葠芪，或可收功。此等集中，未詳病重藥輕，而謂補亦無益可乎，潰則先須保膜矣。求雨銀牌二字，或諺人忙天不忙意乎。吾東府大旱之灾今已定，八九食新，尚須十一月餘，奈何奈何。立秋止四日，秋尾已無甚可望。此事甚大，震怒如此，民窮財盡如此，天將使靡孑遺，人真不知爲計，唯冀海糧源源不竭耳。『日光室』三字刻長方印未易篆，擬先作『日中之光室』五字印，不知可否？其典重在『中』字，似不待讀銘然後晰也。胥印可者尚妥，而不能作篆，刀亦弱，不可久交，甚可惜。一二皮相稍异而不能作篆，焉知作印耶。小石不佳，改鈕尤非易，容與商之。伯寅所索裝拓册，其人老病，甫裝至秦，尚未及漢。瓦磚竟石四者已拓，而印未成，刻拓範。然旱灾之大，不知斯人何以爲生，豈復暇以心及此，行將停拓耳。頃得東武書，云西境及莒旱蝗已生，各處分捕。東武膠密今年多雨者，又大旱枯，且蟲灾甚。自兵燹後，人心多一亂機，不甘餓死，青沂近山處尤不妥。三代瓦尚未及檢拓。接齊刀範二，寶四六殘範一，六化石範一，拓四種，又齊刀拓六伴函。傅足來不易，求少加酒例爲路食不易計。析子孫陽識拓無可取，所携頗有須拓者。文字上，奇次之，刀上刀形不過奇而已。此問著安不具。弟陳介祺頓首。

光緒二年丙子六月十四日

四六

敬謝尊藏金文拓、印拓，又魏太和閻氏造石象拓之賜。今寄上漢巨張千万長方印一，乞莞存。此種前人多不以爲漢印，今證以葉東卿兄舊藏大司徒、大司成、公孫匋等印，於公孫印鈕之上，見有敲擊痕，始知此皆施於金銀鉼錠者，如今之元寶上字，出火尚軟時印之也。附上郢爰金鉼拓一，㞷（『往』即『徂』）來金鉼拓一，亦此制爲者。又廿三年戈柲（當是梁器）拓，侃[illegible]戈、平陸戈拓，新刻錯銀漢太守莽連率虎符拓七（圖於研背，并摹其文），圭斤（封庈）三代合符鈎拓（鈎名始於愚，前人曰『半鈎』），日入千合符半鈎拓，千金氏銅、完字銅拓（漢鏁鑰，非藕心），莽八兩律權圜拓，唐天寶永淳銅造象二小碑拓，唐慈恩寺善業泥、印度泥象泥殘字拓十，漢宣帝成帝五銖土範拓十三，陝出漢瓦拓十六，希察入。新得漢畫象石，有題字，當是東漢時，尚未至，明春可拓即寄。三月末，由孝玉兄處寄拓四十三，孝玉兄處亦有拓寄之件，至今未得收字。此次寄拓共五十九紙，龜魚符尚未及檢出同拓册。即請升安，名心具。

內府銅器，尊處如有拓本，可否寄讀？印繳分副，則尤感。又梅道人竹，習見者，絹染分□畫字，尊藏想有至確者，道遠不敢請寓目也。又拜。

光緒八年壬午十一月七日

四七

廉生世大兄館丈左右：二年之别，忽得手書，知臘望文從至都，并有新昏大喜，上慰高堂，尤爲代慶。與仲飴盤桓數日，想詳知小女舊恙已減情況，念念。前以歸田所知奉布，知已代致令親香濤中丞，雖無所當，尚可引伸。側弁已於關內造館，恐新疆百餘年無數巨款，都屬子虚，不減昔之犬戎。清卿獨當左臂，未知如何。感佩香翁能無曲突贈策之慨耶。聞盛游獲古至富，羡羡，唯以未及寄拓爲慮。劍是十年宅陽者否？鉛印非《泉匯》者而同隋小碑，亦見拓墨，惟均不緻。若彝器與海内古今第一之古圜鈢與造象，則無從擬議矣。自見尊藏土塤後，來問者、寄拓者、來售者不一，而皆不似，又陶而非土文字，至今可謂淆亂，可懼之至，大雅如吾兄與清卿與弟均不可不慎其多術而過自負也。清卿寄款促作印舉，昨有書懇孝玉兄。前屬備蜀中索拓，久交東甫，如費至，亦可增入《印舉》，如再有樂助者，尤企。新得東漢君車畫象石，烘涑朱拓數紙裝軸，度歲春融，當即拓鑒。關中有闔省士民公約不賣寸土尺地與他人，曾見之否？晉省東省何不先踵行之？如有存稿，望早示寄。手復即請留安。并賀新春新年新夫人新喜。

館世姻愚弟陳介祺(期)頓首。

光緒九年癸未正月一日

四八

廉生世大兄館丈左右：前於東甫書知廷試一等，邸鈔知授職留館。上步祖武，遠博親歡，讀書顯揚，非常人可比，舊誼新姻，尤深同慶，近擬奉賀，阻於河水。茲於月廿二日得五月廿六日手書，并賜古拓五種六紙，敬謝敬謝。按古鐱之長幾周尺四尺，其器若此，其人之長可知，當不僅文十尺湯九尺。上士之鐱，非以位言。鐱兩面有古奇篆字在『彘』（『璏』，《説文》『劍鼻玉』，此當作『璏』），俱『鼻』左右同文。其一面向左向右各四字，尊釋『寶鐱永用』，蒙謂用鐱釋信鐱，省『金』，『寶』字作□，與薛書商鐘『自』字同，當釋『自』。其一字當是人名，讀曰『某自用鐱』，與『逞之永用』鐱文同，其字竟不可强釋。其一面似有飾竇，亦左右同文，似三字。其一下半作□，上作二鳥，似是『兮』字。其一近『成』字。其一字長而泐，不可釋。庾肩吾《書品論》『蛟脚旁舒，鵠首仰立』，與此正合，真夏代文字也。余謂此種是古奇字繁文，以篆爲體，以蟲鳥蛟龍爲象，象或在篆上下者可釋，否則不易。薛書所摹琱戈、商鐘、鈎帶（帶近峋嶁）。阮書之董武鐘、蛟篆壺（畢良史青牋題夏壺是真象物文字，余之蛟篆戈鑄字，亦疑是古戈，後又加鑿款，凡無篆體可尋者，皆商前文字，近於叠篆者次之），與此近似，而刻本筆無重輕。余所藏古奇字編鐘、奇字殘鐱，皆不若此之蛟脚獨重，爲今所未有。範金至精，文如稻芒，過於古竟，字之空地又皆有細文，唯字小少近纖耳。後世鳥篆皆仿佛臆造，唯余所得張猛銅印、婕（從『糸』）伃妾趙（從『女』）等玉印是真古文，然亦疑是相斯秦璽之遺，不能如古吉金之至上也。既屬幼泉以油素精摹，竭昏目之力審之，即以其本奉寄，并詳説請是正之。張懷瓘云：『往在翰林見古鐘二，文三百餘字，字紫金鈿，神采驚人。』今吾廉生于入史館時得此，它日得窺《西清》之藏，更不知有何奇遇，非復人世所有者矣。附上敝藏古鍼拓三（王元詡，高奇字二字），完者皆鍼而非干首，干首則有繫旄處，古奇字編鐘拓一（二紙），蛟篆戈拓一，張猛銅印，緁伃妾趙、王武侯志、龍成甲玉印朱墨拓五。古朋相從，集于史席，亦玉堂銷暑之雅乎。全鍼精拓，乞再惠三四紙。以一多題字，尤企。手復敬賀大喜，即問著安不具。館姻世愚弟陳介祺頓首。

光緒九年癸未六月廿八日

附箋

長安來人云，售鍼者善作僞。今見墨本，萬無可疑矣。方鼎、盉、觚皆鑿款非鑄，則未敢以拓定者。于大令事昨已詳寄東甫可否，勿促之。敝藏吾邱子行《學古編》，遍檢未獲，乞以藏本録三十五舉文即寄，或可代借代購，尤感。又拜。

鐵大泉巨範，似宣帝五銖土範制，或同時物。

畢芬行後，檢几案間，始知瓦詔拓未封入，今聞杜錫九來即寄，希察入。一通竟三日力，而老態如此，心之記事，如筌留形，老則如板漫漶，印不真矣。河賑數言乞教正。論金拓則闕文之謹，昨敢悖妄，乞亮之。水涸道通，秋冬尚可數寄書也。即頌廉生世大兄館丈開安。館姻世弟祺頓首。

光緒九年癸未九月九日

四九

廉生大兄館丈世大人左右：月八日畢足、十日杜錫九奉寄書拓，想察及，未知濕否？念念。今寄上夏象物饕餮盤圖拓一，其有父戊三字者在宮子行處，屬幼泉摹於後。此雖無字，今所見尚無古於此者，曷能不寶重。亦不可以有『父某』文者皆定爲商，而不知商文尚有細字一種。又距末拓一，愕作者，不知何傖慫恿程木盦剔去錯金，而不知摹拓亦可，此於齊魯得之，字多而未敢剔，僅見一字，似，又一似，似周末梁國古戈文，容審慎剔之，或可多得數字，亦屬至罕之品。又齊出益壽合符鉤，得時尚未分，屬幼泉子正輕刀敲剖之，又一殘半者，益字上似日非日者亦同，而字較晰，各拓一。又日入千半鉤拓一，似已寄入全分。又大吉弩拓

一，隸頗美，乞鑒定。前寄須補者，無目不易檢，若尊處有知録古文目者，寄目詳補，自可無遺。來日仍可同繳。前西泉代屬胥芰塘鑄印，久未就，今將北游，措銀交鑄，始成銀印二方，尊大人名印，西泉少加潤色，已似勝漢印次者。大印則尚未甚失所用石印文式。伊不善磨光，別令一人爲之。共用京市平足銀二兩八錢一分，附有清目，印即寄上。《學古編》乞早付。《疑年録》乞二部。新拓亦乞勿遺。胥君乞嘘植之。手此即頌開安不具。館姻世弟陳介祺頓首。

寄清卿兄書録稿請正，并乞致鹿滋軒中丞一紙，兼托其即寄敝親家徐曉山方伯爲企。如吾兄以爲可與香濤中丞言之，即希於通聞時附去。又英使與法人入都議越南界，未知如何，今早又與清卿兄言之。海東事一紙，并奉稿請閲。心感舊恩，杞憂疑，想知至契，當不哂之也。垂察不具，祺又拜。

光緒九年癸未九月十七日

五〇

廉生大兄館丈世大人左右：月廿二日始得八月四日、廿五日手復，并鐱拓四，元嘉石象字拓一，姚刻吾邱桂續三十五舉，敬謝敬謝。姚本已句讀并注，若再得副，當命孫阜照録請正。元嘉石不可如此拓，前書已及此事。承示新得，健羨健羨。舊藏松雪書尚有佳者。若字多古器精品，宋拓《九成宫》，尚可易，寫經必須後款十分真及佳跋乃可。孫氏《岳麓寺册》，曾見之，時以年少不敢重直收。道因珍在宋本。不空雖宋尚多。馬氏古匋，其字亦須審慎。近中各處作僞日甚，弟平生不以求古不獲擾亂此中，唯於疑似不肯失言於至好，則期共勉之，亦望勿以其多口而遂多費也。補拓前已具白，不能不踐，唯無目則複遺難免，仍望屬友校録見寄。又以司拓者去而他之，新手多未諳，年老事繁，雖日從事於此，亦不能忘情，切要，止可不渝此約而已。印林兄遺集已校畢，不知可刻否？郎亭學使過訪，辭避再三不獲。清卿太常聞已督兵至津，曾通問否？桂續體例，述而不作，已過吾邱，大著當過於桂。自叙《印舉》録請是正，以不論刻印文其淺陋，雖未屬稿，已知爲大雅所哂矣。張觀察書何以尚在孝玉兄手，悶悶。念庭如尚在都，望代道念，并言《印舉》已將編古鉨矣。新得齊出六朝造二万佛磚象拓一，陽識字爵拓一，古化拓，東周一，同出安二，盧氏一，衡昜一，安陽二，閃二，甫反二，一，安邑安釿一，涅金二，一，陽山一，共屯二，長垣一，重一兩十三、四銖各一，共廿二，乞檢存，後凡收拓，皆付一目爲企。古化又長尖足布，，（三）一，（十）又，大陰，邪山三，共拓

五，再附。即聞著安不具。館姻世愚弟陳介祺頓首。

光緒九年癸未九月廿八日

五一

廉生大兄館丈世大人左右：九月四寄書想均至，日來切盼北足矣。拙叙甫作草即寄，乞批削。近思大小篆自史籀、李斯以至六朝，不可不如《隸篇》成一書，陽冰則必不可入，望兄與諸大雅成之，至企至企。海氛甚惡，吾鄉僻又阻水，乞詳示。滇黔蜀爲英人所陰企，而法欲先之，德能敵法與俄，而日欲效之。有責者不可不統吾全局，知己與彼。清卿南行確否？北邊如何。田處信銀交明面取收字附閱。即頌開安不具。館世姻弟陳介祺頓首。

虞釿一，[illegible]一，閔（十一）一，[illegible]化二，盧氏四，[illegible]二，[illegible]一，古一，貝一，[illegible]一，[illegible]一，四一，八一，[illegible]（即八）一，十一，[illegible]全一，共二十一拓，十月六日寄。

尊藏封泥，望早拓寄。

妄論有少當者，采之不當者論之，惟乞勿以語人是企，又拜（此次有與東甫論者不具述）。

再匯與宜古齋李君二兩，十足銀四十兩，有匯條一紙，字一紙，乞費神收清，并信件同爲妥交宋世兄手（任柏鄉今者查係邢臺），或托抱印亭世兄面爲代致亦可。又初印綿料紙《隸篇》二部，友人所托欲售廿四金，或少減亦可（或至廿金）。聞都中時直如此，尚未是如此之佳，暫存尊處，從容代銷可也。又八大山人畫册真迹一本，雖不及昔年子苾兄所贈之四巨册，而已甚難得，乞使人與心泉和尚一看，三十金即可與之售，原直廿四金也（不能得原直即交竹銘寄還亦佳，可遲之）。册在同邑曹竹銘處，《隸篇》與《印存》璽匣，南糖、麻片各半一匣，醬肉二片，山雞四尾，關東細鱗白魚三四尾（裁尺尺半不可大，大則盤雖大不能容），醬蘿蔔十餘斤，已托竹銘，有車可寄，即求飭妥，紀代購（蘋菜十餘或廿共一小帽，合又有目托宜古李養泉，勿複，但求暫借付過），無便則無須矣。奉瀆過瑣，不□時愛，乞恕之，又拜。

西泉《聖教》一册，枚卿曾爲得價四十金，養泉云可爲銷六十金，或七八册在伊，重可索看并爲留意是幸。伯寅處如有銀見寄，乞代存。子年書乞飭交東箋，望早爲寄下，又拜。

竹銘匯與宜古七十金，言至都即交蘇七信，求妥便即寄。

光緒九年癸未十月五日

五二

廉生世大兄館丈左右：月八日得九月廿二、廿三日手復，并石範拓一紙，謝謝。示及小女在陳署近狀平安，同日，仲飴處人至，亦悉，并承令愛寄佩件爲祝。《攈古録》清本已及一半，來書未言，不知曾補否？續似不如補也。刻桂許書畢，已見初印本否？桂之何種與許之先刻何種，尚未聞，念念。力收宋元本書極是，漢碑明拓初拓皆從其朔，亦不易備，似不如先刻金文佳者，一器一頁，前篆後釋，考則續補，若能字如阮書，亦甚有益學者，第鈎手不易得解人。崇藏郭有道碑未得見，聞任城有不全册，曾至歷，亦未見。攀古樓新獲徐王子洈兒大鐘，以名定之，自似周末。北齊梁子彦志，曾見拓否？太平鏡已寄，并有標目。索補之拓，有目必寄，亦望拓尊藏時，長毋相忘。或飛卿大令竟索寄，寄助可矣。前已諾，隨檢隨得出必寄矣。迂拙衰老，不作妄語，大雅古交，知必鑒之。張書五紙繳。印格事已定，前册無用不必覓。瓦詔補七大紙。古鉨朱墨拓須遲遲。冬寒拓友將歸，又以《印舉》須自理。去月八日畢足、十日杜友、十六日胥友、二十八日福興潤烟津京信局、月六日傅足便，均有寄拓。檢收示晰爲企。兹寄墨拓君車漢石正面六紙。石重不可時轉，背拓後寄。輪船不能大封，望於銷直内撥付。直仍如朱拓，或少亦可。琅邪秦石舊拓亦容後寄。三十五舉乞二本，以一本校寄。《疑年録》乞二本。礬箋乞勿用，用可久者方可常看常存也。即問著安不具。館世姻待功陳介祺頓首。

愼永堂復書一并寄，已往高密。聞滋軒中丞患痔漏，弟自十八歲患此，至將六十，檢陳脩園書中有《本事方》『神仙丸』以爲專用，蒼术可以去濕，久服而痔漏全愈，亦一效方（書中未之及）。尊藏印拓望亦寄，高致珍古六字璽，可以易粟拓否？一笑。

《印舉》格寄一樣請正，其小不過爲省紙，一印一紙，便於編及補。以用何書皮爲宜，切乞留意，又拜。

光緒九年癸未十月十八日

《高翰堂印譜》已將成并刻，大叙聞少增改，若字尚未見。

清卿至津，寓何處，如知示及。明羅文紙即無礬，礬則極脆。

附箋

尊藏新得金拓可遲裝，先編目録，釋摹其不識者見示，尤不若寄拓之真，亦可以所無補入，且可直述所見以相切磋也。南阜所藏乃太史公名玉印，似是燕石。相如印則未之見。竟印已書而復彌縫之，非己之難，竟何以至此。陳曼簠舊有二拓，葉藏或非《西清》者。古簠有器蓋（蓋名『會』）。字與子和子區同（《西清》器乃仿宋磨蠟）。鼎文與敝藏彔毀文同，彼云『伯淮父來自舒』，此云『師淮父至于舒』，先後事耳。『師官』，『伯長』也，或是，古『寓』字，繁文從，其父即『杞父』，人名，字省己（此器今尚在否）？四字者當是小鼎，一人作無疑。毀毀第三字是『母』字則真，『父』則疑。車，似省。父乙尊，器精，即須審其字（拓何似觶。四拓或見二）。

五三

廉生大兄館丈世大人左右：九、十月有四書未得復，燕齊道路之難即如是。聞杜錫九已抵臨菑七八日，有所寄必俟伊歸矣。前書因誼厚而又言多，或不哂其故態而鑒其迂誠耶。晋省多煤多鐵，必須延德國克魯伯廠人來領工，而不可令其多帶工人至千名外，以防我不能自爲，而彼有异志。此即北京之一大機器局，又爲北省運買之總局，南省則閩廣滇産煤鐵處亦同。德不欲法强故可用，吾兄以爲然否？墨拓漢石背六紙奉上。有所寄即可交來足畢芬，伊尚欲借買物及路費也。匆匆即頌開安不具。館姻世侍祺頓首。

海道不通，即用鐵路以通銀糧，惟近海則不可借寇資盗耳。今日既通洋，即有不能不用洋法處。惟必須以理爲主，而不能事事效之。同工异曲乃是。

光緒九年癸未十一月三日

五四

廉生世大兄館丈左右：先得十月廿二日、後得六日手復并耳封，聞已卜居城内錫蠟胡同，想已移入新宅，布置均妥，吉祥歡喜，定如心頌。瓦詔拓知已收，三十五舉大小二種領到，大者容録拙注奉繳，無須再寄。胥生小有薄技，前贈言以緘默藏拙，不知以多言誤事否？聞有新得，非金石，念念。郎亭學使書不易成，誠然。云將先刻阮書，又知拓件銀印亦收。銀二兩八錢已領。楚鼎字鼎一紙，新得殘戈柲一紙奉覽。邦駘乃大印，與秦魏户大鐵印，革曲大銅印，倉内作大長方印，皆朱文。蒙皆以爲古之火印，與有千万万匹等長方印皆同，容與古鉩從容再檢。尊藏拓出二紙，乞即分一不遺。表忠觀碑，濰無校正本，裱册拓尚舊，惟數頁蟲蛀太甚，已與議，或不須十餘金，惟恐不欲收裱册耳。展雲兄去官甲辰，世兄弟又弱一個，泥風鑒而非真知，固談理是而過於任氣（患迪自吉，祈福自愚），而謂無如學，似亦未安，無如無形，理於何寓。陳、張、洪、盛四大君子合詞云，論固是，然不推原何以用，如此人何以不用否？如此人而又切自砥礪，豈可以一點字致治平，且知其不可而仍用之，不求其真可者而代之，止一敢言勝人，未必能有益全局。草野仰望，尚請大之。收拓册領存。承示近事，極感。惟企賢者自勉以爲天下，而不以痛詆擾動此心，則幸甚矣。手此即聞著安并頌歲禧不具。館世姻弟陳介祺頓首。

表忠觀碑册一本，已於今日購妥，用京錢貳拾千，與杜錫九古匋大木匣同搭舍親王孝緒舍人車，出車價陸兩，共交東甫處拾叁兩，即有餘。錫九尚有古匋、古磚等尚未交來，伊自有書詳之。

册内有秦詔量瓦字大本二，其一奉贈，仍望將前贈不全之本交東甫付還，以便補完自存。

其一交東甫轉致孫春山兄是企。至日次晚鐙下。又拜。

光緒九年癸未十一月廿三日

五五

廉生世大兄館丈左右：昨午得臘既望手書，知所寄匋篋、秦瓦詔册、鼎、戈拓、表忠觀碑册均檢收。唯托破書崔所寄書，并新得瓦詔大小各二紙又四補寄春山兄西射李氏匋器拓一、千秋萬世磚拓一、天統石佛字拓一，想除前方至。杜錫九十三日北上，因未得復，未具書。傅足來，屬其取書，二月初當還矣。承允暫假二數助賑，至感。想春山兄之款可付。即無須由彭比部轉假。書成未能速，貴老師處不能即有以寄，恐迫促相累，成時必不願緩。倘已轉假，則請仍以春山兄款代繳是企。東省元日得電音：『劉義大勝，法國軍絶。』八字捷音，真我朝之福。前書躁妄，然忠君愛友之誠不能自已，勿以爲不可與言也。悚切悚切。新得敝邑出土石二種，其一有黄神宗伯字，字平淺如李夫人靈第，或東漢或魏晋，乞審定示復。其一太昌小石佛、字上有磨刀痕。年來代訪金石數人，皆以力不能收而日相遠，唯企同志時以拓墨寄之。馬生事不見屬甚妥。田宅便俟東甫寄銀至，仍令前經手者面交。承惠春茶二餅，謝謝，未知於宋貢餅何如。香濤中丞《書目答問》、《輶軒語》原版者，小孫奉筆乞代購，《疑年録》亦乞印時爲印數册，并由東甫處繳直。手此即問著安不具。館世姻弟陳介祺頓首。

光緒十年甲申正月廿三日

五六

廉生世大兄館丈左右：正月廿三日、二月十八日復謝二緘，想已察及。昨杜錫九來，詢知近履安善，宅已購妥，尊大人近將抵都，欣慰欣慰。闐生外孫夫婦歸安，闐生日親訓誨，當擴學識。承假振款，已屬東甫有款即繳，未審已交否？清卿通政移軍何處，是樂亭否？越南消息甚劣，滇粤孔亟。今日中國民不知兵，兵不知戰，猝募之衆，何以禦敵。即未早圖之，亦不可不再急圖之。無如今日事，皆是君民中間一段作不到『認真』二字，遂事事無可如何，有何可説乎？今日外洋不能不人人自謀，即不能不謀我，此必然之勢，尤不可不防。凡事之無可如何者，其本只是自己作不到，與世浮沉而不求諸己，則終作不到矣。作不到『認真』二字，事焉能有所爲乎？此祺田間久睹之實而竊慮者，想懷抱亦有同情也。聞掌院代遞尊疏已發鈔，此間尚未得見。《古文尚書》之請，想與香濤中丞所見同。正途京員津貼作正開銷，亦愈辨愈正。

祺昨書已言當恩歸于上而爲加俸，今又思之，恩重如此，而不實有以報，仍徒養望無爲，似非敬事後食之道。宜請旨設館分齋，實力講求，以經書義理爲經濟之學，以津貼爲費，翰詹科道内閣，以古訓爲主，以誠正修齊爲本。以本統末，以精該粗，析之詳則無不明，合之大則無不備，極之天文地理，充乎宇内海外。六部則各以其職設局分條，以經爲治，講求利弊，周知天下，勤恤小民，上法古聖之政典，遠取海國之所長，均須選舉賢能，主持統率，旁及隱逸。進退黜陟，以求心腹股肱之任，節鉞干城之選，以廣皇華四牡之交錯，以大上德下情之宣達。聖朝握中圖治，左右賢材，以言使則有人，以言治則有民，庶不至濫厠坐食而國爲有人矣。『經營八表在人，而所以經營八表有本』，誦香濤中丞之言，不能不感嘆無已，而隱憂莫釋也。手此即請史安，惟乞教之不具。館世姻弟陳介祺頓首。

光緒十年甲申三月十二日

文泉年丈校書三種，初印本覓得一部，乞檢入。又拜。

津貼事若定，似宜掌院堂官代奏，同至乾清門行禮謝恩，方爲鄭重。又拜。

五七

廉生世大兄館丈左右：月十二日都昌秦姓北上，寄翟刻校書三種，想已至。昨由上海寄録中國電音云：『北寧法人俱經我師殄滅。』由越於二月廿七日至羊城，想捷報於月初可至京師。傳聞若真，則是有洋務以來一大轉機。各海口事亦有把握，彼若不敢問津，則和約可多更正，亦可內清洋教。然津防京防則尤不可忽，以備困獸之鬥。伏戎之興，鬼蜮之狡逞，亦何所不至，須使京師如泰山之安也。近事切望示及。手此即問著安不具。館世姻弟陳介祺頓首。

信璽見水不堅，又不敢上蠟，此係初得時拓。封泥拓十二，緁伃玉印拓一，古劍環拓一（朱摹上紙），銅鏤鞠拓一，平阿戈拓一，廉生兄鑒。求賜新拓。祺又拜。

光緒十年甲申三月十八日

五八

廉生世大兄館丈左右：月九日安邱王君北上，屬面致一緘，并宋本《論語集説》，當已察收。昨晚朱姓還，得三月七日、九日、四月二日手復，知前四函均達，承示壹是，感感。求考定之文字，乞隨時即以尊見書記一紙便寄。黄神宗伯石先企。《疑年録》，謝謝。《印舉》買紙既已經年，試印竟不能平妥，已誤多金。必須手編，無友可助。法越日亟一日，憂心未能專一。春寒多病，今尚未能理緒，伏案至愧至愧。東甫若代繳假款，萬勿不收。若能印妥格紙，印正本時需用即求再付，或先以印片全分寄南，或裝訂即寄，前言必不敢食也，懇企懇企。聞一知二知十，竊謂二乃事事必有反正，即擇以從改，十乃以一貫十，擇之極精，常人用心，以知二工夫爲要。田宅銀與匋直，東甫謹慎，尚未寄來，望有妥便時索之，或交錫九。格貝子府古器拓，乞一副本全分。得拓即足，何不敢過問耶？貴師小山館丈所索敝藏石拓、琅邪臺秦刻，剔之字有五大五大夫揚樛制曰可拓、始皇詔字痕拓，并寄上轉致。銅鏤鞠字能有它書可考否？景瑀之父乃五十年前舊交，尚有此意。三十年白浪河市銅擔增至數百，幾無遺古，今其能者俱將就東家食。若歸同好，得佳拓，於願已足。惟殘封泥直幾七金，已倍於昔。鄭盦尚書處，昔以有所言未留意，不再瀆。今家居，若續文字舊好，由蘇寄烟台裕隆德行交濰棧信足甚便。祺夏來如常，腰骽無恙，唯跪起需扶掖，卧久覺體重耳。近説請正，近事仍望詳及，附復冗晦，并乞亮察。即請著安不具。館世姻弟陳介祺頓首。《集説》事求推愛，并早賜復。所索古璽拓，再於錫九還詳之。又拜。

光緒十年甲申四月十五日

五九

廉生世大兄館丈左右：杜便所寄之書，想已見復。香濤制軍抵都，想更鮮暇。香翁大用，海内外無不引領仰望設施。唯晉省拱衛京畿，方資保障，不久其任，亦是用人未切當處，不能不令賢者爲心與事惜也。和議雖成，内脩尤切，想香翁必言及此。新得古戈一，小石造象一（天保王魛十四人），拓以伴函。時企惠拓新得也。《申報》蕪雜，本無可取，所論者事近而識淺，所毁譽亦未必當，而宦場人多惡之，然藉以討論，亦有少益處。軍務之秘，彼焉能知，今則自言，無可説矣。洋人藉以爲中國新聞，可以知我，我則無以知彼。若告之使購外洋各國新聞紙，擇其可以知彼者録之，屏其蕪雜，少爲費紙，使可裝裁成本。并訪外洋造火器、火藥法及圖及輕氣球等圖，似可更獲厚利，或不至令人徒費目力，至於厭棄也。王駉僅此初拓，貴師處容再補寄。《印譜》格紙竟不能墨重字清，已糜多金，奈何奈何。即問著安不具。館姻世弟陳介祺頓首。

光緒十年甲申五月廿三日

卷三

致鮑康書

鮑康，字子年，號觀古閣主人。安徽歙縣人。一八一〇年生。一八八一年卒。束髮即有古錢癖，積蓄既富，鑽研且深，成《古泉叢考》、《古泉考略》若干卷。後僑居長安，與劉喜海燕庭晨夕過從，互出所藏，共相質證。其時關中古器時出，先生聞見頗多。先生於咸豐三年晉京，一時泉學名家如初渭園、戴醇士、鍾麗泉、李佐賢、吕佺孫諸人，相與交往，簠齋亦與先生訂交焉。同治八年，鮑氏出守夔州，甫二載，即解組回京，息影臆園，自號臆園野人。曾與潘伯寅書謂：『帆收順水，甘作野人，旋都後不復入衣冠之會。』然思念舊交，求其友聲，遂復與隱居海濱之簠齋通尺素焉。

先生品格高亮，重友情，施於人而無求於人，嚴於取與，有古人風。簠齋所藏六泉十布有缺者，先生慨然爲之補足。簠齋方集秦斯文字，先生欣然借予秦量。先生著《泉説》、《續泉說》，簠齋讀後爲之作注者幾十則，先生分別刊刻之。簠齋素以傳古爲志，先生作《續古泉匯》時，簠齋盡出所藏泉範助之成書。

簠齋寄先生函，有論泉學之言謂：『泉之爲學，論古文字已非玩物，論錢法尤爲大經濟。止論古則不傷時，止論便民則病可知。』

先生晚年有《觀古閣叢稿》三編之作，在序跋雜文中，數見二人互惠古文字，切磋學問事。先生早年於關中得毛公厝鼎初拓本，亦曾道及。

鮑陳二氏另一好友爲《古泉匯》之作者李佐賢竹朋先生，當時人擬鮑、李、陳爲三高士。簠齋題竹朋所書金剛經手卷，有詩云：『歸田卅載豈師陶，不學今衰日月慆。把卷自思增俯仰，慚聞知我擬三高。』

一

子年仁兄觀察世大人左右：八月中得七月中浣賜書，得諗近履安閑，羨慰羨慰，并惠各刻書，敬感敬感。冬來想眠食益强，新居就緒，紙窗竹鑪，定多佳趣，人海友朋之樂，他地所無，而雅俗静喧，在人自取，非如踰垣閉門，恐未易清閑讀幾行書，掃却煩惱也。弟歸里廿年，僻居苦於無友，問學固無人道，坦白亦甚不多，三年來惟竹朋老兄，小倩仲飴，時來過訪爲金石之懽。讀書則自同蒙求，少有一二親切心得處，亦苦遠於師友，難爲面質，殊鬱孤衷。去正喪妻，夏又喪長子，今春葬子，又爲亡妻卜兆，甚費心力，頗覺日衰，昨於八月始爲安葬。中秋甫過，竹兄與仲飴同來，九月，二君同爲勞山琅邪之游，月末始返，盤桓八九日而别，至初八日始抵利津。惟於東武得東周泉一頗佳，鍾氏泉匆匆未得見，所云卝第一布，當爲訪之。吾三人每談必念吾兄，而祺則堅謂吾兄不可不刻《古泉》，以爲燕翁雖没，其《古泉苑》不可不爲刻傳。竹兄之《泉滙》，雖過前人，然體例尚未盡善，版本亦屬簡率，摹刻唐以上泉，甚爲不精。竹兄所患力薄，吾兄曷不就前人今人之書説，以所藏真拓精摹刻之，以爲信今傳後之善本。如欲爲之，即當以劉氏《古泉苑》稿本奉寄，并可假竹兄《泉滙》拓稿，祺近爲之加注，并去歲於刻本加注，均在竹兄處。仲飴云：『此舉務期美備，可爲《古泉叢書》。』祺謂即名《古泉類苑》亦可，緣兄一生於此中用力甚多，不可抛擲，而前人致力於此者，亦可附以俱傳。即費千餘金，亦可作多還舊逋，不得謂老悖不念子孫。書傳而子年傳，子年傳而千金何必過惜。想吾兄閲之必大笑，以爲癡人乃如此慫恿，如此相愛，乃真野人之友矣。呵呵。今人論書，必推許氏，然許書已非真本，豈能如鐘鼎爲古文字廬山真面。當以今世所傳金文千餘種，合古書帖，編增許書。鐘鼎之外，惟古刀幣及三代古印耳，是當并補許書中。豈可不精摹而使再少失真，日後又無從仿佛邪。好古家刻書，每患己見之陋而沮，愚謂刻摹精審，則天下後世，皆得借吾刻以考證，又何必因噎而使錯過失時。惜乎！燕翁不明乎此理，而徒以玩物畢一生之精力而一無所傳也。子苾兄之《攟古録》，亦尚未刻，愚亦謂必當摹金文，蓋今日之突過許書者，惟此古人鑄金之真文字，文字精則無遺憾，文字不傳，雖極博洽，後人亦何所裨益，何從窺擬邪？惟大雅鑒之。今日秦量，鮑、吴、李可謂鼎峙，亦前所無。拓墨用濃煎白芨膠上紙，再以紙隔，用刷（髮刷即可，不可太硬）擊之，紙尚潤，先上墨一遍，勿使膠未滑又上墨而使黏膩。多上墨爲佳，黑者耐久易鈎，但必須字邊極清，又不侵入墨。乞以此再精拓尊量十餘紙見賜，想有友朋可作此等事也。灞陵園丞印，乞拓十餘紙，泉鈕亦乞精拓本。竹兄來匆匆，諸友爲拓，至今未畢，容再拓寄一切，先寄上蓬萊張氏新得漢李夫人墓門題字一紙，聊供清鑒。考見《李純忠傳》，『功苗』即『苗裔』之謂。聞有都便，手此奉復，即問頤安不具。世愚弟陳介祺頓首。

兄長弟三歲，乞先進以弟呼之，而去同值之稱爲企。又拜。

都中如見吉金拓本，無論新舊，求爲留意。新出六朝石，亦乞致佳拓。近日狂妄，以爲有李斯而古篆亡，有中郎而古隸亡，有右軍而書法亡。均以行款姿態有人之見存，而筆力與法遂失其真，是以好金文漢隸尤篤也。又拜。

同治十一年壬申十月十四日

二

子年仁兄觀察世大人左右：昨由郭舍親處寄復一緘，并漢拓，想已鑒及。兹有商河老拓工劉泰自歷來，携有漢畫，檢其兩城山四種，曲阜公府後門一種，見老子一種，顔氏樂圃一種，普照寺一種、魚臺一種，雖無新奇者，如命以補舊存，并屬今有畫即拓矣。樂安有魏孝昌皆公寺（今名陽照）造象，敝藏有魏正光曹望憘造象，皆六朝畫象至佳者，亦并收之否？此種須如貼落，看時以針嵌壁（或以檜鱗棘刺嵌之），更换。有題字印章爲佳。南陽古磚，畫亦頗多，而標題多闕，不易辨其故事。又吉金花文至古，惜無圖之者。古玉亦然，傳本似以《博古圖》爲之，非玉真本也。古泉用扇料棉連紙精拓成書亦佳，不精則古文字失真面目，尚望留意屬友人爲之，將來分惠見寄爲企。燕翁《長安獲古編》原本在弟處，刻本今入廠肆，次序多紊，補字可憎，亦不全。其汀洲摹刻所藏金文拓本極佳，如有副本，乞惠我。盂鼎一大字者，一小字者。小者弟只一紙，求再物色。并近又及時人金文著作未刊已刊者，均望致之。此係專足前來，可住十日，如有賜復可交寄。閑事只可與野人作筆談，尤馳想左右不置也。即問著安不具。世愚弟陳介祺頓首。

外陝信乞即代爲妥寄。又拜。

尊齋似必須延一能拓字之友，歸來每遇此等事，輒追念粟園不置，其二子今不知如何。六吉棉連扇料紙，出于貴省涇縣，極薄者名十七刀，近購極佳者，亦硬而不軟，有礬。

盂鼎欲精拓之字，每行下二字。五行第六字（六行同）。尤要者，三行末二字，四行末二字，六行末二字，十五行末一字，十六行末二字，十八行首一字。

記昨寄漢拓似誤書『班傳』，乞去之，補一『忠』字，未誤，則枚卿處一紙了。

又及。

同治十一年壬申十月廿五日

三

子年仁兄世大人左右：十二月朔得前月手復三緘十五紙，何言之長耶？野人之恬退，是有古性情者，故念我不置耶。感謝感謝。雖令泥封一，隋龍山公志拓，伯寅少農吉金拓，尊藏古印拓，并拜領。戴文節《古泉叢話》既刊，燕翁《古泉百咏》，何不并刊之？刻古泉須先選工鈎刻，與拓本同乃爲盡善。刀法須曲折碎切，與刻書异。得好刻工，好拓手，有釋文，則吉金無不可刻者，正不必畏人笑我之不博，遲遲不就，一無所成，使古人文字散失湮没者，不得共見爲憾也。《古泉苑》二巨函在弟處，説則無之，拓皆真本。《泉苑》既在先，自宜以爲正本，而以《泉匯》輔之，凡所見者，皆以附入，其體例則參酌劉、李二家，因革損益之可也。版圖之外，自不當收，西藏泉劉藏頗多，不知書中何以遺之，惟鑒真僞，同志即多聚訟，殊爲不然，文字自有真知，不能自移定見，須擇善固執，不可紛移耳，不决，則附後而注所疑。如近卅年僞刻吉金，前此不如是之甚，弟亦存之，以示來兹之意，未審可否？刻金文惟阮書爲善，惜亦有僞器，汰而重刻亦大佳。好古者以多收拓本多刻古文字爲主，考據儘可别刻附後，不厭其多，聽後來之討論可矣。癡人説夢，何以自知，必當而言之不疑，有所徵則可存耳，豈叔重所未及見及知者，而吾可突過之邪？金文釋雖不易，然多見自可引伸，尤宜以文爲主，弟謂前人多重一字而忽全文，此亦有少入處。伯寅少農好古有力，曷不爲《字學統編》，以《説文》爲本，而凡諸治許氏家言及字學書，皆附列于一字之後，以便考訂异同，并可摹吉金文字附之，許書所無。則附部後，亦一大著作。弟年衰體病，學陋友僻，謹以愚見質之野人而君子者，與諸大雅共商榷采擇之也，惟鑒之教之，幸甚。手復敬頌新年多福不具。弟陳介祺頓首。

同治十一年壬申十二月六日

附箋

著録古金而不摹文，而曰『我可以是傳』也，昧矣（有志於古者，必當於此等處推求，力求刻字之精，鑒別之審，先傳三代之僅存，次及今人之博引）。

三代古文字之散見於彝器外者，金惟刀幣與一二印，石惟《石鼓》、《洛字》（已泐，然甚古，底柱山）。

秦篆漢隸碑刻外，有瓦當及塼，銅器外有印及泉布刀，心知古人之意者，至此而止矣。六朝之佳者，不過猶有一二隸筆及無格紙行列者耳。漢之不及三代，六朝之不及秦漢，只是法及，今也則無矣。

吉金之好，今日直成一時尚，竊謂徒玩色澤，則名爲古物，與珠玉珍奇何异，我輩留心文字，必先力去此習，得一拓本足矣。識得古人筆法，自不至爲僞刻所給，潛心篤好，以真者審之，久自能别。

拓法以白芨膠水上紙，未乾，先上墨一次，以墨濃而不走爲準，不可接拓，使墨浸字内，或透紙背。墨膠將乾，不黏紙起，乃可再上。乾後再上濃墨數次，乃能光采。濃墨者耐久易摹，惟不可浸入字内耳。

吉金雖以字少爲古，而自今求之，則以多見一字與一奇字爲幸。僞者知求奇，而不能於所見外，别求所謂奇也。賈人能僞之，銅販能别之，學士大夫豈可不於文字中求其故，而衹以器爲憑耶？

野人以大隱而在京洛，如得二拓，則分其一與在遠之野人，得一則寄以示，聞之則以告，其他非所欲也。

泉範俟明春倩人拓上，歸來此事不易，又不能自爲之，六七年來，思自作數册，尚未能就，竹朋仲飴皆未能應之，可知矣。

鈎字大須腕力，失真者無論已。形不失而筆力弱，則刻出亦弱。須中鋒用力，心精貫注，乃可。

刻時須先以細石磨板片面，須曲折直下刀，不可用指推，如刻書也。

印書切忌杭連，莫不堅於此，且易蠹。板式須以紙定。

刻精則古人可傳而不失真，而書亦必傳，然須自精拓精摹始。

薛氏《款識帖》不多見，其書舊不喜讀，近亦取之，以其字與文有今存器可相考者，不斥其摹之不似也。其中亦有僞器，《博古》、《考古圖》等書并同，均可重刻其字而去圖。《嘯堂集古録》有重刻本否？

《西清古鑒》刻字，亦沿宋人之陋。内府成書時，必有拓本爲書底稿，惜人間不得見耳。所傳聞有《寧壽寶鑒》與《西清》同，確否？内府書成後，所收之器，未著録者不少，如散盤之類（散盤夨字爲作器者，愚謂即『吴』之省），乞詢之知者（亦可重刻其字而去圖）。以上書尚易成，亦甚有益，令人影寫一本，附薛氏《款識》後可矣。

胡君石查當與小午兄相識，可轉求拓本否？聞盂鼎（陝曰『南公』）尚在，爲之深喜，其大者恐不存矣。盂鼎弟有釋甚詳，惜所見拓本下半皆拓不緻，務乞爲致數紙佳拓。永和齋亦無來書，想無暇遠及矣。兹有一書，乞再致之，亦專爲盂鼎拓本。

子白盤爲劉省三收復常州所得。

潘季玉近亦力收古器，竟寧雁足鐙歸之。

丁筱農所收古器，真者頗不少（各紙未及留稿，乞屬人草書見寄）。

又及。

弟去年老妻長子之戚，心境極不可問，是以屢欲作答伯寅兄，輒以不欲述近狀而止，想必不責此病退支離之愚而曲亮之也。冬來畏寒，蟄伏不能檢文字，新正當檢所拓爲報，乞先爲代致歉悚。

史頌鼎、記是程木庵物，與燕翁諸器均有拓本，與諸爵俱真品（鋬内者無疑），餘則有所疑者，未敢妄言之也。

竹朋兄心境却極寬閑，亦是壽徵。雅事無所不好，似亦不求甚解，故所著易成，然恐不及《泉匯》之易傳也。

盂鼎下半字清拓本，借看即可定釋，不必求得。云已爲李山農所得，前言小午者僞耶。香濤先生只是欠而讓，一轉語才有所長，每每如是，故兼之爲難也。

四十年來所收金文多至九百種，益以吴李，或可得千。刻此傳之，即爲至慰。如有好鈎手刻手，請先令刻一器，并拓本付來一校定再議。自愧淺陋，僅能釋文，不能爲考，擬金石考皆作另編，以待大雅成之。拙作僅年來所訂數器而已（《泥封》亦當先刻）。

尋瑄香家所得之鐘，拓出亟望切。積古齋宗周鐘拓本，思之多年，如見勿爲惜直。《泉匯》注本奉覽，隨手所記，未經意也。可采者録於藏本，以原本付還可也。弟於燕庭丈至交，甚念念，吾兄當亦同，有可刻者，必勿掩之。所輯成究在先，竹朋與兄亦當并傳，則蒙之至願耳。洋錢必當去，亦不雅。吉語則漢泉必不可删。暇時編定條例，亦可消遣也。隨記隨示爲望，不可俟成也。

燕翁録碑文乞訪之。《海東金石苑》甚精，亦切訪刻之。

伯寅處三世世交，何敢拒絶。正月稍暖，當檢拓本奉上，乞轉致。年來不幸，無心緒，當見諒。久不通貴人書，咨且囁嚅亦可憐。麋鹿之性，只宜野人耳。呵呵。

《説文校議》，求物色一部。《字學統編》一書，伯寅以爲如何？

《史》、《漢》以至六朝，官名（文通五利父老等，凡可附官者并載）、人名（《史姓韻編》）、地名（前人已有書而未并六朝）、宮殿各類。伯寅之力，當可於人海中物色爲之否？凡可資金石考證者，均及之。

《史》、《漢》以前人名亦可補表。

再懇者，潎藏秦漢印舊有二千，歸里後所得，又幾一千，今又得潘氏看篆樓印，東翁節署燼餘，共千餘。刻甫作板，名曰《十鍾山房印舉》，蓋一類爲一舉也。編次亟須時日。印泥紙張人工，所費不少，將來只可計費取直，不能遍應同好。昔年印集只作十部，亦諸至好助粟園成之。未知能爲糾集二十金一部，二十四本，以酬潎友之勞，或可多傳數部。然作弟意則甚無味，此亦姑妄言之耳。尊藏漢印園丞、邸閣督二印，可假入否？如可，即乞交來力徐姓携回，將來必繳。如可再爲轉借佳印尤感（有至好可借，則求借付同交，將來以譜報之），非爲潎著求益，《緣分譜》則得者未必俱得，欲考而以不得見爲憾耳（二者均未免多事，酌之可也，《古泉苑》如需用，當再專呈，千乞勿污損，勿爲他人有，切切）。

潎藏詔版今可有七，敬求假尊藏秦量付拓，將來同詔版各拓十餘全分奉上。李吴二量，當并假來同拓。潎藏尚有吕不韋戈（字極淺，須摹刻證拓本，『詔事』二字則鑄者），合之泰山殘字、琅邪石刻，真斯相一巨觀也。如可，則乞用木匣紙塞固，交來力即妥（原板釘固，或以潎藏佳品送賞，將來互繳亦可，容寄拓本擇之）。不敢奪愛，不敢遲繳。又拜。

四

子年仁兄世大人左右：二月始得手復，擬二月末專足北來。以今年自課兩幼孫，又督次子編次《印舉》，加以修葺祭室，雖成數年而諸多未備。次子長孫尚未服闋，今始乞子永兄擇期，并懇南友定作瓷器，遂甚冗迫。惠假二印敬謝。《獲古編》已校過，人來即與原稿本并呈。唐善業泥造像，自當補入，燕翁所藏完者，已在弟處，弟亦有完者一二，當并拓附。又有一种泥象可入。其字多，質似瓦者，乃陜僞也。《古泉百咏》，昔年有之，歸來未檢得。《賸金釋文》，記尚有一册，檢得即當寄。文泉先生《隸篇》版尚存其家，新者紙墨過劣，舊者四五金一部尚可得。阮氏《款識》，他刻尚不及，不止開山之功。《嘯堂集古録》何不即刻，企切企切。鼎釋文已乞竹朋兄寄，潘伯寅少農所刻，緣剪本改直行，字氣不貫，乞再爲墨拓十餘紙。伯寅郘鐘極佳，求再轉乞全拓二或四分，字拓二或四分，亦乞録釋文。昔年曾乞枚卿與以二百五十金，今更剔出，自是伯寅所藏上品。二鐘大小想不同，是編鐘否？盂鼎所以欲乞精拓者，以僅數字不緻未定其釋，故切望之。敝藏泉範已悉數拓就，俟專足呈。敝藏之一二泉，亦思并拓寄。《印舉》祇能先分一部與吾兄，他處先勿言及。《古泉叢話》，尚未奉到。所詢馬燮林，未詳其人，或是馬昂字伯昂，有古泉著作者也。陳粟園名畯，爲南叔克明之猶子，海鹽人。竹林皆館東武劉氏。胡定生記是字或名而字安之。郭槐堂名蔭之，有吉金數種，六朝石十餘，無著作。瞿木夫乃字仲容，乃《泉匯》之訛。聞伯寅收一豫賈泉數百枚，幣頗不少。周印者，譜内有十五印矣。庚午年從竹朋兄處易得一富貴壺，與敝藏吉羊洗欲爲一圖，去冬始就，仲春始拓裝甫就，先馳上一軸，爲富貴吉羊之祝。又一紙，贈令侄世兄，又一紙，贈伯寅兄，同此奉祝。敝印乃同邑至戚王西泉弟石經作，喜收金石書畫古拓帖，能篆隸刻印，力薄而鑒敏，歸來所得良友，惜讀書少耳，雙鈎亦佳，非近人所及。富貴吉羊圖，又有摹刊陰識朱拓，不減原器拓者，容續寄。伯寅兄如願《泉範》拓本，當并寄，惟致意多乞拓本副墨也。薄暮聞有入都者，秉燭手復。即請頤安不具。世愚弟陳介祺頓首。

富貴吉羊圖一軸乞代致敝親家李枚卿世講爲幸，又拜。

再懇者，祭室板格當用大張高麗紙，光滑平正者六七十張（可壹百），厚薄須匀，乞屬令侄世兄於高麗館一爲物色，俟專呈來，所即繳紙費，又拜。

欒氏所得古器可致拓本否？

同治十二年癸酉三月廿九日

五

子年仁兄觀察世大人左右：月初舍親李子嘉太史車便寄書件，想已察及。近想道履安善爲念。《泉範》拓竟，欲浼人作一藏範印而未就，亦未能識其銅與土之別（土有似石者、有似磚者二種）。兹先呈鑒賞，將來寄一目還，或别爲一册識之再呈。明日又有車便，再寄朱拓富貴吉羊圖。隨後再有專人來領代屬世兄爲購各件，并假拓之秦量也。年前後得古磚瓦數十種，又甕字尤奇，從容當續呈。惟冗甚，并《印舉》亦諉之次兒矣。手此即請近安不具。世小弟陳介祺頓首。

同治十二年癸酉四月十七日

六

子年仁兄觀察世大人左右：昨日午前復一書，午後得清明後二日書，藉諗近履安適爲慰。孟鼎求一善拓以定拙釋，是切企者，不問其他，惟玉成之。《獲古編》刻本，并原稿六册，交舊僕程元面呈。今晨又得一五銖銅範，背有陽識『五銖多成利年長生』八字，初拓一紙，馳奉清賞，爲利子年長生之頌，文字之吉羊如此哉。又同得宜錢殘磚，亦拓奉。錢之作藥，亦創獲之奇，愛泉如子年，何幸而識此文邪，一笑。《獲古》稿内拓本，及未黏之拓，與缺及字記均有數，付刻與鈎，諸望檢交，以存原物，尤望轉屬爲護惜也。善業泥像字尚未及拓，小銅碑象亦當附者，惟室隘檢物，不可假人。小孫頑稚，不可少縱。每日只有申酉可作他事，不能待良朋之迫促也。伯寅兄清顯，而乃篤嗜一二古文字，與城市之野人共此不足致用之事，又欲與海濱之野人共之，何不先施，而又厚不望報，使之愧不能已邪，呵呵。墨拓鼎文至，當剪貼釋文求教。鐘拓并企。沈氏之宋拓至多，真爲可惜。有力而不讀書，徒玩古而不能安心，亦是一病。古泉之刊，三代及秦漢有裨篆學者爲重，吉羊文佳者，六朝佳者次之，餘則備數而已，刻之精粗，無甚關係。學問以道理爲重，其次方是訓詁，方及書法，只論用筆結體，則僅是藝事。近又妄謂『三代後無學問，六朝後無文藝，宋以前無性理』。若并書亦不足道，非備數而何。文字大小之分，豈可昧其輕重，小而古者與次者亦然，文字之在人如此哉。文字外之物，有何足重者哉，惟野人君子教之。令侄字行乞示及并致謝。朱拓壺洗圖二紙，同爲君家富貴吉羊之祝。又一軸，乞致伯寅兄。此問頤安不具。弟陳介祺頓首。

同治十二年癸酉四月十八日

七

子年仁兄世大人左右：四月廿八日、五月七日得四月十三日、廿六日兩書，藉諗近履健勝，千里筆談，如親言論，慰思何似。《隸篇》當代物色舊本。盂鼎雖陝中寄一紙舊拓來，然下半數字，仍望佳拓。大著《泉説》，謹讀一過，少有所注，其中説吉金一二，則非説泉者矣。《泉匯》收到。《沙南侯獲》竟多出數行字，且定『侯獲』之名，尤快人意。未審可轉假見寄，俾精摹一本寄求付刊否，姑妄言之，不敢固請也。阮文達語祺，非天機清妙，不能篤嗜古文字。伯寅少農好古如此，足以當之矣。齊鎛出於郃陽，歸於尋氏，伯寅得之，文可百五六十，必有可考。文字不知何以名之曰『齊』，文中有『齊』字耶？所出之地，當是齊之湯沐邑，抑爲秦所遷器。字長則又似古奇字，今細淺，則又似田陳物。薛《款識》齊鎛，祺嘗釋爲田乞所作，或相似耶。寄上敝藏鐘拓，可對勘之（八種，劉氏已侯、虢叔二器後寄）。伯寅《考釋》成，先付一稿來爲望。同出之器，未必盡無字，得拓本更可引伸，金文多見勝於株守許氏，况同作之器乎。弟之歸來，人皆以爲享清閑之福，而不知其殊無逸豫之時，非好自苦，實無可代，又多拂意之境，遂更畏難疏懶，伯寅置身天上，知必不怨我矣。四耳敦、兮田盤、齊歸父殘盤、許子妝簠四種、秦詔版七種，吾兄與伯寅共賞之。弟所得廿六年二版，尤創獲也。今敝同邑杜君景文鳳山來都應試，并專足畢芬同來，前求令侄（乞示名片，有字行者）世兄，代購高麗紙，乃爲祭室糊板格用，只要堅厚平正，大者不在色白，惟在不光耐久與黄綾絹等，如妥乞飭紀傳畢芬走領，或告杜君赴尊寓面付亦可。杜君人極穩細誠實，可托之至。賜假秦量同付，尤感，拓畢即妥繳也。附上三泉，乃蘇億年寄，而已以拓本就正者，乞再審定之。手此即請頤安不具。弟陳介祺頓首。

令侄世兄處并此敬候謝。

刀泉拓一束，齊刀則敝藏亦有劉氏數種，餘多劉氏，以尊藏拓本校之可知。善業泥像，亦敝藏，尚有完者（二家俱有，附吴氏二紙），容檢拓再寄。印度像一紙，可入《獲古編》，所拓俱未及用印記，其冗亦可知矣。此上臆園野人左右，祺再拜。

同治十二年癸酉五月廿五日

八

子年仁兄觀察大人左右：六月廿六日得五月廿二日書，知前緘已至，并示新詩，既愧獎飾，尤愧未能步答，惟忻吉羊長生之祝，即逢華誕，尤見應求之有非偶然者矣。《獲古編》自不能重鐫，而釋文不可不補，原有數竟，及可代補者足成之，不必多增。《泉匯》於可疑者少闕一二甚是。九字齊刀未敢信。新莽以後泉，則未嘗究心。過於好奇，必收僞品，自以尊論爲定。伯寅兄一書，并拓本部鐘釋文，求閱後代致，仍乞是正。求購衣件承印亭世兄費心之至，感謝感謝。其直均由杜景文兄處奉繳，黄絹乃非衣裱，御筆之用，自以屬博古等處染好繚絹爲宜也。中刻聞有專足，匆匆手此，即請道安不具，弟陳介祺頓首。

附箋

量版拓各二紙（量版字大而肥者，始皇時刻於所作之器，二世再刻於左，先有始皇詔在右也，左右以人向南視器定，鐘之左右以鼓者，向北定，廿六年詔，亦有二世作器刻者，刻左，即刻後也。諸詔版須分始皇二世），乞自存（舊僅程元）。能寫字穩妥，如學差有可推愛賞薦處，乞留意，或七月初近省試，差亦可叩謁時詢之可也。齊鎛能勝郘鐘否？盂鼎精拓望切。鐘全形不難拓，只拓柄，紙隔出似柄形即可，昨寄有式，其乳不必拓。伯寅所收，仍不免有僞刻，燕翁器及史頌鼎昨得之壺均佳。可索一目付，有他家拓本，亦望付觀。秦器拓本乃甚僞。都中裒敦，吾兄何不購之，字多而不僞也。又由竹朋兄處雙龍文五銖範拓至否？郘鐘如尚多，亦思購一二。昔只聞有二，議直未妥，今乃有四，云出河岸甚多，或鐘外又有他種也。即兩前泉何如。乞示及，并問印亭兄侍祉，敬謝一切。

泰山九字，琅邪臺片石，秦石也。詔版，秦金也。量三，秦器也。吕戈附。琅邪臺瓦當，秦瓦也。藏四十年得五瓦，郭槐堂有二，遜。

各家吉金釋文。前人近人《吉金題咏》。

釋金文奇字摹其文（注一字如之，注一字爲今文）。

編《説文》字書（諸家説分附字下）。

借閲瞿木夫《古官印考證》、《嘯堂集古録》。

重刻薛、阮《款識》，各《款識》刻本。

《西清古鑒》、《寧壽寶鑒》金文，摹雖不似，刻之亦甚有益。得原拓本摹刻尤佳。以字爲主，不在圖也。

沈焚各帖有鈎本者，早刻傳之。

吉金必選精者，先拓裝册。

《十六長樂堂款識》可重刻。

曶鼎散盤可重刻。

李竹朋有晋盤文，文古而器僞，小松藏拓本。

古印、古泉，以小板印紙，一印一頁，一泉一頁，集爲多册，甚便編次去取。

同治十二年癸酉閏六月六日

九

子年仁兄觀察大人左右：閏六月九日奉六月廿三日手復，并黄絹綾（紙尚未至），《攀古樓款識》，俟獲鈎本，王蓮生兄寄各件，齊鎛拓本摹本刻本，均領訖。遥諗近履清健，良朋勝事，銷夏多暇，慰慰。齊鎛文字與薛書者自是一時，既爲重器，又富文字，豈可多得。晤伯寅兄乞先爲致謝，并索考釋爲企。弟自藏久欲裝存數册，屢易拓者而多不耐心，又爲他拓不專，久而未就，遑論成書。伯寅已精刻巨册，不能及矣。僻陋無友，與鈍根試爲之，事倍功半，心力又衰，諸須自爲（石刻亦有工匠可拓者，小力能者皆不願爲）。竹朋兄書來道尊意，勸勉再三，惟有切感。吾兄謂之爲仙，久欲請易，久而知之，或可從直易之。野人不野，仙人不仙，名實之難副如斯耶，一笑。所拓可先與伯寅，再奉寄何如。蓮生兄乞晤時代謝，并道愧歉。《獲古編》乞先成稿再議，遲刻（似不可緩）稿成，乞先付原編爲切。秦量其二已至，惟盼尊藏，七月望後求爲寄下。程元過拘執，景文又極謹慎，乞諄語之。聞盂鼎可拓，又可爲伯寅所得，甚喜。得佳拓拙釋可成，諸家所釋，乞見寄也。《印舉》恐須八九月乃成。甚望得瞿木夫《古官印考證》

一看（已見目），乞一代訪。詔版乃有人以劉藏仿者，所鑄刻甚不少，一概不使弟見，亦狡甚矣，焉得如此之雅奴乎。大作讀過。今愈出愈奇。其始皇者、二世者既可別，其始皇器而二世又刻者（二量）、二世刻而并刻始皇詔者，又可以字別（李量、劉版），其陰鑄詔而再刻於上又有二可別。不可以再爲歌咏乎（劉詩乞付一稿，亦可爲刻入《獲古編》，編中未收小造象，銅碑福不唐捐者，聞爲鍾氏所得）。飛燕玉印文，并程、張、吴詩，又淮陽王璽、更始印文寄賞（印各六紙，可分致伯寅、蓮生諸君子）。考據詩可力爲裒集否？本朝金文著作，亦古所不及也。三量以竹朋者爲完，兄藏者少泐。可讓則竹朋望蜀之願未免過奢，但不知何者可敵，而各得其所，無以稱意，則仍兄自存之，拓畢奉繳候示可也。大著《泉説》先繳，外二紙，雜説所見，乞勿示人爲企。拓本五紙致伯寅，餘當續寄，伯寅處當有寫手，求各《金文考説》也。高麗紙已可無須，倘兄項遲，景文未代繳楚，乞亮之。專人即請著安不具。世愚弟陳介祺頓首。印亭世兄侍祉并謝。

同治十二年癸酉閏六月十二日

一〇

子年仁兄觀察大人左右：七夕後二日得手復三緘，并賜假秦量，又盂鼎拓二紙，至誼之厚，敬謝敬謝。廉生兄藏石既多，著述復勤，容拓所藏暨目與貞石存同求代致。《印舉》竟不易易，或九月可畢。何君久稽，不可過强减直，聽之可也。孫春山駕部如可一印稿酬以京蚨十餘文，當屬其爲帶一分，或廿金可矣。詔版詩稿未詳，乞示及（前書云，係大作者耶）。示及敝藏六泉少壯泉。竹朋兄東周泉似不僞。蓬萊張君名篤誠字允勸，即藏漢石者，爲故同年寶臣兄香海之孫。來見訪後，即肆力於此，所藏似無多。十鐘當如命，惟須寬以時日。近有《傳古小啓》之刻，刻成，當寄野人作一大笑柄也。刻書之事，不能不望有力而在都會者，無友無工，惟有浩嘆。碑版之檢，亦以精力不及束置。諸君子不棄，則亦甚喜耳。《獲古編》乞早編輯，稿一成則事定，原稿望早發還，勿遲遲也。劉書未刻而散失，吴書又復因循，皆以畏考釋不博而誤，識者切須鑒此。祺則好名之心，不敵寡悔之念，惟未能爲競競耳。伯寅所刻《圖説》一册，乞代付紙墨費，求精本十册。爲購之物，緩至秋節。景文亦蒙推愛優遇，謝謝。程元事未知可浼伯寅否？非要事勿過籌爲企。藏量以新㮚與李吴二器同較，先拓識寄上。外半兩石範兩面者二拓，漢鼎六，甗、鍑、金刀、雁足鐙各一，臨虞、萬歲宫鐙各一，晉匜一，共十五紙，奉鑒。三代者可先儘伯寅，考釋容當一一補足，拓者甚無暇也。自己久思裝一全分，數年竟不果，明年思作别圖，此間無從設想。吴平齋書亦成，所藏極有可觀，不及潘刻也。足行匆匆，手此申謝。敬問頤安。秋氣漸爽，積潦漸消，想起居清興增佳爲祝，不具。弟陳介祺頓首。（不仙爲謔之，乞勿再施爲望。）

印亭世兄侍福，奉懇代録令伯大人所存金文目，有釋文藏者姓氏更佳，先謝。一印稿十餘文，十方百餘文，百方千餘文，千方十餘千文。約有五千方，加子母、兩面或可得六千餘（此時尚未計清）。祺再拜。

同治十二年癸酉七月十日

二

子年仁兄觀察世大人左右：十日手具一緘，當甫至。兹有人便，檢奉二區一鋘拓本并拙考，其釋文則乞大雅與諸君共訂之。又《詔版考》及詩，《齊刀範詩》并就正。又陳侯因資𣪘拓一紙并釋。即問頤安不具。弟陳介祺頓首。印亭兄侍福。

古印以佳紙或竹紙印小格版，每頁一印，各家所藏，俱可集入，亦易分類，五十印爲一册，五千印便可得百册，亦鉅觀也。古泉仿此亦佳，於編考尤宜。諸君子願得印文者，寄格紙來，屬何君之友爲之，須早至，亦不過帶一二分，每分儘七千五百頁，餘者寄還可也，弟思自作而未暇及。有少潤筆，拓印人自樂從事，藉此鼓舞之，亦欲爲古人多傳計也。

將來尚擬刻古印一隅，每舉數印，則費可省矣。家鄉手民劣甚，無可如何。

同治十二年癸酉七月十五日

一二

子年仁兄觀察世大人左右：月内已兩寄書，計已至，中秋前當有惠音矣。兹奉月朔日、七日兩書，并三泉，蘇信及封，又各拓，俱至。謝謝。半睘泉如確，自是精品，惜拓太濕。伯寅所得卣雖殘而佳，器當甚大，求精拓數紙。鼎文乃東武物，曾於典肆借拓，器不甚古而文乃仿刻，其真器非鼎，弟收一拓本頗佳。而姬壺亦都中所僞，此又殊譎於鳳眼矣。齊鏄精拓，乞爲敬謝，但此文殊不易釋，自與薛書所載同時，不同者不及半也。吴平齋書來，云有金硯雲《古泉考》稿四卷，其泉在一仲君處，知之否？平齋有《彝器圖釋》之刻。伯寅《款識》初印求十部，乞爲付直。久印恐不能佳，不知能勇收勇汰，使歸至精否？《續泉匯》甚有切望者，《獲古編》尤不可因循也。燕翁《詔版詩》求一稿，各詩均須補入《獲古》。池陽鐙足，滋兒辨得一莊字，人無知者。弟有一絶云：『一字鑿文諦曰莊，勒名取義兩難詳。當年原父猶疏略，一字縑留此日償。』亦可附及也。《嘯堂集古録》何不刻之？《十六長樂堂款識》假得一本亦可刻。詔版釋文容再寄。《印舉》十月當成。前所謂笑柄者，今寄四本來，與諸君子同爲捧腹，或可多延數友爲古人傳之。有拓有圖即可刻，何必定已有哉。鄀公𣪘蓋，宋[illegible]公之孫鼎，均非敝藏。鄀舊則劉氏，與財𣪘蓋相似，均佳。蘇寄有二泉二幣，拓上，不及鉛泉辟兵莫當富貴未央字也。新得萬歲未央殘瓦，字似鳥篆，又似『殳』，乞賞此初拓本。伯瑜日内往東武精拓琅邪臺秦刻矣。聞有急足，鐙下匆匆即復。敬問頤安不具。弟祺頓首。印亭兄侍祉。

同治十二年癸酉七月廿八日

一三

子年仁兄世大人左右：前月廿八日，傅足便即復一緘（人不及他爲妥），想已至。兹有車便，寄上詔版釋文，燕翁詩乞早寄鈔入，張石匏各詩，亦求賜寄。日内宫玉甫（得河平漢石者）、王西泉（石經）何伯瑜同游琅邪臺拓秦石，雖已漫漶，然精拓之，必有佳處，百年後日不如矣（恐無字）。量與版拓，必當即裝册，册不可小。拓石歸，敝藏秦瓦亦當拓，可分四册（量一、版一、石一、瓦一）。秦金石刻之在今者，可謂大備（《釋文詩考》訂正後可附入，亦可索諸君子題咏也）。張叔未殘版，已得拓本否（尚可分副，或屬伯寅向平齋索之）。所寄收後乞付一目，以便拓出檢點續寄。來年已托人再延一二友來拓，未知妥否？《續泉匯》望者甚多，仍宜促竹朋兄早成之。銷書收刻費易易，《書畫鑒影》則銷不多。李夫人墓門字出後，竟有作僞爲建武刻石者，以給蓬萊張氏。僞金既多，又有僞石，混魚目，寶燕石，固天地間必有之事也。廉生兄想有秦漢貞石存。前惠造象拓，尚欲乞精拓一二分。

多見多用心，以精爲貴，久之自有真知。矜奇好异，與寶珠玉同，既富精品，又收僞器，自是所知未深，未嘗以已得佳者切審之耳。覃溪先生一生字學工力甚深，而原石與翻刻并重，昔曾疑之，今乃知其只是刻舟之求，所以得翻刻善本過原石者，即以爲原石初拓矣。手此即問頤安不具。弟陳介祺頓首。

同治十二年癸酉八月三日己卯夜

附箋

清卿兄爲長孫書聯，又賜撰一聯書贈，乞屬伯寅兄晤時先道感謝爲懇。詔版釋考，乞伯寅正之。彝器款識，總宜先釋後説，釋字宜從許印林，先注本字如器文，後注今釋，爲雙行注爲善。敝藏四耳敦，今日始釋定，亦爲毛器，頃甫脱稿，容再就正。李方赤先外舅藏一器（尊觶之屬），云似銅瓶，爲王戟門之子購得，售之京师，知此事否？手此再問著安不具。弟祺頓首。己卯夜。

一四

子年尊兄世大人左右：八月八日畢足還，得七月廿四日手復，并頒惠《壽藤齋詩集》，敬謝敬謝。月四日有邵姓便寄一書，想已至。景文蘇億年各一函，曾交尊處否？壯泉之投，極感雅意。十布六泉，本難求備，泉布之際，於斯爲盛，可以傲古人者，正賴有良友耳。前注《泉説》，十布必當吾二人各存一分，即當先踐斯言。乞於廠中小器作，先物色紫檀癭（細花者），其次黄花梨癭，必不得已，則豆瓣楠（細花），與老紫檀亦可。得异材則先以製外櫝，其次則作内十二小櫝，十布十櫝，六泉共二櫝。泉三較長，則布櫝少展，務使相同。須整木嵌，滿蓋無縫（縫均在旁），嵌布與泉，或即空嵌木内白絹裝潢亦佳。無厦門之黄明角，則易以象齒，慮其不平，或瑪瑙片尤佳（櫝少深則片可厚）。櫝面刻布泉面文及釋文，外櫝刻新莽十布六泉及跋。後有妥足，再寄十布來求選定，裝潢先以尊藏櫝刻成拓示。弟所存則此間有刻釋文及跋者，只令都中手民摹泉布面文足矣。今交徐足，附上小泉三枚（未知尚有精於此者否，或選一，或賜一精者，均可）。么、幼各一枚，均真而不精，中泉一（似不僞，而未敢自定），并壯泉仍同寄，再求選一極精大泉入櫝，統乞鑒别而玉成之（大泉必須確爲莽物乃可，入有餘則乞多分數枚，或代向蘇七索之亦可）。木工若佳，則多爲弟製一櫝。乞再留意，并屬蘇七成一全分也。十布有大小，有幕中直通不通之别，弟所藏共三四十枚，尚未能十分一律，或兩家合之，可以求備。惜燕翁一篋在鍾家者不能覓耳。大布有少异者亦佳，望即與蘇七書，令早寄。敝藏泉布雖不多，必當一一拓正，除至精者無二者，餘均可與良友通融也。拓者終日無暇，一年作此事，亦費三百千，薄田所入，不能不算一正用項也。《印舉》後十部已成十餘本，每部竟至八十本，所費不意過多。此次之編，弟爲古人傳。伯瑜雖爲謀利，然其遠來久稽之勞，功亦不可没，觀者坐享其成，亦不可太與計較。恐啓中所言，尚須增十金也。凡例、目録已命次兒厚滋創稿，惟求瞿木夫《古官印考》與翁叔均續者不可得，已切托吴平齋。再則弟與小倩仲飴之泥封六百餘枚，未能刻附，斗檢封虎魚龜符亦同（印鈕、泉鈕有字者同）。惜無博物君子助爲之，諸須遲遲耳。又命次兒於凡例、目録中摘録，每舉選精印爲小册，曰『古印一隅』，以爲刻印者矩矱，擬隨刻隨印也。十鐘拓本一分（楚公三，虢叔編一，兮仲一，虘一，又編一，鳌伯即『虘』，奇字編，余義編已侯），察存，與伯寅同取之，不足則付目拓寄。課孫少暇，始敢作此等事，竟甚促迫。聞人便則夜以繼日作荅題字及印識，常若不及，亦殊可笑，所望海内大雅，常以吉金佳拓惠我，勿僅以藏拓示之，則尤企切。今夏秋弟處來往便適多，此次後恐不易，若一月專足一次，計費十千，如可三人任之，則可源源而來，中間有便足，則又無須，一年有四五次即可，每人不過十餘千也。《獲古編》非促索原本，只是望早成之，便可早見還也。伯寅兄手復，并惠《款識》刻初印十本，齊鎛初印刻本，并各家考，敬謝，惟未得有自獲新見奉質爲愧耳。盂鼎如可得，雖以伯寅藏器二十種易之，亦不爲過，得之當求附刻拙釋（想已有之）。辱過愛奬許，悚甚。弟衰老不能務博（輒覺茫昧），極慚其陋。前復伯寅云『讀書識字俱愧不多』，非虚語也。偶於吉金文中可通經書文理者則喜求之，輒苦不博，其好古之篤，亦由於此。若漢器與印，則不過文字而已。文以理勝，即詞賦亦然，高下淺深，皆理爲之。不博學詳説，不能折衷返約，舍理亦不能徒博也。徐幹中論云，凡學者大義爲先，物名爲後。未谷先生以爲今之針砭。然所謂大義者，恐孔孟以後，朱程以前，又未必能真見得到也。弟嘗撰句云：『鍾鼎文同漆簡面，程朱語見魯論心。』偶之子貞爲篆之而不署款。今子貞往矣，書過趙董，詩學韓蘇，豈人所能及，其偏處，只是自己學問不足，有人之見存，遂目空餘子而不能大有進境爲可惜耳。言忽近腐，知不免爲大雅所哂，然好古文字者此心，好古義理者亦此心，不自覺流露於良友之前，幸勿使人見也。伯寅新得鐘拓，竟同無字，所復别紙録寄，少有更正，乞轉致伯寅也。史閣部聯似不確，并附繳。古樂失傳，即古器亦不能盡合聖人之制作，似無須定其律吕，有尺寸斤權，即足以傳後矣。每印一紙，每泉一紙，最易增補排次，且人人能爲之，無錯誤，不必伯瑜爲之，欲省費莫善於此也（過此則所假之千餘印不能得矣）。附陽朔上林鼎器蓋、安成家鼎器蓋、臨菑鼎器、陽周倉金鼎（别於瓦器耳），共五紙，半兩石範拓（二紙背有『甲子口』三字）又四種（前似寄），節墨刀一種

（二紙），銅五銖殘範一（餘一泉），安邑化二種，長勿相忘泉環一，又太字（四字易識而非甚古，前已寄）。《續泉匯》望者甚多，乞早成之，何不醵資，使原刻坊一律爲之。尊藏拓本甚富，何不仿《泉匯》訂正一善本，以俟精刻。未備者，或濕紙乾筆摹之，或黏刻本，亦甚適意。閑固有味，閑中忙而心仍清則更有味也。清閑固是福，平安尤是福，住宅或地支路氣不兼天干，或破碎，或地支方有形象不宜，或前後向相戾，皆可致駁雜。然不可有居者而妄動，蓋悖陰陽自然之理則不安，特學問不至，不能知易簡之自然者耳。手此敬問頤安不具，世愚弟陳介祺頓首，印亭世兄侍福，并謝一切，詔版詩目乞示及。燕翁十布次者，亦在弟處。

都中工匠向能草率偷減，今想更甚。作櫝務屬堅固，外櫝須用明笥、密笥，勿使不用笥只用魚鰾黏合，蓋笥光刃者易缺損，作成須用細石細磨，極光方能去斧鑿痕，不可用蠟。南中拭漆，以四兩香油合一兩生漆，拭合漆乾，入木紋中再拭再磨，使極光不見木紋絲爲度，又拜。

（亦泉不可得，亦須先製櫝待之。）

清卿兄得差否？篆書用筆極得法，能直起直落，獨往獨來，則必傳，不可不肆力於此。粤東陳蘭甫山長澧寫篆亦佳，尤長古文辭，有刻著，今不多得。廉生兄此時想高捷，盼盼。大著并敝藏石目，俟拓工自琅邪臺還，再同報命。有豖形古器，求多惠十數紙。敝藏吉金三代者，將近拓畢，惟餘字少小器。清卿兄處必有以報。伯寅署何部。新題名字真者，新墨全者，新小楷他均求一分，蘇億年復字一函，乞即訪妥寄。都中金石家有往還者，乞示及，以詳爲企。王戟門藏格柏毁蓋、願毁（『願』，舊釋，當名『大』），押在德寶，可拓否？《獲古編》版已購成否？又拜。

同治十二年癸酉八月廿九日

一五

子年尊兄世大人左右：昨日早得八月九日賜書，知杖屨安適，甚慰甚慰。伯寅兄雅意屢荷諄致，不勝心感。弟則課孫已無餘閑，而惟此爲覺切己，是以百凡俱不敢移志。近來金石之索，觸發古疾，已不勝勞，又無良友相商如清卿、廉生、石查諸君子者，衹可聽之而已。伯寅兄所重在於留心今日之事，何敢以此相瀆。他族逼處，新政初親，惟賢者能左右之，我輩閑人始得優游文字，安稳田園。蓋曾經守望之難，又時見詭秘之迹，而不能無遠慮，故又於良友前作此迂拘之語耳。聞清卿兄視學陝甘，可喜之至。好古而即得游古地，真爲有福。秉燭匆匆作函，文理久荒，平仄字句可笑處，亦不復易，退筆尤不成字，所冀星軺未發，猶及面爲代致，則幸甚矣。錢獻之《十六長樂堂款識》，傳本甚少，去歲曾假得許印林藏本，録其文而未繪圖，清卿可重刻之否？蘇浙能拓字、鈎摹、繪圖、裝池者頗多，想幕中必不乏人，有得即可成書矣，羡羡。平生以游秦爲念，此願知不可遂，思其地，不僅爲金石也。尊齋新得銀印甚佳，各印求印亭兄以綿紙印三四分見寄。諸君子所得，亦乞無遺。得書適有要事專足北上之便，而琅邪拓碑訪瓦者適至，因竭兩日夜之力拓記寄賞，有詳目一紙。又悉索敝藏十布數十枚求鑒選，連夜拓得二分，以一奉寄爲目，其一自存。倘可製櫝，尤望令匠至寓指示，令其加工，想印亭兄亦必能樂此也。寶化、四化、六化亦可作櫝。一乃有郭，似與四六化相近，是一時物否？弟所得寶化有郭而大者尤异。近來收者紛紛，弟轉不得多見。十布選後，乞先拓示，如何配合，細細定其某一分爲第一，某一分爲第二，尊藏所缺，將以何者補足，將以何者見贈，俟奉復後，即可嵌櫝，摹文櫝面矣。張孝達留視蜀學，當亦可得金石，與清卿各樹一幟矣（六泉十布不足者，仍乞切致蘇億年，并于都中物色之）。大著計日内可到竹朋兄處，當與來函并寄。惠泉已感，又益以詩，幸甚幸甚。燕翁詩目，即『秦銅詔版歌』五字耶？金君《泉譜》，可托清卿向平齋假之，并索泉拓。琴亭侯李夫人靈第門題字二紙，乞轉致清卿兄，餘當續報。廉生兄有捷音，乞早示。今有新拓得文登嵎頭集晋人石門題字二紙，晤致爲企。敝藏石先令一粗工試拓，拓成者於封函時即附（石拓十四種共十七紙）。尤望吾兄與諸君子佳拓之惠數十倍於遠人也。敝藏《金文目》并釋四册，《藏器目》一册，有欲得者，寄鈔費來，即當屬人寫就，公諸同好，藉獲訂正之益，亦所甚願。程元事晤伯寅乞爲道感。令侄如高捷，乞示字行。蘇億年所寄只數印，内一天清豐樂錢，較吴我鷗者少清晰，今并寄上，愛則留之，而酬以佳印可乎，一笑。《泉匯》續稿，云寄至弟處轉呈，九月間或可再有人便也。蘇七函已寄，謝謝。兹又一函，乞即飭發，倘有寄項，或即爲寄蘇七亦佳。盂鼎求多寄精拓一二十紙，千萬細致。

清卿兄摹圖至精，過於《西清古鑒》，惟古少遜，須拓文對勘，勿盡用細絲之筆。册亦太小，釋文定即可刻，不必一定有説。以建初尺較工部營造，以漢器較庫平，記銘所在爲要。昨復伯寅筆記，乞代求正。來是如景文出都，即乞諭令在尊寓候示，每日賞以粗飯即可。秦篆四册，甚望早裝，可浼印亭世兄録拙著釋文，分版各裝。銅量則望多請人題咏，有佳者隨時録寄。惟吕不韋戈字淺，須極薄細紙乃可，尚缺此一種耳，明年尚欲假觀也。手此即問頤安不具。弟陳介祺頓首。（印亭兄侍福。）

同治十二年癸酉九月六日

一六

九月初旬，傅、畢二足便寄上書件，想邀察及，日内延望還雲矣。竹朋兄奉寄《續泉匯》稿本總封，又續寄一書，并書包一件。《古泉叢話》與《泉説》，均與竹朋兄有無厭之請。拙注本未計及附刻卷尾，幸尚無大紕謬字句。復伯寅兄書并筆記言金文者，如可采取，削改附後，或便於收藏鑒别者，尚有可取也。弟之無學無好名見，前已屢布於野人君子之前，復不覺流露胸臆於退居之大隱，知必以爲不足爲外人道也。日照丁氏藏許印林兄《十六長樂堂款識》，吴庚生由弟處假觀，倘清卿兄能刻傳於秦，亦是快事。前致清卿書，未知能在其出京前否，遲尚可即寄否？所求伯寅兄模糊卣拓，頗愛其文，求多索精拓數紙也。《獲古編》自當補釋文，凡所未釋者，皆弟所未能釋定，可與《考説》并請當代諸大雅補之，然與《續泉匯》均望早成，公之海内爲快。秦篆各種，想已裝册，如有題咏，即望見寄。拓友歸去，須月餘方來，拓工尚在東武。日内無所得，惟見一貨泉八角小範，索直過昂。近來日甚一日，并銅販亦皆知索重資，真器無不刻字者矣，奈何。冬窗擬檢點歸來所得秦瓦拓寄，以與關中出者别有風味，不僅若漢瓦之堂皇。惟望大雅代爲廣收舊拓，及新出金文，寄慰遠人，感企感企。

九月十二日奉八月廿二日賜書，并新刊大著，清卿《鋘釜考》，敬謝。《史記》有『嫗乎』，器有『區』字，似尚有據，釜釋自勝于識，三拓容再補呈。

同治十二年癸酉十月二日

一七

子年仁兄世大人左右：月之九日、十日迭奉九月七日、十六日、廿日、廿四日各賜書，知近履安善，慰甚。劉張詩收存，有大作并他家者，望隨時寄。繼幼雲幣拓頗佳，當與致竹朋書即寄（書册尚未至）。幼雲爲庚申世兄弟，又至好，弟又與春宇同年，不知竟好古能詩若此，殆阮文達所謂『天機清妙方能好此者』耶。如念七十餘年兩世至好，竟肯拓贈不遺，則真熱鬧場中有古性情者矣。景文尚未至，以致大著與泉布尚未得見。範拓乃綿紙，刻工上版皆竹紙，恐未習則搓動失真，須屬之，或先刻一版乃定。竹朋兄處之拓，從容補還可已。《獲古編》重刻尤佳，有原圖自易易，但須好刻手，字則須中鋒用力鈎乃勝。只補釋文，尚嫌不博耶，博而釋不定，似未若釋之有見而又審慎者（《傳古》待後，則摹文難而成書易，扼要之言也）。刻書則須精心貫注，條理不紊，方能精美完善。人不能無所爲，閑静中作此等事，雖勞亦可養心也。圜首圜足幣[illegible]字者，敝藏有背文一二兩品，可當之否？泉布櫝吾兄既不作，又不留壯布，正不必專爲弟物色矣。伯寅兄所用繭紙牋，不知其爲异物，乃蒙廣搜悉寄，殊愧愧，當留以答伯寅兄，寄吾兄則只用此等紙矣。大搢紳乃吏堂，只每季一部。前求兄代購小者，乃承伯寅兄賜，瑣瑣附此謹謝，知有書必索觀也。廉生兄復書容再復。聞有專足，自十一日已半夜半日未曾住筆。凡事皆有數有天，而讀書作人，則由於己，望求之遠者大者，尤不可以得失致疾也。銀印拓八紙，權泉一紙，謝謝，第五似不若九一。晋石乃文登，距此八百里，來春釀資遣精拓者往。須厚綿料紙，此間不可得，乃能拓極古之碑，薄則碎矣。金文目釋，寫手有暇即托之。秦瓦單行固佳，然不若量與詔版瓦石同刻一書也。《嘯堂集古録》承允假閱，先謝。少珊兄在都乞道念，同年同直至好也。《玉説》却無之，藏有扈偃諸玉印，求拓各數紙。俗名昭文帶則『琫』，劍把則『珌』，劍格則『璏』，皆劍飾。杠頭則似琮，壓鬢則珩璜與三合璧，不過如此而已。周生豆乃宋器僞字之佳者，長山袁氏政和豆，敝藏崇豆皆同，則宻乃建元之首一字，未見真古豆也。區拓二，鋘拓一，奉上。漢琴亭侯李夫人題字一紙，乞轉贈廉生兄（案頭祇此，未及奉贈者，索來當再寄）。廉生與弟家世誼弟知之，年誼則乞示悉，不便函詢也。《貞石存》寄一鈔副，則當以所知注於其下，手録本不敢注也。《獲古編》能先示稿尤慰，或可少有參酌，亦不必定年前付還，前言乃恐遲遲不成，不能爲燕翁留一著作。《泉苑》既不刻，又爲竹朋抉去其尤，乃見交情，昔人真慨乎其言之也。尊藏中壯二泉，將來欲乞一觀，并得見么幼尤幸。櫝小費不多，作成不佳，則作他用。如工良而材遜，再寄櫝求屬人覓佳木也。伯寅兄所用刻坊，吾兄與廉生兄二處，孰與共事最多，有小文墨事，不能不求良友也。（來書自製箋尚佳，第不甚宜書，鼎圖及字與色均佳。）清卿之書，未知何時確遞，念念。《印舉》一印一紙即是（原爲省費），因伯瑜工費過多，爲日又久，不能使之虧折，其直只可聽之。弟處不爲經手，將來或可再成，惟拓印刻工不易易耳。繼幼雲當是敝年伯雲亭先生之子，春宇之嫡堂兄弟，何官何年，乞并詳示。承寄陝信并謝。專足遲發，遂若作竟日談矣。手此奉謝，即請頤安不具。世愚弟陳介祺頓首。（印亭兄侍祉。）

《攈古録》伯寅兄有鈔本否？思鈔金文以校藏目也。又拜。

再弟之全寄十布求鑒，實感今昔壯泉壯布之厚意，而思以各存六泉十布一櫝踐前言也。其拓册亦爲存記而設，其中有印者乃所素愛而未忍去者，故以印識之也，吾兄聽其缺如而不受，弟亦可無固請。其選記者，收到册布，即有以報命。

同治十二年癸酉十月十二日

一八

子年尊兄世大人左右：月之十日雪夜，得十月十八日、廿四日手緘，知杖履安健爲慰。蘇七書收閱，内惟盂鼎新拓及藍田之印僞（《賸金釋文》分二與竹朋兄。）景文所携各件俱至。清卿途次寄各金拓，可泥封一枚耳。泥有螺痕，非令非丞，古官印却無此種，不及乃兄遠矣。感。内平安鼎釿字，大可入説。兹有復函并金石拓，乞早妥寄。選布四枚，原封刳木封呈希莞納，雖以四報二，而如此總覺未爲歉足，惟循尊意而已。復蘇七一函亦乞早妥寄。伯寅處亦有書復，先文慤公官册乞代達，并加級紀録各年月一字勿遺，或酬十金廿金，即乞代假再奉繳。所欲惠周印，望爲致謝，其二則未敢領。此等古印，《印舉》收十五印，容先拓呈。六部鐘真，得未曾有，欲求作屏六幅數分，紙大小不同，已詳書中，求再代致。筆記不同刻甚是，别彙同刻即可，惟乞兩君子訂正之，本無意刻傳也。竹朋兄處書件，由利津過而未知，今竹朋所寄書并

《續泉説》附上，徐足亦由利津過，想必更有書致。此等人待之少厚，即可爲郵寄，但傅足人狡常失信，未可深恃交物必即賫致也。清卿此時當有書至都，今將難釋者如何剔者并致之，當即可有圖有佳拓矣，望之望之。廉生兄夫人病想已愈，《貞石存》原本切勿寄，若有清本而以原本寄則可，恐擱起不成事也。《泉説》，謝謝，此次有祺注數十則，乞削改編次之，匆匆隨手寫得，殊不可傳，或可少有助大雅之采擇耳。《古泉叢話》，尚欲再得。前月由伯寅寄琅邪臺秦刻善拓，至否？念念。今寄秦瓦拓四紙，殊精，尚有一二十種，今年寒如此，拓者又少，未能即奉鑒矣。《傳古小啓》六本，希檢擲几後。雖似近利，而年來爲此事甚增忙迫，收放稽考，與應酬拓者，周旋指畫，尚且決裂，勞既不堪，費又不易，直是一件時時照料之事，但借此爲古人傳，則勞亦不惜，得者勿笑而責之。且如啓後之約，俾得資少爲布置，方有以應。然甚不願以此煩瀆老兄，必須免此一層，又先付資，又不促迫代致者方可，否則可作罷論。苻農同年至好，必有以應之，但一時未必能多寄耳。《十六長樂堂款識》雖未至佳，似不可不與《嘯堂集古録》、《獲古編》同刻。《清愛堂款識帖》，曾有一分，歸來思之，遍覓不見，刻手乃汀州一少年，諸金文刻，殆無其匹，惜壽不永，未三十而不幸矣。信盗必注明，照付印即可，不必加寫，時必訐其所寄之物，不能無所寄而多耳。伯寅所屬，悚愧悚愧，以後文字往還，不敢復討論矣。中壯泉可勿見寄，倘再有妥便如景文者方可，亦不過欲訂所藏之真否耳。第五却不如第一第九之字，以爲多言否？今有瑣事乞代浼廉生兄，將所寄小信封版代飭刻坊印五百枚，即再多亦可，色須紅足，紙以細毛邊二層式少長爲佳。再求廉生兄以所用箋紙版鼎圖者印白色無膠礬紙千爲企，緣作書苦無紙也。有薄高麗紙東洋紙尤佳，多則隨手可塗矣。《印舉》今臘明正或可就，伯瑜來已十四五月，每部八十本八函，索六十金，亦所餘無多，共可成廿部。只是初稿，留四部與弟，其餘伊自售。弟妄謂直不昂，非與之通同求利，恐過此不易易，即再作亦止能敝藏之印，不過六函而已。何雖謀利見小，然非好名，亦不肯久稽作此等事也。月初弟又發舊恙，作嘔一次。雪前極温和，雪後驟寒，北去千里，更不知如何栗烈，惟眠食加衛爲祝。此問頤安不具。世愚弟陳介祺頓首。

醵資拓秦漢晋石事如何。問圜足布亦未見答。又及。

同治十二年癸酉十一月十五日

一九

子年仁兄世大人左右：十六日徐傅足行，所寄當已至。《續泉説》注求政示。竊又謂泉之爲學，論文字已非玩物，論錢法尤爲大經濟，止論古則不傷時，止論便民則病者可知，唯企君子説之。（輕重、大小、鐵鉛及黄銅加鉛均不耐久，及銅少範精，與米鹽瑣屑一二文之用，爲民生之要，必使之便。）分類之編，可爲一大著作，大雅以爲何如。秦瓦拓四又一，奉賞。餘當續上，時乞示收目也（各刻何不裁爲一式，不可裹角使易蛀）。此問著安不具。祺頓首。（此次無伯寅處書，乞爲還念。印亭世兄侍祉。）

同治十二年癸酉十一月廿三日

二〇

子年仁兄世大人左右：十六日得十一月杪手復，并《嘯堂集古録》影本，《十六長樂堂款識》刻本，伯寅復書，并見贈古印一，鐘拓，新款識刻，羊毫大筆各種，俱一一領訖。新春新年，遥維福履益健，吉事有祥，門宜子孫，家常富貴，定如所祝（吉語泉文，作如是讀，以吉語鏡文儷之，思得佳書，刻之爲聯，先以奉賀）。莽布未敢動手封，不知天清豐樂即在内，非所好而得所，亦甚可慰，以相當小品見酬可矣，一笑。中壯只望是真品，以大雅一言爲定（中似弱，壯無青緑，么幼真而文亦非精晰）。欲求觀尊藏，亦不過欲一校耳。郘鐘拓惜無甬及背拓，不能裝屏（三小者一幅，可得八紙）。其二小者，亦確定是郘鐘。乞語伯寅，再有此種無字者，不可不收，且與有字者并重也。鐘已有十，可謂鉅觀，宜專刻（無字者亦必刻）一册。蒙之十鐘，乃積累而成，不及此原來未失之十鐘遠矣。宜何如爲十郘鐘主人慶，唯望制簴同懸，它日或得登堂一叩之耳。古樂之失傳固由於律，蒙謂古人字音，皆定以律吕，今雖造律合於古人順天地自然之數，恐尚不知樂章字音之律吕，而器即能如以應之也。《論古筆記》之刻，唯增愧汗。《續泉説》拙注奉寄後，復取《泉匯》讀注一過，妄以己見試擬刀布等名目，而以化（貨）統之。又别圜法圜孔、方孔爲二類，又分六朝以上、唐宋以下爲上下二編，又辨合土之説，又剔當在秦半兩以上者。其尤當去者，如錢中之王，必不可附於漢錢，而以唐宋後至俗至劣之品，濫入於古泉之間（厭勝以牌居首，其中似雜揉，分别剔汰，自有可觀），即欲留之，亦衹可附於下編之後。竊以爲《泉匯》乃必傳之書（唯其如此，更宜求善）。既有我輩數人，不可不爲他山之助，且版印過多，已將漫漶，續補精善，必更相形，何不重加釐定，合刻善本，以臻美備垂永久耶。至淺學妄説，本不足爲定論，其可從者則從之而不必指明，其當辨者則直訂之而不必周旋，再有所見，亦必當奉質。昨屬竹兄寄呈教正，儻未至，乞作書索取，并索盂鼎釋文也。至刻書之費，嘗謂只患無好著作，有則損所藏第二等已可刻。若金石書，則誤於畏考不博者七，資不足者三，而終不成者比比矣，大雅以爲何如？《海東金石苑》原本至精，可惜可惜。示及題跋之刻，前此未聞係何稿本，有録文否？古印近已入篋，後再印寄。《印舉》已成七分，次兒小恙月餘，未能寫校，何昆玉已赴歷，留其友候稿補易，即印畢亦須目録二册成，乃爲完書。考据雖慚淺陋，條理尚有可觀，唯須遲遲方能請正耳。拓琅邪臺秦刻，約四錢一紙八錢一分即可，釀資有三十餘分，二三月即可遣工前往。拓畢，再拓晋石，晋石距此八百餘里，來往路費過多，每分八錢亦可，非三十餘分，則不能往矣。如拓李夫人石，則共四十餘分亦可，李可四錢一紙也。數年來令此劉姓習拓石瓦二者竟能精，惟尚未能拓吉金，亦未多習之故。年少稳細，能領略指授，今日不可多得。竹朋兄處説一海豐張君字東山來拓，未敢多延過費，未與共事，不敢爲伯寅薦也。伯寅所拓不用綿紙，何惜此小費，此次寄款識裝裁紙多不到邊，似是刻坊之弊，紙似亦遜，不可不購極薄軟綿連扇料，留初拓數十部也（紙不可小）。瓦拓容新春再寄，此時尚未拓齊，瓦非金，同文者更不能記憶已寄與否，須同寄爲善。前寄兄者，能寄來補足尤企。日來自己隨拓隨記，已有五六十種，必須再有一分，方能奉寄。信足如數付即可，旋時不必再付資，至舍自酌與之。燕翁《論泉絶句》，已爲重刻刊，代感代感。蘇書收閲，復伊一緘，祈即寄，先謝。清卿兄有復書，望即付。傳古之投，吾兄擇可收者暫存，先付一目，或繳拓再領，或有京用作書支取均可，惟必吾兄不以爲擾，而又可如啓約不促責，則爲代收，否則不敢多事有累良友也。圜首圜足[illegible]字幣，當以一奉贈，自存其一。齊刀之範必不與小布同。劉學詩吾同邑，從東武竊觀燕翁舊藏而仿之，技頗亂真，從不至弟處，譎而有定見，此所以爲小鬼與。所作節墨刀範等，從他處見得，齊刀範背，乃有隸書『大吉』，亦可見伎倆之不大矣。要之好者日多，直所以日昂，僞者獲利日厚，所以效尤者日衆。使有真鑒，不過僅不得售與數人，而鬻古者必求真者以售之，則難得而利輕，不若僞者之本輕而利厚，無惑乎竭其心力日出而不窮也。然我輩好文字而不好玩器，焉得不爲古人力剖之。落落寡合，唯自守此志而已。弟十日來卧病未曾出户，今已愈，聞徐足急行，匆匆手此。即請年安，并頌新禧，惟心筌不宣。世愚弟陳介祺頓首，次兒小孫輩隨叩。印亭世兄新禧。

同治十二年癸酉十二月十九日

二一

子年仁兄世大人左右：十九日復一緘交徐吉，廿日晚傳足至，得浴佛前一日手書，知福履日健，繁祉益新爲慰。刻古文字，以選工鈎刻樣本爲主，試刻之費不可惜，精勘之勞不可畏，與原本無异，即是佳刻，即是良工。惟鈎者必須折筆正中鋒用力一氣貫注鈎下，鈎者有力，然後刻者有可用力處。一絲一毫不爽，而一鈎（有力）一描（無力）刻出遠遜。今與古，工與拙之分，只在有力無力，力之有無，只在有法無法，有法方知用力之道，不是鹵莽滅裂。此蓋數十年用心所得，而不自知其當否，希正之。外二紙亦同此意，蓋企老兄之傳古人以自傳，而必使後人猶可見廬山真面，而無失繆之憾，以得善刻爲寶，則老兄之著必傳，不在考之博不博也。老兄或不能自爲，而有同志可爲，亦望留意，冀其有成。愚妄之言，知必垂亮而不加責，悚企悚企。手此上問頤安，并頌春禧不具。弟陳介祺頓首。（印亭兄侍福。）吾二人往來簡札亦可録存删定之。

同治十三年甲戌正月廿一日

一二一

子年尊兄世大人左右：廿二日夜徐吉還，得除夕手書，以泉文吉語相頌，敬謝。天寒拓者手凍，歲暮又各歸，是以未能寄伯寅處拓本。不意竟有挂誤之事，未能以古文字助其寫憂，殊歉歉也。周印自是真品，既伯寅珍重，暫借留入《印舉》，一年後必奉繳也。伯寅既已見諸咏歌，刻入集中，又無以報瓊，不敢奪愛矣。年事不問，可羨。交友在慎始，既有往還，則無可謝絶，大隱既在城市，仍宜寡交游，閉户著書，事自可以漸少，衹能自己量力問心，不能求人之相亮也，村居雖有田園之樂，似北不如南，北則人事不甚便，又須曰澹泊，無友朋文字之樂。久居則須有所因（有子所云），須佃房中有住宅，青州南數縣有此等山莊。昔曾愛東武山水人事，又清閑又宜花木，又有海鮮，亟思卜居，而不忍遠墓族蹈罷則無所於歸之弊而止。又俗所云『小亂居城，大亂居鄉』，居鄉者語仍未確，捻匪之流無所不至，深山窮谷亦多不免財物之劫，不減明季書籍之厄爲尤甚耳。《泉話》收到。款識册當寄竹朋。蘇書并謝。十鐘已裝，何不并伯寅十部鐘及他鐘文同裝，亦是鉅觀（『台』作，『吕』作，本文即分明，有字者幾，文同而無字者幾，是十否，示之）。唯伯寅處拓者不用棉紙，紙又小何邪？醵資拓碑，不過附及之，拓成令拓者目售，不過直少昂耳。清卿無書至都，何邪，念切念切。《泉匯》僅酌易名目，别圜方穿，訂古品前後，分六朝上、唐以下，爲上下二編，汰厭勝之俗劣者，或附下編，古而精者附上編而已，不足自傳，亦猶吾兄輔助成《泉匯》之意，望竹朋之精益求精而臻美備耳，寄至求教之。

伯寅《詔版詩》領到。各秦拓曾寄全否，欲得當再寄。瓦當册遲寄亦可，當寄一全分閲過，校其未寄者付補題字可矣。若欲令補近刻先秦兩京二印，則寄亦可。《海東金石苑》原本甚精，竟不能傳（詳序其式，如金石圖，如三巴石紀存，海東人當有補之者），今刻目跋，殊增慨幸。昔人之因循堙没如此者，豈少也哉，不可不求其故矣。遲遲失時，則必如此。《攈古録》亦甚可念，然究不如大刻古人吉金文字之爲尤要。祺衹以僻處無友無良工，又衰病，又課孫與家事，皆一人勉爲之而不能就，是以切望於當代君子耳。其愚妄豈不自知，以欲存古人之真，故有所不避，守以待後，或有契於將來，以附不賢識小之末也。至我輩之好古文字，以補秦燔之憾，自不至同玩物，而無异於珠玉之侈矣。同志共從事于斯，則自無世俗之見（始皇之暴，無如天地之藏，但出則已是將毁，唯在早傳其文字耳，愛文字之心，必須勝愛器之念，所望海内君子日有以相䀹耳）。自念病退，久日沉淪，年來承野人不棄（以上得書即復未竟者，正月十九日書已至），尚望恕我愚拙也。悚企悚企。李夫人題字一紙，乞致藕翁。此次盡拓藏瓦，寄一全分與伯寅，思再檢一分奉寄，而病憊未能。緣自新正五日後，此間春寒，每出數日輒病，至月五日不寐不食者四日夜，得汗始愈，又病目，今始搦管，少遲即當檢寄，可先索伯寅者閲定。拓工劉守業頗能究心，如此拓墨不易得也。陽文任人拓粗成細均可成字，但難得神耳。去歲付景文之款，并伯寅抄書等款，望再詳付一目。盂鼎之歸伯寅，自勝留置書院。既得此重器，其尋常小品，亦可不必過亟，凡物多皆是累也。此器似宜專作一書，刻一圖（如器大不縮，裝爲巨軸）。此等物秦以後所未出，是真本《古文尚書》，曶鼎散氏盤皆不逮，文字是學於文王周公者所爲，非它可比，前乎此則文簡，後則文不逮此矣。手此即問頤安不具。世愚弟陳介祺頓首。（印亭兄侍祉。）

同治十三年甲戌二月十三日

一二三

前書病中匆匆補竟封送，以为十三日即行，而又改期，遂再檢瓦拓九十六紙，劉工又連日補拓三十二紙，張友共百二十八紙，未能題字加印，乞以寄伯寅全分校之，或有遺須補，或仍欲題字加印，則須寄還示及矣。選定惟陝瓦有可疑者，訂正之後，并琅邪可裝四巨册，但裝時字畫外有折皺者，須令勿爲折皺所爲要耳。《叢録》校注一册，閱後致伯寅，與《泉説》注同，深慚愧矣。今日得一小四朱泉，厚如一黍，面背俱平，與一半兩石範同得，或一時物耶。『四』不作『四』，甚古，拓上二紙，乞鑒定之。清卿何久無書來，翹望燕秦，唯企諸君子之時以古文相覞耳，野人其重念此海濱之愚邪。《印舉》久未理稿，今次兒北上，再理恐在夏秋間。前七八册稿已定，擬再作數部，并望仲飴作《泥封考》同刻傳。加以目録（釋考附各印下），凡例、叙文，今年未知能畢否，因循遲誤，非敏事則不易成事也。廉生近想安善。齊地各瓦，求爲代考。歸來所得，費財不多，而費心不少，愧未能分贈同好耳。吴退樓九字殘秦詔版，已由伯寅得拓本否？退樓吉金，頗有精品，想已全有拓本。葉東卿之從子字眉洲者，曾拓集吉金文字數册甚富，未知可物色否？手此再上廕園野人左右。祺頓首。

同治十三年甲戌二月十六日

二四

子年尊兄世大人左右：傅足將行，竭一日夜檢金石文復廉生畢，又復伯寅數語，尚須作家書，吾兄與清卿學使皆未能評復。伯寅易量欲以易匜則望示及，否則尚欲假留，遲之又久再繳，可否？蘇七乃内史六安相二泥封，非小布也。此頌頤安不具。弟祺頓首。

同治十三年甲戌三月廿三日

二五

子年仁兄世大人左右：昨復一紙由伯寅代交，想已察及，今聞有北上者，再復數紙。夔郡隋仁壽《金輪寺舍利塔下銘》，書已近唐，新出土而剥蝕若是，殊不可解，拓亦甚不緻，謝謝。再有佳拓，尚乞一二紙也。醋浸古器，昔力言其不可，無字勝於僞字，何不以貺友朋邪？清卿[illegible]（是『梁』字否）二釿，乞分一紙。尊藏之泉幣，有拓手時，尚求一種一紙，可以裝如書式，亦便編次，唯費綿紙耳。何患無以爲報邪，一笑。《續泉説》刊成望早付。前注《泉匯》，尚望向竹朋切索，寄至，乞論定，先附《續説》行也。《叢録》字小，前書仍乞附大著，以見吾二人年來心迹。示及隨意書不肯苟，此却是知己之感。弟于書求法，而不有意求工，心聲心畫，豈可僞爲，所愧持敬尚不能涵養耳。古文字之好，有時亦不免近於馳放，吾兄何以教之。心不能自有所得，則不爲境困，即爲物擾，而不能以自樂。昔弟自撰句云：『鐘鼎文同漆簡面，程朱語見《魯論》心。』倩子貞書之。今年復撰句曰：『日守舊編尋孔樂，天留古器補秦燔。』雖近腐，然他不能勝也。蒙又竊謂博學非理不能斷，非理不能定高下淺深，詩賦且然，無論著述，乞是正之。復廉生書想已見。四朱又得一品，并拓寄。廉生欲赴蜀，所藏金石，尚望寄精拓全分也。《論泉詩》刻，亦乞分二册。竊則易致人火，府庫且然，况無經理者之家邪。或曰『心血所聚，則易生火』，理亦近之。東卿收藏前人舊存者俱極可觀，晚年既收僞刻，又毁於羊城漢陽，遺劫至今，亦良可慨。琅邪秦刻，近又遣工往拓，須天中後方歸。秦瓦尚有殘碎三五十片，容吕工（即劉改歸本宗，仍名守業）還，與近得同拓寄。敝藏《金文册目釋》，今鈔出二册，乞致伯寅，餘績寄。册所未有，尤望分惠。伯寅處無拓手自不可。近多拓，始知拓時，凡器易磨處，皆須紙糊，乃至要事，否則古澤去矣。古金質朽，氈卷易搗裂，以圓刷軟於猪髪者爲佳。或曰：『髪可劈，犀牛毛亦可。』尊卣深器，以刷入筒即可。行路古銅瓷與易磨易破之物，皆以紙糊爲妥，收藏者不可不知愛護之方也。清卿兄處，此次尚未及復。諸君子處收敝藏各拓，尚望均時寄一目以便檢寄無複，是企。魏興和馬都愛石拓，乞致廉生。手此奉復，即問頤安不具。并頌印亭兄撰禧，盼切盼切。世愚弟陳介祺頓首。

伯寅之去職，實出意外，一書慰之，乞代致（秦刻四紙并附）。瓦拓尚未自題畢，容再寄。其一事，儻有秦器可讓其一，此時先勿言及也。刻金文事誠而過戇，乞恕之，所以愛君子者亦甚，自哂其愚也。徐吉何至今未還。清卿有復書，盼切盼切。竹朋年前有小恙，手足言語少不和，已愈矣。肥城近出土四卣，二完二碎，文止作寶尊彝。一卣柄有象形字，一甚奇。一㲃亞形中字，爲長虎臣所得，尚未見拓本。又拜。

同治十三年甲戌三月三十日

二六

子年仁兄世大人左右：月朔人便，奉復一書，想已察及，月來北上者多而來者少，想次兒處積各處書不少矣。都中得雨否？首夏清和，惟體履安適爲祝。秦瓦尚未及拓，於月之五日，却不意竟得一秦鐵權，字雖漫漶，器則完全。年來收集斯相金石文字，今竟於吾鄉得此，斯相其有以相感邪。奉上初拓四紙，乞與諸君子共賞之。圖一，奉野人自賞之。并吕不韋戈拓一，字淺，久拓不出，近始竭目力重鏡，以朱填字，油素墨鉤，屬族弟佩綱摹刻印石，可見大概，附拓戈側，亦秦書至精之品。既思刻秦瓦，更不可不刻秦金，選工之事，不能不重有望於野人與諸君子矣。吕戈摹本二拓，乞致伯寅、廉生。廉生好齊金，退農當有以佐之，并請大之，而以所得慰我也。右卯戈二拓，亦致伯寅、廉生。如清卿有書，乞録寄。香濤蜀中有所得否？繼幼雲古幣泉拓，乞索一分。手此即問頤安不具。弟陳介祺頓首。

同治十三年甲戌四月十一日

附箋

今早又得書，以周窀匜交次兒呈，希即轉致伯寅。此亦王朝書也，首一字愚近釋爲羃形，不可釋『魯』。伯寅之郘鐘，不可不珍重，真不易得，而字有可取，且字至小，亦可珍也。盂鼎何如。手此再上臆園野人，并求新得印器各拓。祺又拜。

同治十三年甲戌四月十三日

二七

子年尊兄世大人左右：五月朔得十四、五日兩書，知近履安健，慰慰。承惠食旨多品，未至先謝。我輩，今人也，今居而又古稽，則重在以古人相處矣，豈在物之厚薄哉。永以爲好，期共勉之，於事於心而已，野老退農，豈復尚知世俗之情邪？瓦當册并裝而未裁者均至，似裝者未工，有損拓墨處。弟所自題亦付裝，裝成當校補奉寄，并補題編次，但須秋初矣。近收藥氏物拓，印惟强弩都尉章可疑，石範大者殊佳，千金鈎亦可，古幣似古之鋸，非幣也，鈎印廉生疑之甚是。君家得子與甲科兩難，自是地理事，一人之事則在修德，其歷世有所不易者，自是地爲之，非泥堪輿。其不順於天地自然之理者，必有其應若一世一家一人之運，會則天爲之而有不可强者矣。弟所自愧，惟涵養未定，嚮學之心則不能已，深負見知，非一朝夕，惟企有以教之。日内拓友皆歸，拓工在琅邪臺未還，古文字未及檢寄。竹朋病癒可喜。《泉匯》注本索來，再寄請正。手此，即問頤安不具，弟陳介祺頓首。印亭兄侍福。

老年人便秘是壽徵，故宜甘滑和潤，具火衰者則宜燥土，亦不宜過服滑潤，謹以片言報惠，乞采納之，又拜。

《傳古小啓》之事，倘有索者，望與廉生兄商之，亦可托清卿。倘藉資多延友備紙墨速拓，則年餘或可拓齊，既可分贈至好無遺，又可多得拓手轉薦，惟性情安静而敦實者甚不易耳。又拜。

同治十三年甲戌五月十一日

二八

子年仁兄世大人左右：五月廿五日得午日手書，并大著《秦權量記》。示及版穿爲木量之用，與蒙見合，昔已咏而記之，唯未見全權，無從定版之制。蘇億年去歲言是鐵權，今年竟得之於吾東，不可謂非齊人之幸。唯一版後有横陷一道，似是嵌木之用，尚未能定耳。尊量當遵拓數紙呈，仍當并呈秦金全分，别裝一册也。拓友各以午節旋，近中即可至矣。古兵亦當以全拓呈，以冀藏泉家之以三代金拓好我而不憚煩也。新得葉氏西夏印，不可識而甚古厚。印背字與燕翁銅牌字相似，而此不同，同是西夏正書，印文乃西夏篆，印式乃唐以後所自出。徐星翁所得之石，疑亦西夏書。黔省又有濟火書，似夷書，而又似鐘鼎，皆奇，而今不可識者也。祺謂外國書皆以形别，如今蘇馬。唯聖人書有義理，吉金是真本，故尤可重也。原州醋務記亦新。其三印有刻字否？殘破者殊勝。其三漢印則殿中司馬軍曲有可疑。葉氏之器似尚俱在，可力訪之。叔氏鐘、古銅龍節曾見否？道光二十年前所收佳者，不可勝舉也。幼雲各拓乞代致爲企。所求棉紙拓三代秦漢泉幣，一枚一紙可裝訂成書者，伏乞推古人之愛，若不能却不肯忘者，而竟有以惠我，且以他人之所藏及我，則海濱寂寞之感，豈金石所能渝邪？圜足圜首幣尊藏既數十年求之不得，而敝藏適有其二，謹分其一寄奉，專家於此當可以無憾矣。唯『閃』字從『大』甚明，決非『火』字，背文一作『一』，一作『二』，今以作『一』者來，乞訂釋之。六月二日又奉廿二日書，并蘇七書，何君如至都，乞即將所寄交徐吉妥爲携來，切企切企。《論泉絶句》、《海東金石苑》跋尾，乞交徐東甫處寄。何資齋世兄寫作想俱佳。竹朋兄雖愈，而大小解尚數，老年得病不易復元也。伯寅兄何以小恙久滯，積勞使然邪。琅邪臺新拓秦刻精本每紙一金，有索者，乞示及，已托廉生十紙。宋元印多收亦是一種，較錢泉更重矣。蘇七書乞即寄之。聞足即行，手此上問頤安不具。弟陳介祺頓首。

同治十三年甲戌六月六日

二一九

子年仁兄世大人左右：七月九日徐吉還，得六月廿三日書，知長夏體健，慰慰。承賜大刻《海東金石苑》目跋、《論泉絶句》，既爲故人感，叢稿附以《泉説》，并及鄙説，尤增感愧。將來注《泉匯》至，再乞教正，選附其後，則更感矣。弟不收泉而言泉，蓋推三代文字及之，他則仍不求甚解也。承惠秦出環範并各拓，又寄蘇億年雲陽鼎，又允假印入譜，謝謝。範似非環，如圜器蓋而中空作孔，又有小柄，今不能詳用，無從命名矣。其古兵雖無字而尚奇，宋以來謂之戚，似是古鉞類也。兮仲毁乞再付墨，不浸者五六分是企。薄鈎似有三字，顯微竟照看，細淺小字却有用大吉宜牛馬。鈴亦佳。矛花文精如此而無文何也。騎部曲督可謂大矣。羅文紙乞一二十紙拓金石。清卿兄所索秦瓦拓，當於八九月寄，儻荷代刻，則必當繳直，而重有文字之報也。蘇寄小封内三印一矛，矛字過淺。日利瓦片而已。手復即問頤安不具。弟陳介祺頓首。印亭兄侍福。

同治十三年甲戌七月十一日

三〇

子年仁兄世大人左右：近未得書，唯秋凉體履安健爲念。近拓藏鐘，先寄邾仁安鐘一紙。如未備，示目，即補寄也。尊藏三代秦漢貨金，知必以精拓全分賜我，尤望棉紙一枚一紙也。幼雲所藏能爲致全分否？前詢其爲弟年丈雲亭先生伯仲何人之子，抑即其子，乞示及也。鏟幣（青翠多可喜）最易損，教人學拓尤易損。躁者無心，劣者有心，傳古不可不慎也。舊存馬伯昂《貨金文字説》，寄請訂正，如有可采，乞附大著以傳，仍付還原本是企。年來弟所復吾兄書，乞人録寄全分，寫資當謹繳。吾兄之書如未存稿，弟即當録上。弟所寄伯寅書，亦思求一全稿也。瓦册尚未及核，唯筆畫多入摺皺者，未可以此付刊也。手此即問頤安不具。世愚弟陳介祺頓首。印亭兄侍福。

同治十三年甲戌八月七日

三一

今日畢足行後，竹朋兄寄弟所注《泉匯》來，適明日有便可及今足，遂未啓封，寄請教正，乞選可存者，附《續泉説》後爲幸。此請子年仁兄世大人頤安。弟祺頓首。

同治十三年甲戌八月九日

三二

子年仁兄世大人左右：中秋月上時，得七月廿八日書，并兮仲㲃三分，兩面有字鎛貨（以鐘形如此者名『鎛』，定爲鎛貨、錢貨二種）、壯布拓各一（亦寄一來，想出土非僅此二者，或有弟布，可再爲吾二人索之）。幼雲書一，幣拓二百又二十一箧，敬謝，又羅文紙十葉，藉知近履安健爲慰。幣文己字自是背文，其二則作仿，與他幣字不甚同。此種有筆畫下即有銅高起，不審可再去青緑否，剔時用刀末，剔字之難，今復爲伯寅詳説之，拓法亦詳。兮中㲃敝藏本尚有今親舊印，雖無奇字，自當存之。今復幼雲一書，報以十鐘拓本，幣目四紙，附少注説，較前論幣布名目爲詳。八月間，畢足所寄書并《泉匯》想已至，可與此參看而酌定之，其可存者，仍望附《續泉説》後。四紙漏未封入幼雲函中，乞閲後作函封入，同交傅足。此次無專委之事，懇爲各處求少從厚。倘可，令其往復鼓樓院自投（記是此地，否則告之），可爲言之，不可，則須尊紀往矣。幼雲家與弟處七十餘年至好，非同恒泛，當年必見過，今不詳其爲二四兩翁何人之子，又不知其何官，乞示詳。所索十布拓，當精墨作小册再寄。今得其二百餘種幣拓，亟思廣收同裝。兹附一紙樣，乞將尊藏之幣，如紙拓一全分，都中他家藏者，亦乞代致，竹朋所藏不多，仲飴有數十，當并索之，幼雲之從弟亦有所藏，儻集而精刻傳之，必勝《賾金釋文》。若三代各化，一種一種分别刻之，如弟所擬名目，又至莽而止，似可與《泉匯》并行，附庸鐘鼎，其補秦燔之憾之功，似亦不小也。齊刀拓今應廉生、石查之索，止拓二分，畫短令吕工夜作，一寄幼雲，一自留。聞兄新得齊刀甚富，又增幣布，亦希先言目後即寄拓是企。竹朋之東周，似劉小鬼不能爲，而其作僞謀利則日甚，宜乎齒及。壯布乃石查藏，自非陝寄。伯寅十布已全，豈存其二邪？羅文紙可拓，明羅文文寬，前尚易得，用拓佳而且雅，此容試過再布。廿七日又得十一日書，并唐志拓，二印拓，謝謝。李道之印，厚而非精品，秦半通私印却佳，乃反文，，『橋』字，是姓，，是名。費藏小字古嗀，當即師虎。蘇七書收即復，今有一書，乞即寄之。蘇張之害何妨，令見既獲利，又務名邪，無此便宜事，一笑。陜中似又有一識字作僞新手，蘇七不知則不能辨，眼力自遜其兄，未必有心。今日爲有力者之利，造就出人才不少，其難覺察，同好當共審之。附上秦量大紙拓十分。兩三日爲伯寅、廉生、幼雲作復，將近百紙，檢拓鈐印校稿，昏憊殊甚，秉燭奉答，已至夜分，筆秃目倦，不復成字矣。次兒承愛垂念，感感。此問頤安不具。弟陳介祺頓首。印亭兄侍福。

同治十三年甲戌九月二日

同治十三年甲戌九月三日

附箋

近所用小印，乃族弟子振所爲，今寄其摹古鉩印來，乞嘘拂。有賞識而又欲其摹古文字者，酌酬之，以當綈袍之贈也。摹鐘鼎須寄拓本摹本，先自鈎摹配合，然後發來再酌，無者不可强湊。初令學刻時，石大尚刻不好，久則能縮小。先以極小印石令刻，恐未必佳。自篆則不及摹者，昨爲東甫刻數印，可索看。不欲得印即不必相强，非是小秋風也。又懇。石查之勞如可代分，則苦差可免矣，一笑。年來古文字之累，野人實有以發之，而野人之勞，亦因之益甚。《續泉匯》想已動手，可惜不將古文字一氣作熨貼耳。文字之役，文字之福，天壤間唯此可重，唯此是精華，知從文起，自文著，愈有字愈值錢，無字即古亦不值錢，良可笑也。人之五官四體俱同，分別止在心，心之分別止在文字之淺深，大雅以爲然否？昨與伯寅、廉生書乞索看，可知其累，然累而樂之，其癡誰實使之，至引出許多駭語，哂之耶，屑之耶，是在夫子矣。諸乞是正，勿令人笑我，并笑野人有如此之友也。清卿久不得書，念甚。兩月來爲人裝潎藏金文二百餘種，作十六册，每册二十餘頁。瓦文册尚未裝，所以未能校，前云八九月可繳之説，乞恕之。祺又拜。

三三

子年仁兄世大人左右：重九後一日得八月廿五日書，慰慰。日來菊樽定多清興。聞《續泉匯》已訂正手稿付手民，可喜。昨復書并幼雲書拓，望後當可至都。拓剔各説想已見，雖非學問而少有閲歷，可應拓法之詢，大雅之所哂也。《泉匯注説》、《古貨名目》及復幼雲所説，乞采訂釋一二附尊著後，以存此一説爲企。錢貨、鏄貨、幣貨、布貨、刀貨，足以輔翼鐘鼎，多於古鉩印。聞新獲邑布甚多，尚乞拓時垂念，均早付一分也。今日編敝藏齊魯三代兩漢瓦當文字目畢，檢所寄裝册多未備。承屢示清卿允爲刻傳，今又敦促，謹將隨得隨拓二紙，以一贈兄，以一自存，裝册未裁之本先呈并目。又檢拓存所有同復清卿，乞閲過妥爲代寄（簠仍固封爲企），并代致感切之忱。與不欲作爲弟刻，仍令繳刻直，再拜受寄版之誠，是所仰懇。裝册當陸續補拓補題報命。編目有須改者，乞即示，以便編册爲望。伯昂舊相識，乞采一二入大著，使後世知其人，未審可否。幼雲事想已平，廉生想已大健，念切念切，人還尚希示悉。清卿所得東井小瓦，當非甚佳，古人作此用於何處。所收亦有僞者。近日關中又别出一種通文理人僞作，蘇七或不知或知，未可定，終是無力量無法度，不可不慎也。盂鼎當已至，此次不及復伯寅書矣。即問頤安不具。印亭兄侍福。世愚弟陳介祺頓首。所見古器、古印或不可得，均乞拓惠。

同治十三年甲戌九月十五日

三四

子年仁兄世大人左右：十月四日得九月十四日手書，知杖履安和，慰慰。鑄化憶伯寅贈兄易量，何又曰『贈伯寅』邪？錢化少無字尤古，易得否？古化僅可羽翼鐘鼎，與古鉨印同，拓既艱則亦不敢固請，唯企不忘傳古文字之心，而非徒几案摩娑之具，則公海内而信後世矣。古化究下古器一等，以非成章之文，且有出工賈之手者，然猶是秦燔前古文字真面目，故不能不重精刻傳之，亦是力争上游，作者亦必居上矣。借拓或損或易，亦人事所有，似不如自延友費紙墨之爲愈也。承勖刻敝藏，感感，然鈎刻必不肯將就，此間大難，故望之海内，若資則去物足矣。幣化（圜）、布化（方）多刻似無妨，古文字成一巨帙，雖重出亦可，以精刻必傳而勝他刻，唯必須用心力督之耳。人之所异，以其存心，傳不傳止在心上分也。幼雲事已否？平齋藏至美富而不擇何邪？廉生病全愈否，已出户庭否？各書可索閲，閲必教之是企。弟日課二孫，已覺甚憊，年來又爲古文字大勢，然不敢誤課程。麥收不成，不能不望采菽，情亦可憫，真在其中，尤感古誼于金石也。手此敬謝，即問頤安不具。世愚弟陳介祺頓首。印亭兄侍福。

同治十三年甲戌十月十三日

三五

子年仁兄世大人左右：月十七日得九月廿九日手書，知前函均至，近履安和爲慰。匣雖封完，中有奉繳尊處裝册一，且望將瓦當録目，眉端所朱圈記已奉寄者，録付校補未寄者。緣當時甚憊，而足候已久，不及自記，故有是請。儻未發則乞以前函再閲，或言之未晰邪。京裝以濰裝校之，濰裝以未裝拓校之，便可見裝不失之匪易，與傳古之甚難，非至愚何以拘泥乃爾，它人見之必大笑矣。瞿木夫《官印考證》已刊，甚慰。擬寄廿金求二部，未審清卿可借交由京還之否？妥便寄銀不易，今年用又多借用都中者，尚未楚也。拓法在伯寅、廉生書中，何未見邪？中秋後，拓手又少，尚未及拓瓦，又寄清卿，無存，報命在來春矣。藏泉卅函，富哉。裝成書固佳，拓成書尤佳。畏難不爲，與指帑爲己有同，無所藏而拓富，則亦禮盡在魯。一泉一紙，殊易編次，可分可合，大成似須如是集之。文字之樂，心雖勞而神清湛，即倦勤亦須藉以自適，厭此則無可自怡者已。平齋之瓦，云是沈君所藏，虎形者尚可，似已是東漢，龜形者疑爲藕館之用，他無甚佳而有可疑。收藏富而且精，乃劣者亦厠一二於其間，殊不可解。與僞泉之拓同，疑是有力而專收著名之器，故偶出己見，遂乃不免闌入邪。手此即問頤安不具。世愚弟陳介祺頓首。印亭兄侍福。齊法化拓由廉生文。

同治十三年甲戌十月三十日

三六

子年仁兄世大人左右：前月十九日得十月廿七日手書，知杖履安勝，慰慰。聞子恭兄至都，連床數日，天倫至樂之事，聞者且代慶，况吾兄乎。親親之仁心，吾兄自不以夔燕易甘營，可宛轉少省否？歸里祺於宗祠告成，刻一門聯云：『莫不尊親入廟共知同血氣，無遠兄弟推心自己有兒孫。』謂『橫看推不去』者，直看則吾子孫，即兄弟、堂兄弟也。又唐鏡海先生耄年猶冀生子，亦爲吾兄頌之，存心至厚，其氣自與天地相終始。朋友須有益於倫常，乃得與四者并立，故均不能已於言，知野人必不以爲誕妄也。兮田盤拓一紙，聊以伴函，齊刀拓在廉生書中備采。手此敬問頤安不具。世愚弟陳介祺頓首。

同治十三年甲戌十二月四日

三七

子年仁兄世大人左右：十二月九日、除夕兩奉手書，知春履安和，德門慶集，印亭兄居然生子，是必吾兄篤於本根，存心至厚，有以感召之，世交文字至好，能無喜動於中邪。國事至此，真大不易，然唯以正乃可鞏固。兹于廉生書中有所云云，乞教之。復瞿經孳兄書希交妥，赴粤東亦確寄，内有要語。祺助刻費三十金，由伯寅廉生處借用均可，乞代達。古朱文大鈢拓并圖奉鑒，真至古至奇之品，後再寄墨拓一全分也。古泉何時可拓，歲月可念。《泉匯》乞致廉生、石查正云，便中由王處發還。竹朋尚未能轉移，老年復元不易，衰年之自保，唯在養心，口體則須人，亦猶國家之自保，必在端本，端本尤在得人也。手復即問頤安，并賀弄孫，不一。印亭兄并此致賀。世愚弟陳介祺頓首。

光緒元年乙亥正月十二日

三八

子年仁兄世大人左右：傅足十三日行，携一書，想察及。今繳上《嘯堂集古録》、《十六長樂堂款識》二書，希檢存。瓦册容有便再繳。瓦磚拓畢，當監裝一分寄都，諸同好酌留之可也。廉生一書一石印，仲飴一書，何伯瑜一書，交廉生即可。此問頤安不具。弟祺頓首。

光緒元年乙亥正月十九日

三九

子年仁兄世大人左右：月十一日夜奉正月十一日、廿五日書，知杖履多暇，含飴至樂，慰慰。前言師保之責，固是上位，然達於庶人，蒙養亦不可不慎。赤子不能言时，全在心誠，求之誠方能著明，否則以習染世俗之嗜好推之，轉非所宜，富貴家尤不可不矯其弊也。注《泉匯》至，竹朋書未见，昨伊書来言，屬代收代校再寄。傅足不甚妥，能糾飾，如使之迂道，須爲説定寫明。經薲兄處助刻卅金，廉生有存寄者即可交，否則再寄，先乞無印者一二部一讀。此書考證是一事，印是一事，摹則必求似，不似則無味，而似實難。經薲兄言，其刻者每印制錢五十文，則每月不過錢一千五百，吃著且不足。子振仿古鉩印，自爲一書，每印助以百文，且爲銷布，若意不足者。今欲令逼真，二百五十文一印，已畏其不易，不似則少亦多，似則不爲過矣。因適有此人，故代謀之，亦須摹數印作式乃定，非爲子振謀也。且能否刻竟，亦須經手者監刻而又司出入，乃能不苟。此爲傳古，非好多事，晤經薲言及時，乞致此意。示及御極日天日清朗，自是天下之福。今日之民，視前代真無一事之擾而不知感幸，天之愛民，自與深仁厚澤爲惠迪。唯親政又須十餘年，其間維持鎮定，正有無窮之祝耳。文孫嘉名肇錫，鐘鼎之傳，可爲豫祝矣。幼雲、蘇七二書均至，謝謝。石範拓二寄鑒。瓦拓册未裝者附繳，以目編次可矣。擬再拓時裝二分，以一寄，勝此則兄自留之，爲老友徐君糊口計也。雪兄身後如此，子弟有才而不好學，其害更不可言。前件費心之至，感切感切。必期妥交乃慰，至懇至懇。燕翁則卜地不慎，以至於此，人事固不能違天命，然修德能造將來。陽宅改動不吉，陰宅山向不利，風水相侵，選擇不吉則雖有天命，亦必有變，以天地大而人小逆之，則必不可。仁人孝子不可不知，而以此求利，則理必不明，未有能順理者，老兄以爲然否？手此復謝，即問頤安不具。印亭兄侍福并謝。文孫安壯。世愚弟陳介祺頓首。

光緒元年乙亥二月十三日

四〇

子年仁兄世大人左右：三月朔得春分日手書，知春履甚和，慰慰。文孫想更壯慧可喜，杏雨窗前定多佳趣矣。竹朋處兼旬無書至，按摩未必能起沉疴。《續泉匯》三卷讀注後，并日内即覓妥足寄，以後尚望仍先寄讀是企。清卿處復書交廉生，清卿所得頗多，僞刻似不可不告之，令其詳審。瓦竟踐言，良可感也。宋大世兄復信并帖收悉，謝謝。經孶旋秦，望屬其寄拓本。銀項如廉生手無之，即乞向徐東甫太史處借支，緣廉生代存者已交與否未定，故不敢説真耳。廉生何忽移居，想必酌妥修好而後入宅也。此問頤安不具。世愚弟陳介祺頓首。

光緒元年乙亥三月三日

四一

子年仁兄世大人左右：月七日得天中前一日手書，知近履健勝，暵乾繼以溽暑，杜門謝客，自多清興，曷勝馳羨。《續泉匯》已成十卷，由都徑寄，未得先觀者當有五卷矣。圜泉摹不精，不過唐宋以後數字，三代者則未免遺憾，又待後之人耳。不據刻本自是謹於傳信，若鐘鼎則版本有而拓不存其佳者亦不能不刻也。大泉範官私印拓四，謝謝。蔣姓者佳，敝藏有弟字古晶印，當即蔣。成卯亦秦印，尚有他種否？蘇七所寄精僞者二，屏去後久無音問，所售與清卿亦多不佳，似不及乃兄之念舊也。豐字三代銅器拓二，燕翁所惠者，拓請鑒考，亦絕無而僅有者，不比秦漢有字小品也。經孳欲傳父書，而所得不爲刻貲用，欲摹印而不求精，而不知木夫先生之傳在考證不在譜印，印精亦復自佳耳。乞兄與伯寅諄致，先寄無印者全部數函來，吾數人分讀之，不必俟其摹印也。手此上問頤安不具。印亭兄侍福。文孫均吉。弟陳介祺頓首。

光緒元年乙亥六月十六日

四二

子年仁兄世大人左右：月十三日寄一書，想已至，廿五日傳足至，得六月廿九日手書，知暑中清健，深以爲慰。承惠錢貨拓九十二紙，既富且精，至以爲感（多隋石拓二并謝）。合之幼雲者二百二十，竹朋者三十七，伯寅者十六，幾四百矣，亦可謂大觀矣。唯子苾之七八十種，索之未得，伯寅舊有未備，他家所藏亦無之。先乞假伯寅、石查、春山諸公者拓寄，并乞檢副本舊拓分寄，俾成鉅册。尤望合諸家布貨（劉藏小布在祺處）、刀貨、圜貨，凡三代古貨皆拓集之，尤爲快事。文字之古誠非細細，精拓自珍，精刻公世，我輩復何求哉？廉生所云『寒金冷石』，真是好語，然須耐寒人識其所以可與寒梅共守，碩果僅存者，即片紙足供搜討，不必求其熱而不可致者，已爲至足。石則石鼓而已，其餘雖冷，烏能同語哉？含飴之樂見於咏吟，古訓之誨無間今昔，唯蒙養先須慎習。竊謂小兒自能食言，無一非學習，所不當習，長而責其性惡，則教者之失，小兒何知，決東則東流而已。義理之愛，難於禽犢之愛，以其平易精細而正，爲至不易，至服食一切則尤不可以富貴性成推之，而不以小兒待之。友朋之愛，唯在於言，勿笑其喜作此等語也。子静之鐘，制既非鐘而似鉦，字即陝刻，未知所以酬之，欲索何者，乞詢示。清卿毁字久已疑之，蘇七二僞不收，存銀亦不寄物，心目皆不及乃兄邪。藏泉質人，内城習氣然邪。手此復謝，即問頤安不具。今年酷暑，京蘇皆同，東人可知十八日後大風三日，傷禾想亦同。世愚弟陳介祺頓首。

光緒元年乙亥七月廿六日

四三

子年仁兄世大人左右：十月廿五日傅足一緘，想已察及。此間旱後不意月五日忽得快雪幾盈尺，晴後雖寒而風少，朱子憂國顧豐年之句，甚可思也。都中氣候未知何似，杖履强健，含飴圍鑪之樂可知，念羨以之。近拓所得燕翁齊刀化十一，长刀化一，盧氏錢化一，大錢化二一。舊必有之，似前拓未及，複則作副本可已。又新得圜首肩足幣化二，想韋卿已奉寄。又一束乞代致廉生并道念。伯寅、石查如欲得，當再寄。石查極見愛而靳古文字之投，嗜奇邪，薄來邪，九字刀未忘情邪，而於文字未篤邪。好古必去俗情，俗擾可遠，未可廢食耳。來人乞賞以四十餘石經，得勿笑，其與索拓道同乎。伯寅書亦希致之。此問頤安不具。世愚弟陳介祺頓首。

《續泉匯》成而竹朋已口不能讀矣。

光緒元年乙亥十一月十六日

四四

子年仁兄世大人左右：仲冬廿八日得七日手書，并初印《續匯泉》二帙之賜，敬謝敬謝。竹朋兄又能言，當可讀矣。《朱子文集大全》天順本，子永兄之所歸也，祺何有焉。存貴能讀，乃爲君子之澤，仰企仰企。大著《廿四詩》刻成，乞再寄。吾兄之文可謂斐亹，自有所長，由于情性也。祺一釿範尚未得見拓本。廉生事可詫，仍内地所爲耳，秋冬屢有忠告，以冀其身與學俱安，未知何如。新得秦詔字殘瓦，至佳，拓上一紙，真奇之至。新年新春已近，唯福履多歡爲頌。世愚弟陳介祺頓首。

光緒元年乙亥十二月四日

四五

壽卿書二紙，伯寅索去，特索回，鈔存一稿。

吉金各國自有書，以王朝書爲佳。吉金惟楚書氣勝於法，餘則以字大者爲佳，多見自可知之，不識字多見每可通（楚書奇而不及王朝）。滂喜齋藏物自以邰鐘爲冠，史頌鼎及劉燕庭丈故物皆佳，昨寄一有闌文壺拓亦佳。

四六

膠西靈山衛古城傍，出土銅器三。二似罐形，如，一似半匏，有流，形如。器名『區』，《史記》誤作『嫗』。田陳以大斗貸民，以小斗收，齊人歌之曰：『嫗乎，采芑歸乎。』文有『子和

子』即『太公和』也。『區』即『豆區』之『區』，十鋘及區之頸，所謂『小斗收也』，滿則不止十，所謂『大斗貸也』。伐魯後作，故曰『采芑歸也』。昔曾有考，客再録寄，先書大略，并拓三紙，乞致伯寅考之。又欽罍二紙，或名奇字，器銅質粗朽，文亦不及西周者。有德者必有言，自以文理長者爲佳也。

卷四

致吴雲書

吴雲，字平齋，晚年改號退樓，又曰愉庭。浙江歸安（今湖州）人。一八一一年生，一八八三年卒。歷署蘇州府知府。

先生初好碑帖書畫，鑒賞極精。既與嘉興張廷濟交，受其影響，篤好古器物，所藏侈富。兵燹後，南中諸家弆藏者，悉數散佚，先生居滬蘇間，懸重金以求，於是阮元、張廷濟以及蘇州曹載奎舊藏重器亦皆歸之。最著者有阮氏、曹氏兩家之大中齊侯罍，因名其齋曰『兩罍軒』。

著有《兩罍軒彝器圖釋》、《古銅印存》、《古官印考》、《考印漫存》、《古鏡録》、《焦山志》、《虢季子白盤考》、《建安弩機考》等若干卷，盡付剞劂。

道光廿五年，先生謁選入都，簠齋過訪，并以玉枕蘭亭相贈。此後音問中斷者廿有七年，同治十二年，復通函札，簠齋并以《齊侯鉼考釋》寄贈。其時，簠齋方編《十鐘山房印舉》（壬申本），先生乃假以古璽若干方入譜。後又寄虺紐魚紐印數方，簠齋因作虺紐魚紐爲《秦印考》。

先生寄簠齋手札，見《兩罍軒尺牘》卷九。

一

平齋尊兄左右：別來廿餘年矣，海濱既陋，中間兵燹，久無從諗近狀，去歲自都來者云，廣庵世講榮任太倉，想板輿就養，福履日健，古情益顯。并於子貞兄《東洲集》中，得知吴越安定後，吾兄收輯金石書畫甚勤，又有『阮罍亦歸高齋』之語。大著原刻想未散失，續刻必當極富，伏乞覓便賜寄，以慰契闊而念孤陋，無任馳仰。祺歸來不學，衰老無可爲兄告者，去夏酷暑中檢舊藏金文册，以尊藏罍考讀之，妄有所見，容得手復，即當就正。二罍及新得之器，均求精拓悉寄，祺亦當以所藏求考訂也。前刻金石記之手民，此時尚可得否？未入阮書之金文，吾兄如有副本，亦乞分惠，切企切企。筱漚兄家如何。吴侃叔、瞿木夫、徐問蘧籀莊諸先生著作可覓鈔否？手此上問著安，臨風懷想不具。弟期陳介祺頓首。

同治十一年壬申三月十三日

二

平齋仁兄左右：五月二日得四月十八日手復八紙，深慰積懷，具諗近履安和，古耆顓篤，訓成善政，學迪文孫，無任馳羨。聞大著《吉金圖説》富至二十四卷，今秋即可成書，尤爲欣喜，未知皆尊藏耶，抑參他氏耶？吉金文字自以三代爲尚，漢器而外，若竟印似皆可作别集。三代文字古於許氏，阮書之後，未有及者，今大著出，當與并重。竊謂今日當首以傳三代文字爲第一，考釋次之，文字傳然後人得有以考訂，當依《説文》部目爲一書而精摹之。惜祺年已六十，此間無可與共，不能不企之大雅諸君子。漢印亦深有補於許氏，但一印自有一印章法，前人之書止以字編，似亦未善。若關中侯印，於『關』字摹全印，『中』字、『侯』字、『印』字下，則注见『「關」字關中侯印』，亦所未有，而甚有益於字學、印學，未審可否？尊藏兩罍、永始鼎文之賜，感感。承索拙《説罍文》，先以初清草呈正，其清草無副，未敢即寄。鼎文似蓋勝於器，敝藏一器是同時物，兹先拓上（有三細字，一鼎二酉。）尊刻初印校底與吉金文全分并大著各種，能早惠寄否？海舶雖速，緘封厚每不易，洋行有可托處否？子貞兄想時相過從，乞晤時爲道切念，并乞轉致有新出漢廿八將李忠墓門題字拓本，有妥便當即寄同賞，并有一紙求題也。銷夏無事，乞聯扇數事，均希及之。手此即復，奉問著安不具。愚弟陳介祺頓首。

同治十一年壬申五月二日

三

平齋仁兄左右：三月未復，衹以海便須薄函，俗事又鮮暇，雖時時以所言筆之於紙，積至十番，而究無從寄也。今專差專足畢芬由揚前來，如有賜覆并寄件，儘可交付。外印集金目米拓并附。即請著安不具。弟陳介祺頓首。

年來作字苦無羊毫可用，乞惠作額者二，作聯者四，作屏者四，筆頭以長而不散爲合用，以常行作聯者爲屏用，以次加長加大作額者則不厭大小，短者提筆用力輒苦不足，毛散不相合則尤不可用耳。又懇。

近刻拙書額拓一紙，寄正，即用三寸長筆頭書者，筆毫患其不長，既長又患其不圓聚而分裂。乞飭工切屬精製，勿惜費也。手此，載請退樓主人吟祉。祺又頓首。

同治十一年壬申九月二日

附箋

乘輿鼎（尊藏乞續一圖見示，并及銅色。凡漢器鑿款，其筆畫之端皆見鑿起銅痕，無則多僞）。

古人有行旅所用之器，皆有識別曰『旅鼎』、『旅簠』（以征以行云云）、『旅簋』、『旅甗』、『旅車彝』。兹之乘輿鼎，其義當同。『乘廉』雖係地名，『輿』字不能相屬。『十煉』云者，自是煉冶之數，止存銅之精華也。漢竟云『幽煉三商』，歷三商之時則一日矣。幽煉之法不傳，幽則精氣不洩，非僅煎熬而已。細字敝藏吾宜戈二字，一粗畫，一細畫。劉燕翁楊氏鼎，亦有一細畫『楊』字。漢器字往往非一時所刻，右漕鍾、建昭雁足鐙等皆同，非今僞也。

漢廿八將佐命功苗（裔同）東藩琴亭國李夫人靈第之門（左右各一鹿，陽文，奇古，缺其右）。中秋後葬亡内事畢，始能遣工往拓，尤苦海舶難寄厚封，乞代籌之。隸雖勝於《曹真》，究竟東漢末書，漸趨於薄矣。法不多，力不足，故薄。後代之書，只是無法，楷法欲古，當求之隸。余嘗欲集漢碑筆法爲一書，惜無同志，并多見佳拓耳。

敝藏畫：

唐王維《伏生授圖經卷》。

宋李唐《小江南春卷》。

文與可竹三（一無款。極思得東坡、仲圭、禹玉竹）。

宋元紈扇集錦。

朱文公札卷（真迹）。

黄山谷書卷（《經伏波神祠詩》）。

馬和之《畫毛詩》（高宗書）。

元王叔明《樂志論卷》、《天香深處卷》、《夏山高隱軸》。

趙蘭倪竹合卷。

《雲林小景》二軸。

方方壺《江山秋興卷》。

趙松雪《馬軸》。

以上皆可信其不贋。昔年收得本無多品，歸里後始則無室可居，决屏玩好，嗣則守助之警，是以所見既陋，取得甚少，不足爲大雅道也。

碑則《二楊碑》（册）、《郭有道碑》真本（軸）、《柳誠懸神策軍紀功碑》之半一册。山東新出河平碑（李山農運至歷），想有拓本。《劉曜残碑》出東平，《禮器後碑》未見，容切訪之。六朝石近頗得數十種。敝藏吉金文字，今年吴仲飴爲録目一本。

尊刻號季盤（聞盤歸劉省三軍門），似未甚精，圖亦似有未合。既以古文字爲朋，自必恕我狂直耳。

舊拓金文，惟宗周鐘最繫夢寐，乞爲致之。内府藏器真拓尤念之，當時編古鑒時，當必拓過。又聞有《寧壽寶鑒》一書，惜沿《博古》、《考古》摹文之習，至大失真耳。

金文之刻，以阮書爲精審，校拓本可見。鈎摹金文，固須絲毫不爽，尤在中鋒用力，一無力一有力，刻出大不同矣。切忌似女工描樣，雖不失形而神失矣。三代所存莫重於六經，尚不免有脱簡傳訛之處，吉金雖古文字之一種，而真切莫過於是，何能不深繫學者之心。有圖有拓無器何害，圖拓之刻不似，何以流傳嘉惠後之學者，是以考釋可待而摹刻不可不精嚴也。吉金若只賞色澤形制，而好文字不篤，其與珠寶無异。有力者刻一書成，能使學者守之無一毫不慊之憾，方謂真知篤好與古爲一而無玩物惡習（真好古者，心精力果而樸雅大方，無一點纖靡之累，乃爲得古人之心）。刻圖有洋照法却可用。古器不易照，可以白紙糊之，用墨拓花文照之，用其尺寸（勝以意爲之），仍用拓花文，作圖自佳。洋照近大遠小，過分明亦有弊，形似而神不大雅，究不能全用其法，器之曲折處，以横紙度之乃審，[illegible]。其不可見而仍不能不見者，仍不拘洋式照。

讀書貴明理耳，理不明則極博而不能斷，不能得古人用心之真是處而不能傳，不能至極，故不能歷久也。詩賦層次意味，全是從理上分高下，徒博則飣餖而已，可以類推之。

由篆變隸而隸法失，隸之佳者，其猶有篆法者也；由隸變楷而楷法失，楷之佳者，其猶有隸法者也。法全在下筆處，全在指不動。凡用手者，皆不可動指也。書畫品格之分，全在有筆無筆，先求片段，必不成家數。

金文分時代，又分王朝列國，一國有一國之書體，又有一時之工拙。

南中如見秦漢玉印，古陽朱奇篆如鐘鼎古幣者尤佳。敝藏已有二三十印，乞爲留意，以鈐本并索直示知。敝藏古印頗可成書，惜此間無同好解事者助成之，偏陋甚以不得人相助爲苦也。年來目眊不能多作字，考説每書少亦數百字，苦於自書，每日亦未能作書課。子貞兄常言爲何不寫，深爲愧對。

子貞兄集求代索一全部。又懇代乞書『家常富貴』（漢竟）、『門宜子孫』（漢泉）聯，素紙即可。一七言紙，一八言紙，均截使短（去二字），欲即刻也。如念故人，書屏四幅見寄尤感。

敝藏金文六朝石文拓成時當即寄。

吉金以鐘鼎爲重器，敝藏有十鐘，因名齋爲『十鐘山房』。以四小鐘爲屏幅（編鐘，奇字、己侯、鼄伯、余義編鐘）。去歲易得李竹朋兄一漢富贵壶，文二細識大書（頗精美），與舊存吉羊洗同置一室，名曰『富貴吉羊之室』，俟刻圖成當即寄。

瞿木夫先生《古官印考》，有處借鈔否？

徐籀莊先生《從古堂款識學》，全書尚存否？托人切訪，云穀孫没（先生子名士燕），其妄哀痛之，遺書舉以付火，惟祝係訛言耳。

吴侃叔《商周文字拾遺》，有處借鈔否，其全書可物色否？

慈溪葉夢漁曾伯霥簠可求否？

夏松如諆田鼎（大）尚存否？

清儀閣虢叔鐘及晚年取得器尚存否？字少者則取古厚，所收勝於他家。

翁叔均尚存否？刻印無誤字而拘，未得漢法。名字宜漢印，收藏宜宋元佳印。尊用之印却未能古，何不乞趙抑甫大令（之謙）爲之，并爲弟求名印也。抑甫作少有名士習氣，有意求亂頭粗服，亦是一病。穆倩佳處只是得漢人刀法，其篆學却未能脱盡漢以後也。

尊刻冬心聯，文與書并極佳，深慰寸心，千乞爲留意購一二見寄。冬心書畫直追古人，好之深，此間無從得也。擬以賜本先刻，再乞數付。

江村聯自是仁廟時書。

枝山聯亦難得而未能愜心。

吴康甫拓丕嬰毀蓋尚存否？其『白氏』當即『號季子白』也。

漢印少朱文。近來出泥封之多，余與吴子苾閣學合存數百方，亦前人所未有，叔均曾略考之，若得佳工精刻，真足爲朱文之矩矱，松雪不足道矣。

《繆篆分韻》、《漢印分韻》二書，皆割裂印文不見章法，以致後人强爲牽湊。若刻原印而以其第二、三、四字分隷各字之下，注明見某字下，某印極佳，印不必我有也。合古今印文爲之，亦一大觀，書成印去，亦無所憾，大君子以爲然否？

古碑以録文爲要。劉燕翁《海東金石苑》極精，惜未刻，今不知所在。昔見其録文，大紙稿片，多於萃編，亦無存矣。録文宜先斷目，唐書成再及宋以後者。

沈韻初收宋拓之富，久聞之，甚慕甚慕。

顧子山觀察處有文、蘇、吴竹否，有，乞慫恿刻石。

昔年亦喜宋帖，今則不及碑矣。碑昔好博，今則不如古矣。有李斯而大篆亡，有蔡邕而漢隸弱，有右軍而姿態尚。

秦量今有三，一李竹朋藏，一吴仲飴藏，一鮑子年藏。斤權可訪否？

客冬以敝藏秦漢小器爲圖屏八幀，皆有考，容寫出并圖拓寄。

季玉世叔，昔年在貴公子中最爲循謹温和，今歸里不仕耶，乃有吉金文字之嗜，具見天機清妙，有古情性，曷勝馳慕。所得似阮藏與懷米山房爲多。

子爵。

子（似是『亥』异文）爵。

（手形有、之异，器皿形，勺形）爵。

父丙爵。

立戈形父乙爵。

舉父已爵。

朕尊。

䦆（人名）尊。（『弓張㫃幅』之形，與射者所用不同）。

即『櫝』，即『旂』，即『揚』异文。

（唯）三（四）（句），王（『攻』、『功』省）（句），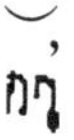（從『從』）（許印林釋文一如字、一今文，極是）蠲各（格）中（句），二（重文）（錫）蠲龔（恭）（句），蠲（『揚』异文）中

休（句），（作卜矩也）（『手』也）文考頊彝永寶（句）。此金文之佳者。

析子孫觚。中二字當是『業見』。『業』，人名。『見』，見於王也。

亞父辛觶（疑）。

子孫父癸觶。

立戈尊（未佳）。

舉尊（同）。

父丁觚（同）。

舉鼎，、鼎耳也，『一』、扛也，『扃』，、手形。

綰綽眉壽簠（宋元物，僞作也，雖見阮書，不足存）。

受父己卣（器蓋）。兩手奉舟，即『受』字。

鳳卣（器蓋）。

史頌簋（器蓋）。

德毁（『肇』，作毁者始得造器也）。

師□毁（自非『歡』字）。

史□毁，二器未合時，余見之廠肆楊氏兩宜軒。

□鼎（器蓋，此種須見器全形圖，有考釋，求寄示）。□自□□□（從『石』即『碩』，加鼎以明碩鼎），□（『從』也，或似『匜』耶。□，或曰『躭』），其眉壽兼，㫷期（從『日』自通），永保用之。此種銅多蜀産而薄。

庚羆卣（器蓋）。『羆』字從『能』從『貝』，有所考否？從具得聲，可證從『四』之訛。『庚羆』，言『庚羆之廟』也。丹一□，自是丹楹之用，錫之然後敢塗也，錫貝然後得作祭器，可以類推。□是丹之類，如䰞㽞之一卣也。□，有考釋否？□加□，或以别於成周之『各（格）』耶，他器所無。

封毁（器蓋）（製作有异否）？記是叔未翁物，以爲康叔毁是也。自□寶器，諸侯不敢祖天子也。□，許印林以爲非『艾』字，字見卯毁及余所藏鬲。『對』上一字疑即『肆』字，□下一字似『人』字。『蔑曆』當即『明試』。乃字器，係剔誤。未翁得器必清剔，以未剔校，殊損真也，字雖清朗而原鑄字邊之鋒則損，故多肥，古鑄款皆上狹下寬。

秦度（前損三行，上損二字。角亦無穿痕，當仍是施於木量者，非度也）。

此種皆二世詔爲多，此當是始皇詔（其廿六年詔後有『二世元年詔』者，乃所謂刻左也）。

昔年劉燕翁得其四，余得其一，今皆歸余。吴子苾得其二，其一似未確，城陷失之，一秦量尚存。李竹朋亦有一量，云秋仲携來，兼與小倩吴仲飴者同携至共賞之。余最後得一始皇詔者，始皇者惟存此殘字與敝藏耳。愚有考有咏，惜目眊，僻處無人可録呈，又不得面晤共賞，悵何如之。余又藏詔事戈，爲吕不韋相秦時作，亦奇物也。

未翁拓法甚精，惜未得見，惟言用濃白芨膠耳。拓墨以字邊爲主，淡者雅，不如濃者耐久。

『明』，『瞿』形是矣，首尾，疑即『隹』形，上爲，眉形。

乞賜復，并再賜拓本。兩罍亦乞再賜二分，欲每行合裝便校，前此皆手摹校之，殊費力。

張氏《古印偶存》尚在否？

太史尊（方者當標出）。

右漕鍾（『釜鍾』之『鍾』，非鐘）。

五鳳鐎斗（字疑）。

竟寧雁足鐙。余新得綏和雁足鐙，因集所藏所見之鐙爲考説，并刻所藏漢器精者爲圖說之。

大吉壺。季玉丈所得必不止此，如每種寄一分，當一一審之，尤望副本一二分，及他家所藏者拓也。順之丈并念切。

釋金文須先别古人文字、章法、體例、義理、句讀，不僅别今古篆之异，及未見字與訓詁之證也。

金文多見多讀自可通，真僞亦易别。

金文爲許氏之書之祖，又無傳刻之失，當補入許書，而不可釋者以偏旁附之。

僞器舊係鑄字，近年陝中始以無字古器僞刻，南中則顧湘舟所僞者不少，今都門僞刻又變一種，以拓本字摹成，轉折圓融，均失之弱。古器每有不同處，僞者則無之，有意爲奇字則必大謬，學者自能辨之，不學者不能也。

盂鼎尚在否？又有一大者，字却小，余僅得一拓本。

朱建卿有款識書，刻否？

徐紫珊藏器曾見之否，有拓副否？

廿年前所著《簠齋印集》，僅成十部。友人醵贈栗園亡友，每部十金或十餘金不等，紙與印泥不與焉。閱八月乃畢，非粟園静專，不能就也。歸來僅存二部，今輟其一贈君，乞即是正，并乞即請子貞兄鑒之，并求一序。其中體例似甚分析，不必若子行之枚舉，而已無不舉者，未知大雅以爲何如也。歸里後又得千餘印（尚有可得千餘之望），而玉印尤過之。久思再作，既若無友，又兼刻版印刷諸事種種不易。今特懇吾兄代爲先覓上好竹紙可印五十部之用（竹紙佳，則用處多，百部亦可），再六吉棉連扇料之雖厚而不鬆者，亦五十部之用（用多則直須廉）。然後以竹紙之大小定版式之大小，使之略小於舊版，而天地寬綽不至寬匾爲懇。子貞兄再書之，如舊式或酌改之，無須函商，前列審定三人則無須增減，其每種一版，切不可遺（至要至要）。須好手精刻完美，乾厚版石磨之。前集之劉氏印，竟不可再見。尊藏印若肯假人，并爲代致良友來東助成，尤爲切企。惟泥封拓黏不易（合海豐吴氏，又倍於前），虎符字未易摹，各類皆有木印（底本以緑印泥印之），未及入，作爲前集之闕，功程殊未易成。朱砂難得極細（印泥無他巧，只須順研研細，細一分精一分），油難得清（須露），艾絨難净，亦難得有耐心人，費工夫歲月也。如承慨允，并求大跋，紙刻各費，示到即繳。衰病偏陋，仰望德愛，無任馳情。祺拜手。

同治十一年壬申九月二日

尊刻冬心小聯極佳，乞假原本一刻，如能見賜，或爲轉購如此佳者，真至感矣。枝山、江邨雖佳，非弟所好。如董文敏、黄石齋、倪鴻寶、傅青主、顧亭林、朱竹垞、何義門、楊椒山、史閣部之類，尤所企切。近人則冬心、板橋亦可，其他筆法高古、聯語佳妙，亦均可刻。阮文達佳者，亦思刻一二聯，乞以此類推之，以人重者亦佳。

子貞兄經意之作，亦可刻一二，須撇捺佳者。朱拓試以像粉用蠟法，似勝雞子清者，兹檢所刻六聯一屏，呈鑒。此間有一木工尚可，特苦無可搜耳。

敝藏吉金目，今春始與小倩仲飴成之，先寄呈覽（尚未録釋文及須注者）。尊藏乞全賜拓本，并爲廣索舊本及諸家藏者。弟自不能拓，今年自三月至今，爲亡内卜地，久在田間，葬事雖畢，尚有需修補處，更無暇料理檢點，遲日當促友一一拓寄，并寄季玉丈也。但乞所見文字勿忘海濱老友耳。海舶不能厚封，亦大費力，拓本可以封入書册，則須專人矣。

元人如吴康齋集中，亦載有聯語，明以前聯，似不分爲二，施之門版，非楹帖也。

新舊金石書，乞見寄，九月二日。

以上計竹紙十番，每連接處有橢圓『古歡』白文小印，間有『海濱病史』白文方印。

四

平齋仁兄左右：月之二日，專足至揚，由彼赴蘇，手復各紙，并呈印集，多有所請。乞將所擬贈寄者先爲理出，道遠不易，務有教我也。祺之迂拙，不在聲氣而在心性，是以有見即書，不復修辭，乞鑒恕之。子貞兄健否，甚念念。如精神與致尚佳，當以所得佳者，事事請教求題，望爲道意。『家常富貴』（漢竟），『門宜子孫』（漢泉），乞即代求二聯，早寄付刊（一二尺五寸餘，七寸五分，短於七言而寬同。一四尺餘，寬一尺一寸，短於八言而寬）。極薄扇料亦乞代賺，并他所請，統由韓偉功兄處即繳也。手此先布，即請著安。弟陳介祺頓首。

同治十一年壬申九月四日

五

平齋仁兄左右：前專足竟自揚歸，想久勞跂望矣。兹有寄家鼇卿弟處一書，所云『張公』，即爲携書至揚之友。如未寄，可於妥便，以此書往取也。見寄之件如至揚，又恐延擱，遠道寄物之難乃如是。九月間，遣工拓來新出李純墓（非『純』即『廣』，以文譯之，當是『純』也）。《石門頌》字，先奉一紙，乞子貞兄作詩。日内有便，當由邗江信局再寄一紙。尊藏金石書畫目、藏器拓本并前所言，乞一一見復。敝同鄉韓偉功兄極可托，但有東家，不能爲人長途增車，寄物不可重累之耳。大著已刻成否，念念。子貞兄有在揚修志之説，確否？手此即頌著安，匆匆不具，弟陳介祺頓。

尊藏庚羆卣厤字，前未釋得，昨檢散盤中亦有之，因考之乃古『橐』、『柝』字，謂『丹以木匣盛之』，形如柝也。散盤中厤字，乃地似柝形，因以名之。蒙又謂『散盤』當作『夨盤』，『吴』之省文，後云『夨王』即『吴王』，而不得謂之『昃王』也，盤中又有『大』字，不同夨，舊釋第二字作『大』即誤，乞教之。祺又頓。

近復鮑子年一書，并録稿呈。蘇肆有小文石中有人物、山水、花卉者否？《檀几叢書》中《怪石贊》即此類，出於南中何地，乞示及，有人托爲物色也。

同治十一年壬申十月十八日

六

平齋仁兄左右：客臘十七日，韓偉功兄至，得仲冬十二日書，知前寄印集等已至。過承賞詡，愧愧。復蒙厚愛，以恬適養心爲言，感感。我輩好古，皆有真性情真精神與古人相契，方非玩物喪志。誇多門靡，與玩珠玉無异，故必重在文字，尤重有真知有思古獲心之喻也。吾兩人三十年前蹤迹雖疏，行年俱過六十，非以心相契，以書相通，以厚不遺，以直不飾，何以异於流俗耶？惟弟僻處孤陋，尤望鑒其迂拘，擴其見聞而時念之，則幸甚矣。承輟珍藏冬心書聯見報，又以羊毫十支、松烟五錠見貽，謝謝。刻楹二種，亦并拜登。《唐石經校文》、《説文聲類》、紙樣俱領。春來起居想更清健，尊著想已刊就，或先寄校，尤感。藏器各拓，并精品副本各五六分，諸家所藏，暨市售各拓，均乞留意。弟處雖無人精拓，終當陸續奉寄。戣匜拓甚佳，乞詢示。庚午冬得一富貴壺，今春始與吉羊洗并刊圖，名『富貴吉羊之圖』，亦名室爲『富貴吉羊之室』，兹以初拓爲君子頌。又李竹朋親家《古泉匯》二册，此書極富而摹刻未甚善，今有續集將寄子年兄代刊，刊成當再索寄，又有《書畫鑒影》一書。竹朋兄著作敏速，成書較易也。年前高要何昆玉携潘氏《看篆樓古印》、葉氏平安館節署《燼餘古印》來，弟出舊藏，率次兒厚滋編輯兩月餘，官印、古印甫得稿十數册，益以東武李氏《愛吾鼎齋藏印》，海豐吴氏《雙虞壺齋藏印》，子年、竹朋各數印，名曰《十鐘山房印舉》。擬前列一目，上則官古，下則私印，夏秋或可告成。倘蒙雅愛，於南中爲代收官印佳者數十方，或竟鼎力，可轉假數百方，俾於叙中詳之，則尤不敢請耳。蘇肆收吉金者，如可通問以拓相商者，乞示其肆與人之名爲企。《印舉》用紙既多，印泥人工每部需費過多，將來成書，先寄一部，求爲轉銷，如有索者，寄資續作，應之可也。《泥封》擬屬小倩吴仲飴水部編刻，亦一鉅觀。未谷繆篆分韻，南海謝氏分韻二害，皆割裂印文不見章法，惜未刻全印，而以其第一字下者分載見第一印爲較善也。瞿木夫《集古官印考證》，有刻本寫本可假鈔否（翁叔均有《古官印考略》，曾寄一目），與吴侃叔《商周文字拾遺》諸書，均乞切爲訪致。徐籀莊《從古堂款識學》，僅有敝藏器，餘亦念切。弟欲以諸治《説文》家言，分字剪貼。蘇坊所售，乞示一目，無者當求代購也（凡字學、韻學皆可通附，以一字爲一卷，以便增補）。大著論古詩文，乞賜讀。子貞兄近狀想極健，甚念之，晤時乞切致，求書之聯，久待刻矣。蘇市去年有老蓮書五言聯，乞爲購寄，佳聯或借或購，均望在意。《化度》鈎本，友人屬求數本，乞飭工代印廿本，分布由緯功兄統交各費。尊藏清儀閣秦度，雖據歐録名之，仍是木量銅版。弟今年又得一始皇詔者，擬合吴鮑李三量、詔版七八、吕不韋戈一、新莽飯幘制同秦量者，共各拓數十紙，裝册分存諸同好，乞以尊藏先拓付二十紙爲企。韓敕後碑尚未訪確。東平新出劉曜已殘甚。李夫人靈第門題字一紙，乞贈子貞兄。如再欲得何拓，乞付數字。同好如吾數人，今存有幾，能無心馳。許印林兄遺著已鈔校付吴仲飴，子貞兄可先爲之叙否？均乞晤致。手此敬謝，即問著安不具。弟陳介祺頓首。

同治十二年癸酉二月廿四日

附箋

兩齊侯罍拓，乞各十分，庚羆卣同。

退樓主人吉金，求全拓本二分，佳者三四分。海濱天壤，所冀文字不相忘耳。大紙成册尤佳。

潘季玉世丈吉金，亦乞代致同上。伯寅所收，惟郘鐘二爲至美，史頌鼎亦佳，搜訪甚力（鐘有刻圖及文）。

南中舊收藏家張叔未、葉夢漁、夏松如、姚六榆、吴康甫（丕嬰殷蓋所謂『伯氏』，當即『號季子伯』)、朱筱漚、韓履卿、嚴眉岑、文後山、懷米山房尚有存者否?新藏家知其人者,均乞一一示及。

宗周鐘拓本可得否?

散氏盤未貢内府,不知阿雨窗後歸何人(夨即『吴』,當名『吴盤』)。

内府未刻有《寧壽寶鑒》及《續西清古鑒》二書。

盂鼎云歸袁小午,或云李山農購而未得。

山西尋氏有出土古鐘,尚未得拓本。

《吉金圖説》想已刊就,乞先示校稿。

廿八將李忠後人墓門題字,奉寄三紙,庚羆卣中析字釋同『析』之書,未知至否?兹再附上一紙。

尊藏拓本乞屬友録目,某器若干字,某地某人藏,後附釋文,文之增減,如器奇者疑者摹之,某家著録,有蓋者校其字行之同异(敝藏校阮書增數百種,已録目)。

瞿木夫先生考據著作,乞訪借抄寄,抄直即繳(《集古官印考證》,尤切企)。

吴侃叔徐籀莊(子士燕)金文著作,均乞留意訪借鈔寄。

齊侯罍未刻各家考，乞鈔寄，子伯盤同。

叔未翁拓金文法，有知者否？尊藏瞿戣匣拓即佳，乞詳示，屬貴友寫寄，以易解爲要。

徐紫珊家吉金拓可得否？

近日吉金直成一大時尚，贋器紛出，不可不慎，亦不可不辨，特不易言，亦不敢妄言，安得同志留心文字者共質之耶。

尊刻叢書乞一全部，已懇韓偉功兄代爲具直領取。

《說文校議》有刻本否？如有，乞二部。未谷《說文義證》，湖北刊本，蘇坊有售者否？欲得二部。《說文》有好刻本否？緣韓君不知，故乞轉告，托爲代購。子貞《東洲草堂集》，亦乞一部。

子貞兄書聯如寫就，即交韓君見寄。

李竹朋舍親《古泉匯》，今有續刻之編。（其哲嗣枚卿比部之女爲弟孫婦，秋冬完婚。）

吳仲飴小倩名重憙，子苾先生次子。其胞侄峋與哲嗣會榜同年。仲飴官水部員外郎（壬戌東榜舉人）。承賜各刻已寄，尚未得復。

賜筆試用一二，尚未合意。今寄來退筆一枝，乞飭工選毫須勝於舊者（舊毫已較見贈者佳而尚未精），以極長而不用短毛及堅束再用生漆入管爲佳。如式者二枝，加長者二枝，先付試用，毫次者不滑不亮不直尖不圓健。弟用筆惟患其不長大，而以粗短癡肥爲不合用，蓋用筆按至近管則全不能提頓。以無筆用，書亦懶作。

凡托購之件，俱望由緯功兄處支用，亦可相商買紙之事，亦將樣托伊携來。

前示往來書用一色箋，弟僻居既不欲用俗箋，惟用八行書，安所得雅箋用之。今冒昧懇飭工仿書箋代刻一版如原式者，又一版以原式八行改爲十行，擇上字刻於行末。弟作書不喜用寬行，封厚不便也。喜作君子磚不同者，而此間無刻手，又無紅色，無紙，遂以非要事而止。兹乃重瀆，深不安矣。

此種竹紙乃廣東莊，他省所無（賴天德『賽雪欺霜』亦有美惡）。以爲箋似甚便，且宜書也（一紙二頁即可）。

尊箋所用之紙砑光較重，若有蠟則不易書，乞酌易之。

十二行、十行各五千張或六千張，亦可并版同寄，其直由緯功兄代繳，示知，即當函致，此次亦面托，可一見之否？

空信輪船即可寄，物則蘇信局與山東省城聯屬者令其達知，即由山東省城内惠豐當譚藜堂名玉書典中總司事者轉寄，至妥，惟須信局可憑耳。

雜書各紙，辱即付裝，愧甚愧甚。記性不佳，乞飭録見付，以免重複。

七

退楼仁兄左右：五月十一日得四月十日書，知二月一緘，并《泉匯》，金文拓已達，續得六日札，并爲購衣料均收，謝謝。以候大著《兩罍軒彝器圖釋》未至，遂遲復。至月十日始得捧讀，并五月廿一日書，遠承注念，藉諗近履安和，慰甚。化度寺虞温公鈎刻、古官印册、秦詔版殘字、庚羆卣、師卣敨各拓，箋紙均至，感感。大著摹文及圖，既過前人，收藏之精且富，亦今日南中所無，必久而愈傳之作。弟則竊謂既貴精矣，則不必貴多，若能減十餘種，似更增重。已成之書，曷敢多言，然爲兄傳信後世計，則不敢不言。且少字與小品者，略汰似亦無妨，亦未至大更動。其多字者，惟岑妃敨、㫺鬲，是陝中僞刻，愚見以爲可汰。贛妄拘拙，躊躇悚愓，當否均乞垂亮，幸甚。我輩所述，乃爲傳古人非爲傳一己，古人傳則己亦必傳，是不可不公其心求古人之是者，而我先爲傳之，正不必器之在我，惟專以拓爲貴，以圖爲備，只標我所及見者，其文與制，可傳則傳之。若考則前人者儘可多刻，勿惜所費，今人者則當酌。未考者則先刻圖摹字釋文，記尺寸斤權，銘之所在，所出之地，所藏之家，傳之以資博聞者之問學，庶不致因循一己，蹈前此刻書不成之弊。弟衰病一無所就，不能不爲古人重有望於君子，自問所愧，其甚於此者多矣。承索題辭，固甚欲附垂不朽，而言之無文，自知不可，統乞恕之。伯寅少農所刻《攀古樓彝器款識》，繪圖甚精，張孝達説爲佳，是文人通人之筆，伯寅自叙尤佳。大刻當已寄之，必當有一篇好文字也。其中四部鐘弟有釋文，并秦量詔版釋文詩記，均請是正。又《傳古小啓》，并博一粲。吉金考及詩，尊几收藏甚富，乞屬寫手録副見寄，需直均由緯功兄代繳。箋紙雖非宜書，亦可用，乞二三千葉（行寬而上下直，不作虚鋒，便可久用，色足爲佳）。他式均乞命刻坊爲之，以往還可附存本爲合。弟則樸陋，無不可用，惟羊毫今不如昔，殊不稱意耳。常用拓字之墨，亦欲一二斤（羊毫舊存尚有佳者，可供二三年用，但近喜用大者，毫不净則散亂不禁用力，只求净細，不借毫粗見力也）。文房所用，必精而不費，推以及弟，則感企切矣。二疊亦知難拓，前釋文時摹合之爲快，今仍求分條精拓各十紙。秦量求精拓再三四十紙，能多尤妙，思與秦金并傳也。宫玉甫、何伯瑜往游琅邪臺精拓秦石，中秋後可得。
敝藏彼地秦瓦當，積之卌年，竟有其五，當合裝之。附上李、鮑、吴三量拓，李器當即施薵堂物，鮑量出關中，容李量之三，吴器同，而爲宋人通其柄爲流，增獸面古環代鋬，增四足如匜，渾融無迹，今人不能爲。

皆始皇刻右，二世復刻于左。又詔版拓八器，又新莽飯幘制如量，容李器二又半，似尚可類從，均乞賞之。補寄寶六化石範（合土似石）拓。又四耳方坐𣪘拓，愚謂『[耳內]』即『聃』，『聃季』即『毛公』，『方坐』乃盛太羹之器，取其重而不蕩，四耳，乃二人奉持，器之至重者也。師害𣪘二器蓋拓，伯䧅（舊釋『淮』）父𣪘器蓋拓，城虢𣪘器拓，鳳皇𣪘拓，𩐋方鼎拓（見薛書），斟鼎拓（從甘從匕，旨之義始明，以匕嘗之而曰甚也），陵子盤拓，許子壯簠拓，虢尗簠拓，了孫父癸卣殘器，寶六化四化殘銅範拓，新得萬歲未央奇篆瓦當拓，統乞鑒定，餘當一一續寄。但此間能拓者無多，精者尤不易。附紙所懇商，以慎始得人，諸事言前定爲企。東省李竹朋、山農、丁筱農、吴仲飴諸收藏并可遍拓，尤望先以尊藏與南中藏家拓來先導爲快也。次兒厚滋字德榆又曰九蘭，及歲戊午欽賜舉人。長孫名阜字祜曾。將賜書扇，先侍筆敬謝，得名手畫尤佳。手復即問道安，世兄文孫侍祺。弟陳介祺頓首。

同治十二年癸酉七月廿九日

附箋一

《古泉匯》有欲得者，二金餘即可，能爲銷二三十部，少助其續刻之費否？《書畫鑒影》同。

《泉匯》續成須三金，《古印考》已成，不敢求入《印舉》，能先付打本全分，將來《印舉》就正後，或欲合爲一大觀時再商。弟只求爲古人傳，不爲好名而吝同好，集印刻版刻序，前來就拓，亦無不可，但任其事者，必須極妥之友耳。

瞿木夫《集古官印考證》，亟思求鈔一副本。

吴侃叔《商周文字拾遺》，乞切訪之。

《從古堂款識學》，何不爲刻之。

南中好金石文字者，近當益多，有好拓手如張叔未濃墨拓能爲之者，其人又極文雅安詳，不至損失金石，不至荒唐，可以共事。諸家醵貲來拓敝藏，或公與束脩路費，或以拓本計直（如此尤妥，多拓尤便）。二人前來，一人作飯伺候。弟對門有一閑院，甚可住（伯瑜即在内住）。此係閑譚，倘竟有成，則請先爲拓尊藏全分各十紙，精者二十紙。二罍、庚羆卣、虎形父戊卣、彔康鐘（當曰『受』）、史頌殷、師酉殷、封殷、愛壺（『愛』未確，制甚精，不可無全形拓）、虢季子白盤、史僕壺、王子申盞蓋、𣪕羾鼎蓋、𣪕尊、秦量、日萬泉範、契刀範、太和熨斗。此外大小各銅器瓦當六朝各種，均求無遺。潘季玉世叔收藏當可觀，亦求并拓各十紙（拓多分來與諸家并拓所藏尤佳，僞者只好拓過自擇）。

徐紫珊、嚴眉岑、韓履卿諸收藏家之器尚存否？夏松如諆田鼎尚存否？葉夢漁曾伯霥簠如何。宗周鐘拓本切乞訪購一紙。筱漚兄有頌鼎甚佳，兄光毁似亦其舊藏。張叔未有數卣，字皆大而佳，字雖不多而甚古，今尚存否？劉氏師至父鼎，雝橐泉宮鼎蓋見否？蘇肆尚有佳者否？

書畫之愛，今不如昔。以金文拓本爲最切，其味爲最深厚，石鼓秦刻漢隸古拓次之。一印一頁，一泉幣一頁，分類合編最佳，且可補入移動。舊玉可佩而佳者尚求之不得，真而中等者或可物色一二，不知南中近直如何，亦須來年韓緯功來托交矣。

凡數皆起於累黍，乃天地之自然，尺其一也。後人争利，因而遞增。校古器仍當用古尺，第三代尺不可見，建初已非古制，舍此則無古可據，不得不用之。本朝尺列於前，建初尺附於後可矣，不必曲爲調停也。

度是度，量是量，不可以一器兼二名而沿舊誤。張直名度亦誤，乃施於木斗斛者。劉作『秦銅詔版』，不言其爲何器，亦非。余名爲『秦量詔版』。

銘所在似宜詳。

以草書推古篆，愚竊未安。

齊侯中罍，『中』字既不正，又『女』字下垂二筆甚明，似未可强名爲『中』。又『丹一㮇』，乃格於庚羆祖廟之宫，而錫以㮇盛之丹，使之丹其宫楹，如《春秋》『丹桓公之楹』也（盛丹之器如柝，應云『㮇』，爲盛丹之器）。

師酉毁，阮氏一器，朱氏一器，均有蓋。余贈筱漚一器無蓋，乃得之關中者。

蔑明、歷試。

史頌毁器，何以未刻？

『㝟』字上從『内』甚明，當是『芮』，下亦非『犬』，當是『大』，乃『芮太子』三字，未知是否？

農器，余謂爲今之鋸類。

册册父乙鼎、庚午父乙鼎，非尊藏之精品。

㺇父辛酉蓋，祖辛觚，父辛觚，手札中觚、魚觚（僞者非一）、孫子觶、齊侯盤、朕作矛、黄山鐙（昔在叔未處即疑之）。

銅鼓雖精，似可汰（東卿有一陽識者，似非中國文，後所得陰款者，皆僞）。

孫旅弩（六朝）。

鈎中君宜高官，丙午神鈎君高遷、千四、長壽半鈎（四種皆精，餘俱乞拓一紙，當據以妄斷已成本，不當如此直妄)。

大著必久而愈傳，其不藉以傳者，或可虚衷不斥其狂妄否，不敢以剽榜名士習氣待吾好古之老友也。罪甚罪甚。又拜。

箋紙色不足，行亦不甚直，尖鋒不耐久，不如尊用之略粗行者。紙不喜研光，不喜礬蠟。凡紙舊則宜書，紙宜滲墨又宜托墨，細而無膠礬者則然矣。今之棉料皆礬，即是不佳處。行紙不耐翻閱，亦悶事。間事暇時偶一答之可矣。又拜。

附箋二

毛公聃季𣪘釋文：

□亥。王又(有)大豐王□(域)三方王祀亏(于)天室。降。天亡(『亡』古無字，或曰乍，祉亦似)左又(右)王。衣祀亏(于)王。不顯先文王。事(事)喜(禧)帝(禘)。文王德在二(上)。不顯王。乍(作)相不㒸(墜)。王乍賡。(從丙(丙)不(丕)克三衣王祀。丁丑。王卿(饗)大(太)且(祖)。王降乍則爵。復(退)。櫜。隹朕(聃)又(有)德每(敏)。肇王休亏(于)𣪘。

以丁丑推之，或是乙亥器。不見，或鑄時銅鎔所掩。舊疑是『聃』字，今日始決。

同治十二年癸酉七月三十日

八

退樓仁兄左右：前月詳復并拓金文，想已至，當不以愚直爲罪耶。頃得七月書，知遲答垂念，敬謝，計月内當邀惠復矣。子貞兄作古，聞之不勝愴然。本朝之書以劉、張爲最，何實過之，惜亦少有偏處。其博學好古，非今人所能及，詩當與字并傳。其偏處即在目空今人，所以進步不能造極。然其功夫力量真莫能及，能勿思之耶？博學於文，約之以禮。禮即是理之自然者，文非理不能成，非理不能分高下，淺深即判於此。有人之見存，即已誤却自己，識大識小固同一理也。子貞兄之葬，文安公托以夢境，即是好奇之弊，言事亦是好名之心，不能反身誠求真知，學之不足也，游歷不歸以至長往，能勿爲之悲耶？遺集想尚有未刻者，詩集版當在蘇州，乞爲購二帙也。瞿木夫《古官印考證》及叔均兄所續輯者，昔年只得目録，乞敦致翁世兄爲鈔副本見寄（能即假尤妙），必有以報，想必念舊，早爲發寄，需費均可由韓緯功代假也。

《印舉》凡例、目録日内甫屬稿，恐一時未能就，打本則九十月可成廿帙，約八十本一帙。啓中所載尚須增十金，伯瑜遠來久稽，不能不爲之謀，行否則聽，非欲自銷也。大著《古官印考》，如有副稿，乞賜一閲，私印先求打本一分，《印舉》就正後，如以爲可，又能合增，再作數十帙，傳之將來，尤大快事。官印册印泥即可用。前人之譜皆以打本刻本同集，或以石印摹補，唯《四明范氏譜印》爲最多而頗有僞者，未有以真印六七千鈕成書者。若可通融增廣，即附大著，亦豈靳惜。但望有妥細可托可共事又可作此等事之友，如前書所商者，刻版印紙，彼此互假，集古大成，真文字之至幸矣。汪訒庵有七印合成爲一印者，是何印文，乞示及，以便檢覓。葉東翁有六面朱文秦印，今在羊城。四明范氏朱文圓璽至佳，字多似瓦當、竟文之類。秦九字小璽（疢疾除）古玉印朱文奇字如鐘鼎刀幣者。金印封爵者石洛侯在東武，不唯不可拓，并不可見。葉氏印曾得全帙否？尚有燼餘數百在羊城也。吾兄見聞廣博，尚望一一告我，幸甚幸甚。書成不能再得子貞文字，良用愴然，知必同此意耳。箋紙已將用畢，尤以無佳羊毫爲悶，前惠皆不及舊存，存者毫雖佳而單弱不耐驅策，新墨苦不黑，竹紙寫字少翻即破，尤爲悶極，手民尤劣，遥望唯有健羡。次子厚滋任編《印舉》之勞，以卷帙過繁，擇其精者，擬爲《古印一隅》，摘取凡例、目録之義記之，今年或當可就，隨記即付刻矣。

尊藏官印讀過數次，謹附管見一紙求正，尤望時賜尺書也。手復即問著安不具，弟陳介祺頓首。

同治十二年癸酉八月廿四日

小倩仲飴患瘧甫愈，唐石尚未能拓。尊册所用印泥，自制耶？抑購者，購則乞示其直。極大磁乳鉢，鉢厚大者爲佳，新者如可用，求代購一二件。箋紙等所需，緯功兄至蘇，可令各肆寫目交之，已托爲代付矣。竹紙或可問賬本鋪中索紙樣否？又拜。

附箋

兩罍軒官印

樂昌侯印（疑）。

西都侯印（『西都』二字過奇）。

挑鄉侯印（似僞）。

都鄉侯印（疑）。

武昌亭侯（疑）。

臨水亭侯（似僞）。

陽平君印（昔於清儀閣中疑之，今尚然）。

强弩都尉章（僞）。

宜揚將軍章（疑）。

[illegible]（初疑『前』，或似『卑』，即『裨』。後乃定爲『右』之從千，與空右將軍一時物。首一字究未可定，『將』字則無疑）。

牙門將印（僞）。

騎部曲將（小者僞）。

兼平北司馬印（僞）。

漢假司馬（僞）。

楨翰寧部司馬（『翰』即『幹』）。

陳留太守章（僞）。

猥司馬之印（似『猥』字，余有折衝猥千人印）。

陽翟令印（須考定）。

[illegible]安令印（[illegible]似非『需』）。

雒水長印（疑）。

桔柳長印。

潁川西湖之長（後人印，不可入）。

沛祠祀長（考『祠祀長』爲漢初官，篆文却不似）。

平原徒丞印（僞）。

都水丞印（疑）。

新汲左尉。

帳下行事（勝於立義行事而未可辨。帳下行事，『行事』，六朝官名，又有『繞帳督官』名，瞿書當詳之。典韋將親兵數百人，常繞大帳）。

蠻夷邑長（疑）。

劍士（所見皆僞）。

辨釋僅據打本，即乞教之。

楨翰寧部司馬。《左傳》：『平板榦。』杜云：『翰楨也。』《正義》：『《釋詁》云：「楨、翰，榦也。」』此印之官，當是掌軍中築壁壘者，故曰『楨翰』。『寧部』，安部曲也。

葉氏有蒲塞口執姦（經火，今歸余）。

九

退樓仁兄左右：前復二書，想均察及。兹有舍親竹朋兄奉贈所著《書畫鑒影》一部，乞檢存。《續泉匯》稿今甫轉寄子年，尊處所存古泉書并拓，不可不由伯寅兄致子年采入也。此請著安不具。弟陳介祺頓首。

同治十二年癸酉十月二日

一〇

退樓仁兄左右：十月十二日奉九月十三日、十八日、廿七日手復三書，并吉金漢瓦各圖拓，敬謝敬謝。得諗起居安善，慰慰。并承虛懷不以直言爲妄，具見識學不同流俗，無所違忤，欣喜莫喻。唯瞿氏書及拓友事未得，知是不易，尚乞在意也。所詢者效彝，非古佳書而非僞，且有後人刀剔痕。剔字切忌用刀，尤忌損字邊虛鋒也。此種愚皆謂之毁，古無彝尊，彝器之重而常者之通名也。拓本不知何器，姑名『尊彝』可也。𠕋父乙鼎，摹字未得神又易僞，故云爾，自可存。作字以下筆具一畫之力乃遒健，鈎字亦須知。子貞兄用筆法，中鋒直立，運腕而指不動又不失乃得神，筆弱而指動則大遜。凡用手之事，皆以指不動爲法，此近年所得也。岑妃毁自僞，不過勝於乙亥彝耳，與𡖊鬲皆必不可存，且既歸他氏，則無容周旋。今人尚可與口舌争，豈可留爲後來君子所議耶？收藏精富著作不朽如兄，不可不以愚爲然而闌入可疑尋常之品也。二版皆劉氏故物，所收或未剔本，非别有其一，今存敝齋矣。秦量形如此，柄後空中以受木，柄旁有穿以受杙。李氏者乃宋施百故物，鮑氏者乃陜出，吴氏者宋人通柄增古獸環代鋬，又增四足如匜。鮑器容李器之二又半，吴與鮑同。有穿之版，自是施木量者，餘所施或有不同，今不可知矣。古人五量皆謂之量，殆大小之异耳。圖制成再寄。琅邪秦石數拓，多五大夫一行，尚有東面字極多而一莫辨矣。漢瓦全者，聖公府有之，畢秋帆聞亦有之，所藏當其所遺，此種非宫殿圮後幸完，乃用餘或作瓦之地所出也。圖乃六舟作法，不及陳南叔竹林作圖以尺寸爲主，須以細銅絲或細竹筋密排於版中，使扛抵於器之中，則大小可得其真，曲折悉合，然後側之以見器之陰陽向背之情，然後橐者就古器寬平者拓文，就器而撕合之，則不失矣。陰陽向背圖器同審自合（合則刻木，拓之亦佳）。洋照法亦佳，惟前大後小，又須器上紙再拓，墨緑色乃可照，中土人能此者可試之，而不可使携版往，縮圖則必記其小於器幾分也。好古以文字爲重，全瓦與鼓究近玩物，稍緩此等，正可肆中收其重者，此言亦他山之助也。[illegible]字，許印林説在弟處，或小倩吴仲飴假去，檢過再寄。古印就打本亦可見其八九，六朝極劣者，筆畫亦非今人所能爲。多見真用心，知三代至六朝用筆之法，非其族類者，自望而可知。然躁心則必有失，學問之事，小道亦然也。印泥無他，只在好砂極細，秋壑勝於徽宗，亦不過極細耳。尊印自比清卿學使者爲勝，似叔均之弱而書卷過之矣，蓋未得古人用刀之法也。此次所寄各拓未繳，切望求清儀閣拓法，吾數人共效之也。殘詔字尤乞精拓佳墨，墨無他佳者，只是黑上者油烟（澡堂中者即佳）松加油也。愈佳愈輕，次者松烟上浮者，下則鍋烟與木炭耳。蔡氏鐘亦曾得拓本，似非僞，而吉直下通，亦可疑。若筆畫中銅緑相融爲一而又有迹則確，否則直可從減，然終不如虢叔鐘之佳而可以重直求之，况已有佳鐘二（禄康當名『受』，尤佳），亦可以從容圖之，何如。許丈説虘其字也，爲索隱文則確甚，否則兩可。器文自有名，非名罍則定矣。尊著勿過拘定成説而汰小而尋常者，亦甚足自豪。傳古在精摹其文，多見則釋可通，而闕疑以待後，則書易成。遇佳品不可不先刻，不必已有諸家説，多刻則傳必久且大矣。阮氏喪史實鉼甚佳，今在吴氏。劍士印以銅質驗之，此亦鑒别之一法。此一切近詳於子年、伯寅書中，可向伯寅索稿也。弟所寄書，求令鈔胥寫付，有相質者則批注尤感。金文收存者，付一目，以免複遺。頌鼎確有其事，筱兄寄拓云三百金得之。師全鼎可爲弟致之否？惜猶是習見之文，不足以易封毁，十器不如一器，則其直可定，以爲然否？兹寄鼎拓九（器八），卣拓四（器三），盤拓二，尊拓六，鬲拓一，盉拓三（器二），斝拓一，甗拓二，匜拓三，觚拓一，罍拓二（器一，名未定），箕鑴拓一（以其形名之），鐸拓一，共三十五紙，乞察入。齊侯罍以難拓，尤多乞并不剪合各十分，尤望早寄，勿笑其不廉也。集古金文，釋而刻之，一器一頁，考釋後補，只摹文逼真，即一大著作，惟能知其不失神爲不易易耳。竭一日力復此，以付急足。竹朋兄《寄書畫鑒影》一帙，月十六日有人赴邗上，屬漕署筦庫宋子舟玉瑶轉寄緯功兄矣。此問近安不具。弟陳介祺頓首。

次兒、小孫隨叩，世兄侍祉。

同治十二年癸酉十月十三日

此紙已用盡無餘矣，望切望切。子青兄務爲道念。并乞畫畫，用筆則有法而必傳，先謀局蓄稿烘染則不能成家而亦不傳，用筆則在起住兼前指不動之云也。細薄棉紙尤所急需，竹紙與筆均常需之急。尊藏私印，求付一分，外紙樣，乞照刻，一板一印一紙尤企。又拜。

一一

昨復一書，又寄《書畫鑒影》一帙，想可先後至。契刀範乞早拓寄，并他範可入《泉匯》者，均望拓來，古泉佳者亦然。如有致竹朋兄書，當爲并致也。西都侯印，二邑之中確是[illegible]（者）字，吾兄偶未察耳。求飭工代製信箋，以行寬‖如此刻，上下直耐刷色，红紙宜墨爲佳。前寄小字，想尚在刻工處也。歸來樸陋自安，簡札用市鬻八行，大雅欲存交迹，輒即奉瀆左右，殊自愧也。南北不易，乞屬工多製加意由海舶作貨封寄，尚有續懇，來年與緯功兄紙張等同寄下可也。此問退樓兄著安，祺頓。

同治十二年癸酉十月十八日

一二

頃檢得印林説，[illegible]字爲『抚』即『摡』，甚確。手録寄鑒。詔版精拓并各種，乞早寄。得緯功書云，已爲飭坊作箋，先謝。都中僞器日出，异於陝者，非潛心於古，真不易言。琅邪臺秦刻新拓至善，且多東面不可辨字及五夫〃、五夫〃楊樛字，制曰可之半（明春同志醵資往拓并文登晋咸寧石）。此問退樓老兄頤安。《印舉》臘間可成，六十金，可留一部否？否則俟來年自爲之，示復。弟陳介祺頓首。

同治十二年癸酉十一月三日

附箋

周兄日壬卣

作兄曰（『作』字應下一字。）

寶尊彝

右拓本吴子苾方伯贈，所得揚州古器五種之一也。蘇州顧湘舟又嘗贈余全形拓本，文字與此如出一範而無此秀美，豈别一器耶，抑同器而拓手有异趣耶？子苾云『日作卣』，又云：『首末兩字不可識。』余案：即『既』字，從，象人舉手，從『手』，『既』聲，乃『摡』字，此又省其皀耳。《集韻》八末『摡』、『撫』同字。注云：『博雅取也，一曰拭也，或作「撫」，正其字

矣。』《筠清館金石録》卷三有周尗寳毁，釋其銘云：『叔寳作呈寳尊彝舉。』子苾手校『寳』爲『宿』，『呈』爲『曰壬』二字。案：古器銘『日乙』、『日庚』、『日辛』，并廟主之稱，『日壬』蓋與同例。此銘從『日工』而亦當作『日壬』。云兄『日壬』者，弟爲兄作器也。疑與彼『日壬』同爲一家作。彼末字作，諸義書皆載，舉古文作，此銘末字作，當即其變體。

右日照許印林瀚釋文。祺案：『撫』釋甚確。所云顧器，或别一卣，或即尊齋之壺，壺得之顧氏則定矣。『壬』字無疑，末字似『班』。即寄退樓鑒定，再乞壺拓（圖更佳），付仲飴爲索卣爵（同文）拓也。簠齋記。又丹一㮄，又賜以丹一木柝也。

同治十二年癸酉十一月三日

凡名古器者，不所爲作者。字（原字、今字）注式爲善，自刻藏器佳者傳之，同時同志藏器者傳之，據真拓本傳之，合古今刻本重刊傳之，再依《説文》分編傳之，即去收藏第二、三等百數十種，爲此亦自勝多藏也。一面摹文，一面釋文，釋文弟同任之，考據别作一頁，則易成矣（本朝刻者汰其僞，不恕，宋元者，汰從寬）。年前後信船不便，由妥信局寄濟南惠豐典（章丘高氏），譚藜堂名玉書（濰人爲之司事），收信後仍由此局遞復，又拜。

退樓仁兄左右：昨復一書，想已至。兹得緯功書云，吾兄近以痔作，未能晤，想已平復。弟患外痔四十年，服《本事方》『神仙丸』（蒼木爲吾兄見修園書），無意全愈，未知可用否？即不能自作書，亦望見復。弟年來收訪秦斯相書，以詔版爲木量所用。後得一上有曲銅鑿[illegible]（似『麗』）字，詢之陝賈，云與劉燕庭方伯所得兩詔者，同爲大鐵權上之版，而權不存，恨不得見。昨有人云『於日照地見其一』，命往訪，竟獲之。形如覆淺碗，上略似印之鼻鈕，銅版當是鑄時先嵌於範，鎔鐵合一，鑄成刻詔，版陰當有大字詔鑄款者，銅色深緑，鐵侵有色變處，古澤黝然。重今庫權八百十九兩五銖（五十一斤四兩），古制百二十斤之石也。古今校之，秦之二斤三兩當今庫權一斤，秦之一斤當今庫權七兩五銖八分。拓寄同賞，并望秦詔九字殘版精拓五六十本之惠，與諸秦拓并傳之。出當其時，又可有之，我輩不可謂無古緣，斯相有知，或亦有以相感耶。雖不及鐘鼎文字，然暴秦忽焉，柔豪之法，實始於斯，不可不重也。書少漫漶，器則完全。其有曲銅者則抱鈕者耳。所寄金文目書稿，乞早付。手此即問著安不具。弟陳介祺頓。

瞿氏《印證》究可假鈔否？念切，翁世兄處望托人代致，至企至企，不敢奪其舊藏與均兄遺著也。胡氏琨《泥封目録》，乞代致一册。

同治十三年甲戌四月八日

一四

退樓仁兄左右：五月十三日得四月廿二日書，遠承記注，藉諗近履臻善，感慰感慰。便秘乃壽徵，齒痛則將摇落，雖有所苦，不足患也。秦鐵權先寄未裝一圖片奉鑒，友人還，當再裝一紙，詳記求考。紙樣謝謝，緯功兄已定製，如不逮此，再多購可也。前乞假尊藏秦漢私印一讀，切企切企。《古印考證》，仍乞在念，叔均曾寄《續考》印目，當必有説。胡氏琨《泥封目録》則見於叔均參訂吴子苾《古泥封考略》中。敝藏器拓目，乞以寄者校總目，而時以已寄者録寄，則可補足而無脱複。文字之惠至深，則何者敢靳耶？望日書尚未至，不及徑達東海輪船局交濰利亨棧爲速也。手此即復問頤安不具，弟陳介祺頓首。

惠書中所言山東省可接續寄信之處一紙，係用東洋紙之薄者，以之製箋極佳，乞即飭工以此種爲之，既宜，又經久且薄軟也，原紙交緯功兄作樣代購矣。手此再請退樓仁兄著安。弟陳介祺又拜。

同治十三年五月廿五日

一五

退樓仁兄左右：四月十四惠書六月始至，非輪船息時不必如此展轉也。伯寅兄書來，屢言吾兄因病減興，前書已言其無妨，似不必以爲意。溽暑想體履增佳。養病以安心爲主，以移心爲方，移心莫善於文字，安心莫善於澹泊，心氣得養，形病之小者不足久爲累矣。文人結習至耗心血之語，似是求傳自己之弊。游咏文藝，大可涵養性靈，不急躁，不馳騖，與古人相契，不可有至樂耶，乞鑒納之。昔年嚴眉岑兄曾以㽞散真本見贈，其後人如何，所藏如何，知之否？《古官印考證》，其季子經孳將刊之關中，袁筱塢已叙之，當可成矣。前乞尊藏精器拓，企切。兩罍既爲兄有，不可不精拓多傳，使今日後日知之，勿以拓之不易而靳之也。黄聯刻拓，敬謝。手復即問暑安，惟愛衛不宣，弟陳介祺頓首。

同治十三年甲戌六月十三日

一六

退樓仁兄左右：今日得月六日書，知前月十九日書已至。承惠古印拓廿紙，奇物果在尊齋，足徵有識，又復許假入《印舉》中，感荷至誼，惟以古處自矢而已。前寄瓦拓等尚未得見，過蒙獎飾期許，伏處恐未能就，惟有慚悚。兄鑒藏之富，南中自無二人，若肯虚納專傳至精之品，定可千秋，何不俯而力從所請之誠耶？耿耿此心，非敢自信太過。求讀所藏古印全本，尚望慰之，他求亦乞爲傳古勿吝也。清儀閣之三古印，唯缺鉨一印。宋以來止知有秦印，不復知有三代，今以鐘鼎通之乃定，已於《印舉》中首舉之。兹以《印舉》中自存并借入之三代古官印五十鈕，拓請教正。尚有棉紙一分，容下次即寄。又族弟佩綱字子振所摹二十六印，并乞誨之，尤企代購此種或舊譜有此所未備者借令摹入，尤爲切禱（别爲一册，秦漢官印佳者并附）。再張未翁晚年所收數尊卣，字畫粗而古厚者尤佳，吾兄不可不物色之。《印舉》須次兒歸乃能編已，誤三時但可增數十印耳。仰恃重愛，遂報妄言，惟幸垂恕。弟服蒼术丸似有效，其方見《修園醫書》中，名『神仙丸』（《本事方》），曷不一試服之？手復致謝，即問著安不具，弟陳介祺頓。周秦朱文印過多，未能拓寄，書成再請正。

同治十三年甲戌八月十七日

一七

昨奉復謝，并寄《印舉》中古鉩印文，又族弟子振撫本請正，當已至。兹檢得敝存辟邪鈕朱文名姓私印，母印與兄姓名適相符者，拓奉鉴定。如已於漢印中得之，則乞示復。如未得，則思以爲吾兄金石書畫之識，而易大朱文古鉩與白文三四印。倘竟慨然，不計其以小易大之貪，其古厚之感，固非常可比。倘以爲居奇，則請加古玉爲報，倘均不可，則前不待請而即允假入《印舉》之諾，仍乞不渝，尤企代於吴市訪求此類文字也。所乞私印拓册吉金精拓，均希在念。近歷市出肥城出土古器數種，已歸笏臣方伯，今得其一拓，内人名是車象形上立二人，輪外有轄，甚奇古。此字自宋人編入字書，釋『軒』，牢不可破，蒙則謂兩者乃『兩服馬』形，直一象形全車，又有載旂者刀者，今增二人，更爲論古增快。兹仍借爲『軒』，令子振摹一兩罍軒印稿寄正，倘可令作，則請如式寄石，石不可小，大者成再縮小爲之。寒士苦心，唯自篆則尚不及撫古之能得八九也。自製朱闌箋，每種乞數紙，何紙何色何坊何直，乞飭工録一目。往還用一色箋，尤見交游之雅，第不喜礬蠟紙，而喜東洋紙之近宋版書，唯無堅細者耳。手此即問著安，菊艷醪芬，定多嘉會，開緘伸紙，亦念我馳情否。不具，弟陳介祺頓首。

同治十三年甲戌八月廿二日

一八

退樓仁兄左右：月内兩寄印稿奉鑒，後雖近於防要，然知愛我者之必不責之銜之而笑之也。乞求吝惜，非阿堵不失古文字之雅，想已有書復我矣。寄物何便爲慎，可自南定，北力則過費，緯功兄則奉答遲也。瓦拓今日始至，匆匆題數字，先繳七紙察存，敬謝。尚蘄時有古文字之惠也。即問頤安不具，弟陳介祺頓。

孟鼎未至日下，左相已諾伯寅，專弁北來。今先以敝藏孟爵拓請鑒考，確是一手書一人物無疑。『來』字見散盤『萊』字（阮釋），字亦同見，字是『鄧』省。

同治十三年甲戌八月廿七日

一九

退樓仁兄左右：今日得月十二日手復，知吾兄自家山還，見前月所奉二書，後一書今想已達。所惠大著《彝器圖釋》兩帙，屢云『發紙束箧入即可』，緯功兄慎重不肯，誠良友也，詢及先謝。古鉨未請而先示及爲企。族弟子振學刻鐘鼎及鉨印甫一載，皆弟向説，刀法尚不稚而性靈書卷不足，仰承齒噓，寒士歡顔矣。近與友人論古人作字及摹鐘鼎文作印語，附録請正，兼乞爲求教於同好諸大雅也。印石至，當令振弟刻，刻成尚允假，至感厚誼。所商本不敢固請，唯遠道往返亦所不安，感之又感而已。古鉨在叔未處亦未甚標异，自弟以鐘鼎引伸發明，當更增重。朱文如此之大，尤爲罕覯。其闕筆印不出者，想尚可見，當摹備。叔均釋第二字爲『都』，甚有見，鈺印鉨，止可識此二字，其二如識，可漸漸縮小也。賜齊侯兩罍拓，感感，撫本雖不及真，然可以廣流傳，欲多乞棉紙二三十分。必須刻手書數字於後，使海内得者知其寶重，不可僅以一印識之，須言古爲何人之器，今得自某氏，考者幾家。冬窗當以原本撫本相校而朱識之，寄鑒。可再佳刻一石，傳公海内。必須精拓，每紙三四行，用中一行而以餘行定其行間空處乃得。其真拓誠不易，而弟仍欲多得及他所請，乞致貴友善拓者爲之，當有戔戔之敬，未審肯俯允不厭否（可以長鉗夾拓包撲之，罍内或用無烟明物照之，或於闇室，以上大下小長筩，收日光入罍腹照之，其有筆畫拓不出而可見者，亦可以鋼版上有齒者探剔之）。所藏秦漢私印必有自存之本，可否即交緯功兄付閲，讀過别紙附入臆説，明春即繳，定本之惠，可遲遲矣。秦量殘字乞如張氏精拓者二十紙，龜魚符拓亦再請，當如所寄以敝藏二龜二魚符爲報。辟邪子母孫印似漢人已有之，若劉贑劉勝子母印，則似仿作而亦非辟邪鈕者。辟邪鈕敝藏却有張遷、李翕，皆漢知名人，未可概目六朝也。月望後驟凉，未審南中何似，尊履想安適，藥亦未可多服也。東足即發，秉燭即復，不及檢近拓矣。此問頤安不具。弟陳介祺頓首，世兄文孫侍福。

同治十三年甲戌九月廿三日

附箋

古人作字，其方圓平直之法，必先得於心手，合乎規矩，唯變所適無非法者，是以或左或右，或伸或縮，無不筆筆卓立，各不相亂，字字相錯，各不相妨，行行不排比而莫不自如，全神相應。又作範須反書，鑄出乃正，是非規矩之至神，其孰能於此，惜乎聖人所傳學書之法，今不能知矣。古人之法，真是力大於身而不絲毫亂用，眼高於頂明於日而不絲毫亂下，乃作得此等字，所以遒鍊之至而出精神，疏散之極而更渾淪。字中字外極有空處，而轉能筆筆字字、行行篇篇十分完全，以造大成而無小疵，非聖人之心孰能作之始哉？無大無小止是一心之理推之而已。摹吉金作印，不可一字無所本，不可兩字湊一字，不可以小篆雜。一難於形似，再難於力似，三難於神似，四難於縮小，必先大小長短同能似，然後乃能縮小。五難於配合，本非一器之字、一體之書，一成一行，而使相合，是非精熟之至，孰能爲之？各字結構已定，難於融通，字外留空，尤難於疏而不散，須如物在明鏡之中，乃爲得之。須筆筆見法、筆筆有力，乃能得神。

自製各箋乞每式數紙。此間不唯不及蘇之紅色，并京紅色亦不能爲。年來因古文字多作許多字，而無牋可入大雅之目，近由京作高麗牋用，能問紅色法於工人，付一紙更感。

同治十三年甲戌九月廿三日

一〇

退樓仁兄左右：去臘廿五日韓緯功兄始至，得子月二日手書，并詢諗近履安和，深以爲慰。承賜兒孫輩法書與子青兄山水合璧紈扇二握，感謝感謝，謹命其敬領矣。尊書既力追古人，子青兄妙繪已窺王惲之奥，洵一時傳作，晤時乞代道念并謝，兼有妄論請正。作畫先求神韻，不講用筆，似是第二義，有筆再謀局，再求自然之墨韻，便不爲畫稿渲染所縛，方可入古宋元之室。鑒别亦先求此，然後有真見也，并請吾兄教之。書箋以吾兄欲留惡札，屬用佳紙，僻處不能得，又見尊製者佳，與書筆俱可飭常用刻坊筆工書坊爲之，而由緯功兄代繳。今俱見賜，悚愧悚愧，此次不敢却，再如此則恐瀆從者而必不敢言矣。書箋究不如尊用各式版紙色之佳，刻字亦弱、未識刻坊肯代精製如式否，不敢請也。正月十二日由歷典譚公寄到浴佛日書并範拓，敬謝敬謝。竹朋兄處範拓、千文拓，仲飴倩處壺範拓俱即寄。竹兄小有風疾，作字微拙，仲飴公車北上矣。䍜罛方鼎兵燹後殘銅一片，昔愛之而仍歸敝藏，亦古緣也。千文不及宋拓本何耶？書畫著録祇可備考，與吉金釋而不摹，同增後人悵惘。畫尚是玩物，非文字比，高逸者使人擴俗而不降志，故可珍也。金文是補千古秦燔之憾，義理外即推此，吉金皆以字爲古，而不知乃古《尚書》真本，文尤足重。《説文》不足徵，多見自可通。宋元明金文刊本以及内府者，雖相沿不變，大足爲多見之助，昔之厭之與足下同，今則不然矣，所以望同志者之有見即精刻，而考從緩也。至辨僞所以存真，僞不屏則真亦非篤好，守寶字數十器真拓數百種而猶有惑，可謂真知之乎。多見而識之，自可堅定矣。承示臂助，感感。但所憾無良友善工，所以不就，衰病又一人支持家事，不能至通都大邑，所以仰望海内之君子耳。《印舉》以次兒病，稽遲久未動手，將來留不裁一部寄上，則補亦甚易矣。兹由歷寄此并琅邪臺秦拓二紙，其模糊一紙，尤爲創獲，先裝二幅賞之。今春又醵資往拓古碑，須厚紙先撲後拭乃佳，拓工劉名守業竟能受教，可敵古拓，不易得也。秦漢瓦拓二紙，乞如紙拓尊藏各瓦，并求訪拓他氏，尤以秦瓦爲亟也。匆匆手謝，即賀春禧，惟動履珍衛爲祝。弟陳介祺頓首。次兒長孫稟筆敬謝貴弟均福。

同治十三年甲戌二月初一日

二一

退樓仁兄左右：月朔曾復一書，并琅邪秦刻石東西面精拓二紙、瓦拓二紙，於月八日譚藜堂由歷正大信局轉揚鎮蘇福興局寄呈，想已察及。倘未至，可以收紙稽也。春融惟動履安適，文字吉祥爲念。南中春雨春水如何，時和人樂，想非復去歲旱乾景象矣。吾兄頤養之安，濟美之盛，豈弟所能及。昔歸里有自撰句云：『習身所苦，求心所安。』今身則勞矣，而兒孫輩皆未能切實讀書，是以心無樂處而益其衰，然自念不如此，恐并目前景況亦不可得，亦安其苟安者而已。義理雖近腐，然有所一得，則心之説有非他可及而人不能阻者。其次則鐘鼎古文字，祖龍雖暴，不能盡蔽天地之藏，實天所留，以補秦燔之憾者，想大雅必以愚言爲然也。南中舊雨，惟君子一人，所望既拓尊藏而不遺，尤望精者多副。從所請而不厭其瀆，更望於南中收藏家廣爲搜致，市鬻舊拓亦乞代購（宗周鐘拓本尤切企），則文字知己之感，真金石之不渝矣。念我不棄，實企寸心，瞻望禱祝，馳情曷極。伯寅竟蒙左相以盂鼎相贈，可謂躊躇滿志，此容八石，其容十二石爲人載歸皖，未知兵燹後尚存否？其文紀獻俘而字小，昔僅於堯仙得一拓本，未知南中尚可得精拓否？盂乃南宫（『宫』乃『公』字之誤。『公』，三公）括之孫，服除以士禮見成王，成王命之，疑史佚之文，文勝於大者。『玟』、『珷』皆以爲從『玉』，愚獨以爲從『王』，言『文』之『文』乃王者之『文』，『武』之『武』乃王者之『武』，非他文武比，以義起之字，從『玉』則其義小矣，大雅以爲何如？季玉丈所藏尚乞再爲致每種數紙，近日收藏家所知者，均希示及。竊謂古器出世，即有終毁之期，不可不早傳其文字。我輩愛文字之心，必須勝愛器之念，方不致喪志而與珠玉等。蓋天地以文字爲開塞，義理以文字爲顯晦，秦燔文字而古聖之作大晦，許氏收文字之遺以爲説，二千年來言字學者必宗之，要皆燔後所餘，獨吉金款識是燔前古文字真面，非許氏可比。自宋迄今，吉金文字之傳，迴越前古，有是真《古文尚書》者，有不可以許書定者。其文與字非多見不能通，是以欲合今日所見拓本，摹刻善本，精摹其文爲一書（一器一版，字多者釋文别爲一版，字少者共一版）。且欲合宋以來金文書（摹刻失真者），附刻爲一書，以存古聖之作，而爲多見之助。再逐字分編許書各字之前，以立許書之本，而凡漢以來言字學之書，皆分字附焉，以證許氏之義。上窺制作文字之原，下集字學之大備，則傳一己而不能久者，傳古人而已亦必傳矣，乞是正之，并以質之同志君子。倘有能先我早成之者，正不必己出而尚可樂助。既知所學之陋，又無近名之心，唯耿耿於古文字之傳耳。言之不已，得無哂其愚耶？三代以前文字，非吉金無可見，秦漢以後之篆與用柔毫之法，則必以斯相爲宗。近熟讀琅邪刻石及瓦字，頗有所得。自去冬十月命工拓秦瓦及齊地所出瓦，舊存關中秦漢瓦，四閱月僅得四五分，以一分自題自存，以二分倩同邑拔貢曹君鴻勛代録，一寄伯寅，一寄吾兄。雖不足二百紙，亦殊覺日月之勞，裝爲四册，翻閱相念，當時時不忘文字之惠也。尊藏官印既惠一册，未審私印可再惠否？或以藏本假閲亦可。秦書八體，一曰『大篆』，二曰『小篆』，雖有許書，印亦見之，可證補焉。三曰『刻符』，刻符書符節令掌之，今傳虎符是也。四曰『蟲書』，五曰『摹印』，六曰『署書』，七曰『殳書』。蟲書今唯見於古印，有魚鳥形之异，秦璽，斯以蟲書書之，蓋取書之至古者也。署書今無傳，而漢碑題額、吴《天發神讖》字近之，今人無能名之者，余所藏樊纘、馮泰及六面各印，其署書之遺與。蕭子良云，古者文既書笏，或亦書殳。殳書見於印，又見於瓦當，或武功與武職所用與，余所藏又有垂露一印。八曰『隸書』。印中多參用之。凡此皆足滌《汗簡》、夢英《十八體》宋人字書之陋也。其甚古者又與三代鐘鼎同，而其奇不可識者或又過之，前人斷之以秦，亦近陋矣。《繆篆分韻》、《漢印分韻》二書，固前人所未有，然古人作一印有一印之章法，未可移綴，宜摹原印，以一字附目，其他字下則注見某字某印下，然後再分字編《説文》各字後，仍注明見某書某字某印，此亦大有裨於字學者也。拙著《印舉》本擬年前編拓可畢，以畏寒多病，次兒亦病三月餘，今始北上，只可從緩。剛卯似亦可附，如見真而佳者，亦乞見寄拓本，以便刊入。敝藏泥封與子苾閣學所藏共六百餘，敦促仲飴考（舊有考）刻，與《印舉》同傳。凡事愈求精愈緩，可見敏事成事之不易易也。手此即問著安，餘懇緯兄面致不具。弟陳介祺頓首。

同治十三年甲戌二月廿二日

附箋

極薄軟細六吉棉連扇料紙，如前十七刀可拓細淺字者，望爲留意物色得之，乞告緯功兄代購。

所寄敝藏吉金拓已收者，乞付一目，以便檢校寄全，願多拓者，亦望及之。前後奉寄之書，乞飭寫一草稿，并求訂正。

南中藏吉金之家，乞言其姓氏（上洋有一人存爵最多）。

秦漢瓦拓本一百九十四紙（外有目，詳其地）。

效卣器蓋拓二紙。

南中藏瓦者，乞致拓本，秦瓦尤切（棉紙如式更佳）。
夏松如諆田鼎（大者）。
筱漚頌鼎。
慈溪葉夢漁曾伯霥簠。
鬲攸从鼎（未詳何氏）。
丕嬰毁蓋（吴康甫拓）。
文後山藏物。
姚六榆藏物。
李芝齡藏物。
嚴眉岑藏物。
韓履卿藏物。
徐紫珊藏物。
虢叔三鐘（阮、張、伊）。
叔氏寶林鐘。

楚良臣余義鐘（孫藏）。

兮中鐘。

兮中編鐘。

張叔未藏物（多佳者），頌壺（只存口）。

頌毀（有三四器完者）。

師虎毀。

葉氏物（未毀於漢陽陷）。

追毀。

卯毀。

散氏盤（未入内府，當在何雨窗家）。

曶鼎（亦不知所在）。

天子班觚，尗觚（陽識）。

商犧尊蓋，亞形[illegible]犧尊器蓋，婦闟觥器蓋（如爵而無柱，平底，蓋作犧首，或謂即兕形），

土軍蠲豆，新莽始建國中尚方五斗鐘，并卣十一紙。

一二一

退樓仁兄左右：二月韓君南來一書，當察及矣。三月廿三日得十日手復，知二月朔由歷所轉之書已至。惟聞步履少有未健，自是冬寒所致，活絡丹之類即可，勿峻補轉引入風疾也。去世俗之好，而文字亦使之養心而不致形勞，自可勿药矣。臤罽方鼎完時曾見之，今收一片如版，尊藏有圖，知是圜者蓋也。弟冬春來亦有小恙，今課孫尚在内室，閉門者幾欲不出户庭矣。次兒闈作尚無大疵，未必能僥幸，垂念，謝謝。餘俟書至再復。即問頤安，惟眠食加衛爲企，弟陳介祺頓首。

所最懇者爲至薄軟之棉紙，緯功兄屢購皆不佳，乞留意覓之，必須至薄而極細軟（不響者（今棉紙似有杭連料，又灰性多，所以響）。或代購由緯兄繳直，或以樣付之（字號、紙名）令購（清卿拓紙尚佳），附二紙，乞再佳爲企，此至懇之一也（佳則三四十刀亦不爲多，須如從前十七刀之佳者）。尊藏精器拓，南中金文拓，至懇之一也。

同治十三年甲戌三月廿八日

一二三

退樓仁兄左右：昨復一書，想已達覽。兹得月四日書，知尊履元復，夏來以誦書讀畫自遣，想清興必佳。但我輩一經心目，即不能不少有所言，唯企於閑静中從容爲之，當不失文字之真樂也。示祖癸父丁金文，昔年已收之，此種皆是毁，古似不以彝名器也。弟近得一距末，字不及阮書所載而不可識，擬自精剔拓釋再求定，先以二本奉上。大刻《圖釋》求佳紙二部，他刻亦二部。所乞金文古印文，乞在意，事事從厚，勿忘僻陋也。此問著安不具，弟陳介祺頓首。

孟鼎歸伯寅，可喜，其大者未知尚存否？容十二石在皖。

一二四

愉庭仁兄左右：去歲由韓緯功兄書中，聞杖履違和，未敢多瀆，時從韓兄處問訊，乃恐重勞，非疏闊也。新正四日，韓兄始至，次日詢起居，知眠食安復，唯少清減，深以爲慰。承寄《二百蘭亭齋古銅印存》全帙，自叙中述及賤名，得附傳作不朽，敬謝。且慚前得見官印拓本妄有討論，是以思讀私印，今竟得窺全豹，又被齒芬，感幸奚似。春寒過後，當逐印詳讀，自愧遲鈍，地僻無友，《印舉》久擱，爲負期許耳。重惠愧無以報，唯二年來取得三代古匋文字二千餘種，此月甫拓全二分，奉鑒。思仿籀莊先生『黏拓挖襯紙作孔取平法』成册，尚未動手，韓兄將行，遂先寄此。沈仲復方伯處謹以邿鐘全圖曾簠拓爲報，拙書至劣，不敢匿紙，可笑甚矣。弟於旱荒後，心氣益衰。竹朋没後，子年不言尚作書，今久不來書矣。伯寅處以泉刀拓寄，向未兼及，故亦久未作答。清卿救灾未已，又荐從戎，古文字自不暇及。塞上音書，海邊風雨，殊難爲懷耳。手復謹謝，即問頤安不具。弟陳介祺頓首。

光緒四年戊寅二月十七日

二五

愉庭老兄左右：五月十四日得四月廿九日手書并廿八日復，稿書於六月八日始至。七月十二日得六月二十九日書并師田父尊拓、阮刻范藏石鼓拓。十四日始得四月廿八日賜寄大刻《建安弩考》、《馮刻宋本説文韻補》、《養一齋集》、《顯志堂集》、《三續疑年録》、《群經平議》、《金石屑》七種，青田石四方。敬諗壽履益强，詩庭多福，風雅從真率之會，古希備富壽之疇，遥企暉光，曷勝羨慰。所賜書册之富，印石字裏行間都是精神貫注，心閑手暇尤徵頤養從容。書惟愧不能讀，嚴氏《校議》尚思得副，不知此蜀本讎校審之精，實爲愛我過厚，敬謝敬謝。否？弟所需石止欲堅，青石無沙無鈕，尺方五分至七分，不成對，小短，石堅則可任刀力，無沙裂則字不至損，貴友出游，遇直廉者代購即可。楊款大石兩美原不可分，必當寄繳劍合。醬油文石昔收數石，文乃手撫所成，非石之病，似雅於田黄諸石，拓題謂比兼金，誠非虚語。此等文房之玩不宜屢磨久用，人傳不藉石質，取其受刻耐用而已，與白田二石，均不敢不拜輟愛百朋之錫。師田父尊真吉金文佳品，弟妄謂當名『傳卣』，附釋請正。來圖看其耳似閻立本《職貢圖》中如意形，是則可仿作上古如意矣。『師田父』自是王卿伯，『劇夫』是王卿之大夫，傳是大夫之家臣。疑凡金文之自稱『小臣』者，皆同此例，當稱爲『陪臣』等。倘能精剔而不失真，又不傷己見之字，他日拓數十本見寄傳之，實爲至幸。弟於今所見古文，多不敢妄置可否，衹是不敢不謹，非有偏見己意，吾兄外不敢求人人見亮，而人所欣賞，亦不可好爲議論，唯自謹而已。封泥於齊魯間亦得一二，皆共吾兄賞之。唯陳州守小倩吴仲飴家藏五百餘，僅見目考，未獲拓本。封泥出於印而非印，印範撥蠟法今失傳矣。張君玉斧僅往來一通問，而不可再，爲之黯然。諸荷高義，并以弟《考略》甫編，尚未寫畢，畢再寫奉寄。弟事須躬親，無文字之助，僻地之難如此。封泥，似亦可一紙挖一小葉，分類編訂，既爲前人所未曾及，几上時列數片，不知何以莫名，其古寄拓轉易代助，實深敬感。兹又具八金，乞再代致，其窽孤文彬不附函矣。古匋有得即寄，不讓與秦台殘瓦同而過之。前寄古登以輕木爲坐，或錦或漆，仰盛嘉果，外罩玻璃，當亦雅致，何不試爲之。弟則自安樸拙簡陋，力不能兼事裝錦久矣。尊藏古鉨因拓稽遲，韓兄行迫未畢而繳，是以托玉斧補來，其摹印及圖之版記已奉寄，今可否加印寄還。各拓并補未拓各古鉨如式，愛之則留其少半，如全留而復允發棠之請，則自知殆不可矣。清卿兄此時倉卒布置，自未周密，聞已議妥，目前自可無事，若不忘危，則使民信、使民富、使民知，兵能自固，而上復以有紀律之師衛之，可以保民土即可以撻堅利，而不僅以募勇爲可恃，則尤草野之所仰企者爾。西泉所作匋文壽字印，乃命其備不仿作者，唯求石不得，甚歉歉。建安弩『市』字，以敝藏嘉鐘文雷師作直二千五百推之，亦可作『市』，可存一説，金文説以多爲貴也。尊用刻印，殊穩細有古意，唯極微茫處，亦須十分用力運腕，乃得古法，而不徒揣摩修飾，失於少弱，近人能此，亦是不同時俗。西泉目力不能作小印矣。《金石屑》中《蓬萊張允勷藏漢石跋》，張誤作『李』，張君名篤誠，敝同年之孫，乞致鮑少筠兄正之，方琥齋呂禹六面玉印拓，『言事言疏』等字近古，古文字次者，非目驗不敢以拓定。伯寅寄金拓中，以袁小午舊藏陝出師□方尊爲至佳，前所得拓，唯清卿者少晰。□，許未收，□當即『環』，□當與葉氏吴方尊蓋之義同，而彼或省或泐則未可定。阮誤作『彝』，器經火後歸伯寅。聞此器中隔銅版，當是分容二劑，文云『饗醴』，或即清與醴耶？文爲版分，伯寅云回環刻内，似不可不圖詳之。十七日西泉北上，伯寅處已具覆，尚未及此。附上瓦器圖字未黏幅者卅種，黏一，殘瓦器拓七十七紙，瓦登拓本十三紙，古小鉨拓一紙，古錢化拓二紙，圜化一紙，封泥拓十紙，漢竟拓一紙，小半兩石範拓一紙，磚拓一紙，附有清目。時逾三月，紙盈二十，言與謝如皆不盡。此問頤安，秋旱未知南中如何，唯眠食加護爲祝。陳介祺頓首。

光緒六年庚辰七月廿日

卷五

致吴大澂書

吴大澂，字清卿，號恒軒，又號窓齋。江蘇吴縣（今蘇州）人。一八三五年生，一九〇二年卒。同治七年成進士，改庶吉士，散館授編修。同治婚典繁縟，先生疏請裁減，朝廷議修圓明園，亦疏請停止。先生以一詞臣能言人之所不敢言者，其抗直之風，固已震朝右矣。同治十二年任陝甘學政。光緒三年授河南河北道賑灾。六年赴吉林屯墾練兵。十年升都察院左都御史，应約赴朝鮮平亂。明年赴吉林與俄使勘界，所議多維護主權。旋任廣東巡撫，適葡萄牙入侵香山，先生履勘力争，奏議爲朝廷所納。十六年任湖南巡撫，廿年日本内犯，先生率湘軍北上禦侮，明年督師出山海關，日本從間道來犯，兵敗，被革職回鄉。

同治十二年，先生與簠齋始通箇牘，時先生方赴陝甘學政任所。關中爲數朝之古都，訪古之聖地，簠齋期之甚殷，有『君秦我齊，可謂合志』之語。二先生均治理學，而政見亦復相同。

潘伯寅致書稱：『當世理學而兼金石學者，唯執事與壽卿耳。』二先生書信往還無間，拓墨互贈，商討文字，可謂集思廣益。尤以齊魯陶文之出土，簠齋辨識最早，收藏亦最富，有拓必遺，請爲考釋。先生前後著成古陶文字釋數種，并作題記云：『三代文字之見於彝器者，有日少無日增。出土之器，無數百年不毀。好古者獲吉金三五字，亦極可貴。不謂古陶殘字與金石同壽，奇文逸体，可補鼎彝款識所不及。簠齋前輩搜訪至七十餘種，爲從來金石家未見未聞，可喜亦可异也。』簠齋復書云：『二千年來古文字未發之藏，祺之世及見之，祺之友能讀之，真至幸矣。』

道咸以來，地不愛寶，古器出土益豐，古文研究者日進。簠齋欲以金文陶璽文訂證《説文解字》，早有《説文統編》之議，惜乎苦於無友相助，未能落筆。先生却於吉林任所，百日而成《説文古籀補》，簠齋樂而爲之序，誠盛事也。先生著述尚有《字説》、《恒軒所見所藏吉金録》、《窓齋集古録》釋文及賸稿，《古玉圖考》、《權衡度量考》、《十六金符齋印存》諸書。

先生歷年所來書簡手迹，陳氏裝訂成册，製以木匣盛而藏之。抗戰前夕，秉忱叔祖携出，後歸北京圖書館弆藏，收爲善本之一，影印出版。唯吉林任所十餘札，未得收入，抄本尚存津寓。

一

清卿尊兄館丈學使大人左右：久於伯寅少農書中得聞風雅，復於《攀古樓款識》刻得讀大著，已深嚮往。昨猥以長孫將行婚禮，辱承寵聯遠錫，固愧不敢當，而鉅文法篆，尤非近今所能及，再拜謹登，以欽以感。前復子年兄先懇代謝，茲得來復，欣聞榮膺新命，視學三秦。地産周楨，思作人以佐治，春融孔鑄，咸好古而敏求。理以文通，才因教著，三年有成，莫名仰企。弟課孫切，已炳燭嗟遲，僻陋滋慚，獎飾加錫。專便奉賀，并敝藏金文廿拓（又琴亭侯李夫人石拓二紙），聊應雅屬，由子年兄處代致。惟乞古緣所遇，不忘遠人。羨有奇之必搜，企有副之必惠，當悉拓敝藏以報也。《沙南侯獲》，奢望一二十紙，敦煌、倉頡、《石門頌》諸漢刻，均望洗剔，以棉料厚紙，先撲墨後拭墨精拓之。水用芨膠去礬。拓費必當即繳，切勿從賜。收拓必詳其目，免有遺複。即問台安，統惟心察不具。館愚弟陳介祺頓首。

同治十二年癸酉八月五日夜

二

清卿一兄學使大人左右：前具書賀并謝，附以敝藏金文，子年兄爲浼小午宮詹轉致，想鑒入矣。秦中龍興虎踞，此行可謂壯游，羨羨。盂鼎想已見，前疑當可頓釋。當有佳拓，乞早見惠。附摹數字，將來仍望慎覓精拓，審釋刊圖，多賜不遺，則至感幸耳。月之十日雪夜，得尊藏金拓九種十紙，敬謝。前詢平齋師奎鼎所在，云知之而不可言。盩厔鼎、唐子且乙爵皆劉氏故物，二父癸拓或同，加（嘉）爵爲二爲一未詳。平安君鼎至精，附摹釋一紙求教。既承雅意，則尊藏固求善本全分，精者尤不厭多。長安所得所見，尤望一一勿忘遠人，敢不悉拓所藏以報，知必蒙過愛，時時念之而不少靳惜也。漢石精拓、瓦當、泥封、古印、六朝以上佳刻，均企，或子年或徐東甫處交寄均可。附上斟、袁、鄭君媿、伯鼎拓四，師害、伯誰（誰）父、己（紀）侯、父己卯毁拓十，艾伯鬲拓一，父丁盉拓二，史孔和一，無子壯簠拓一，祖癸殘卣拓一，上官字鼎拓二（當皆是朿器，東武李氏一鼎亦相近，而有朿字，愚謂周王朝與封國皆各有書體，多見自知），漢元始乘輿十湅（『鍊』之從『三』，可證『錫』之從[illegible]，以此始明）銅鼎，陽周倉金鼎（金謂銅也）器，廢邱鼎蓋三，共廿五紙，乞鑒定之。刻圖細文固宜細，粗則從粗，不必雙鈎爲合，兼之則無能出鉅製右矣。拓墨之佳，今亦未有能及吾兄者，但須有善斆之人代作方可。紙綿而薄，墨細而黑，字邊際真而肥，易於摹刻，則能事畢矣。鈎字須中鋒運腕，運腕在指不動，用手之藝皆然，尤在下筆微茫，全力已定已足。若古石則須厚棉料紙，先撲後拭，不妨墨重，方見筆畫。《沙南侯獲》尤望早致是企。棧道日下，其上頗有漢刻，近蜀處可訪之，并可語孝達學使也。秋間，拓工往琅邪臺，訪得始皇詔刻在石東面，南面石裂後，明刻『長天一色』大字，西面二世詔前五夫（一行）五大夫楊樛，乃始皇從臣題名，惜始皇詔僅存字形。來春與諸同好醵資往拓，當爲備四金，無須見寄，但求有拓即爲代備，示知，即由蘇億年繳，感企感企。再上延光精拓一紙，希察存。拙著《印舉》成八十卷，今臘明正可脱稿。何君久稽，十五月成廿部，以其四見酬，索每部六十金。所餘無幾，如欲留，明年上元前書至方可。明年擬再覓友爲之，遲則戚友千餘印歸還矣。前讀爲平齋刻《論語》、《春秋》在此罍，似叔均而書卷過之。蒙謂作印去近人篆刻之習，而以鐘鼎、古印二者筆法爲師，自當突過前人。古只是有力，晚只是無力，愈晚愈遜愈法少。金文神完氣固而散，只是筆筆有法有力，下筆處法明力足，愈有力愈能留，愈遒愈盤礴愈不可方物，而心迹却不模糊。妄謂古人刀法不過三筆，右則〔，左則〕，横則︵。唯其有力，所以如此。刀只是一鐵筆耳。有腕有心，知覺分明，則力不至鹵莽滅裂而爲門外漢矣。或以純刃入古印中試之，亦可有得。其要唯以心之輕重運腕而指不動爲主。無知之蒙，妄以私測，就有道正之。又近作僞字器日出，每欲與同志討論之。二者若均垂亮而不過責，方敢績布。臨楮無任惶悚。即問台安不具。館愚弟陳介祺頓首。

同治十二年癸酉十一月十五日

三

清卿仁兄館丈學使大人左右：三月廿日奉客臘十八日、新正五日手復兩緘，并金拓十三紙，華廟漢碑陰四紙，敬謝。履卿先生知屬君之外祖，宜乎天機清妙，文字契古，所會遠深。乃獎勗過辭，撝謙尤甚，愧悚愧悚。大著《區鍒釋文》『釜』字甚是，唯器形似鍾而不似釜，不可烹煮。又《史記》『嫗乎』之文，必是『區』誤，可以兩説并存。古器一刻僞字即毁，鑒字不精，力收不辨，不能辭其咎矣。磨蠟是宋人法，今人不能。關中土厚而無斥鹵，所出每佳。金色是銅良，漢器無斑是錬細，青緑是銅質所洩，斑多是劑不精。生坑至雅，見蠟則俗，煮刷難去，唯去土以棕帚拂之即可，金色者不可拂矣。阮刻《款識》去僞則不可及，吴刻（南海）不可共語。示及相舉疑相告，何幸如之。古人制器至精，極細之文藏於凸而粗者之下，則精者不能傷，所以能久。刻石最佳，宜作陰文，鋟木宜作陽文，不能分凸之高下，更不可細則一畫，粗則雙鈎也。款識作陰文甚是，而不易刻，亦不易印。尊意所見者俱摹刻，分自存他存，爲圖甚是，别刻款識尤是。必須一器一版并釋，字多則釋别爲一版，考别版附焉，可有可無可改，不可待考不成，蹈前人之誤。必以求傳古人而不急於傳己爲是，古人傳則己亦必傳矣。復退樓書，昨由廉生農部寄正，想已至。金文别紙奉復，唯壺字之疑尚未能釋，乞姑存其説，或他日竟得寓目面訂，尤所企耳。真器辨字邊之有刀痕與否，舊器字邊有色澤鋒利，而指拂渾融（舊玉同），字底有銅汗灰，此市賈所能知。若文人學士，則見拓之筆畫、行款、神味、力量、文義、篆體，即可決定，不待見器而知。疑者偶一失之，其字亦必非佳者。此吾輩所以异於市賈，然不虚心不細心，不多見而識之，則亦不能無失也。今日都中僞字至譎，有似而非之可惡，而究不能不弱，其奇不能出意外而在理中。舊僞之斑有珐瑯者，刀不可動。剔字甚難，須使斑自動，不可刀刻，切須慎之。剔誤固大可悔恨，如張叔未之清晰而失神，究不如未剔本之可重也。古器無字何害，何必損之。拓字須先將器易磨處紙堅糊之，手易摩處每失古澤，不可不慎也。鑒古必先不以色澤爲重，乃不同珠玉玩物。亦不以器异爲重，以必我得爲重而豪奪。而專以多收文字，收得即刻，刻本佳者亦先重刻爲主。多見則能貫通古人之文法作字之義，作書之筆法，而引伸觸類於今傳許書之外矣。兹有人便，復廉生一書屬其録呈，統乞教之。近所奉書，亦乞摘録寄廉生切磋之。附上金文二十紙，乞察入。即問台安不宣。館愚弟陳介祺頓首。

同治十三年甲戌四月書

五月十一日夜緘

附箋一

盪卣蓋　舊釋『單』，未詳其義。此下『曲』作，尤未詳。

（歸）女小卣　聿以聿書，非刀書也。，足形、矩形，，未詳。渾厚自是商器。舊釋『庚丙』者非（宰椃角）。、『賞貝』也。

作寶彝卣　愚以爲古市鬻器。

木父丁爵。

梁鼎　，其『鼎』之吴文耶？，當是『容』。益，『謚』確。與『幣』同。，古『受』字。，從『二』，或是『奉』字。『上官宰』，官名。憙，名。

鼎蓋　當亦是梁器。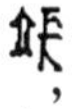，似齊刀字。『誰』。末字疑即『鼎』。

（芮確）公鬲　凡内皆芮國芮姓。

辟雍竟　當是『莽』。以首二字似『新興』也。其二習見。

附箋二

中多壺　首一字右作『昜』，而下從『寸』，左半之中乃『肉』形，上從朩，下似『女』，與𠪚鼎字相近，或有『滕』音，似非『韓』，多字向上之筆過長，似非古字，字亦似弱，以爲姑妄言之可也，亮之。

附箋三

《褒斜開後》一行，《惠安西表》四字額、《五瑞圖》小字一行，乞勿遺。耿勳亦乞精拓。

《侯獲》自是不易往拓，不能無存。

古器出土，非春秋耕地及用工不能得。

古瓦須有殘字，瓦礫處，大雨後可得。

留意得赴鄉買銅鋦販，妥者數人至一二十人，可代物色。

再乞精拓數紙。

（『三十』合文）（『三』泐下劃）（年）。一行。

（平）（安）。二行。

（似非『君』）（斨，『斤』未定）。三行。

（客）（）。四行。

（『容』古文從『面』形）。五行。

（五）（釜）（六）。六行。

（斨）（當是古『半』字）（斨）。七行。

（斨）（疑爰即『鍰』或似『平』）。八行。

約二十字。拓本上段似是兩面，戈文中有此種。

（『三十』合文，三年）。一行。

（似『皇』，下又似有筆畫）。二行。

（上）（官）。三行。

□（辛）□（喜）。四行。

□□。五行。

□（『平』字，見古布）□（安）。六行。

□（君）□□（疑『者』）。七行。

□（也）。八行。

中空無文者約三四分。

上（上）。九行

□（辛）。十行。

十八字。

袁藏方彝似是方尊蓋，形當如□，有觚棱，借拓時乞審之，並惠六七紙。釋附：

□（隹、唯）□（正）□（月）既生□（霸、魄）丁酉，王□（在）周□（康）□（『寢』，古作『寐』），□（饗）□（醴）。師□（遽）□（蔑）□（歷）□（友）。王□（呼）宰□（黎），□（賜）師遽□（疑『鴻』或曰『瑂』）圭一、□（環）□（璋）□（四）。遽拜□（稽）首。□（敢）對□（揚）天子不顯休，用作文□（祖）它公寶尊彝。用匃萬年□（無）□（疆）。□（似

『朕』)孫子永寶。六十六字。

附箋四

加作父戊爵　『加』即『嘉』字，當在内，一爵耶，抑否耶？師坴鼎『坴』字，求其釋而無據。釋有所本否？若以自『王』推之，則仍是後來語，古字從『日出土上』，其光也。鼎曾數見。花文、文字俱佳，惟文少熟。拓時上紙即不易，粟園所拓，多留摺於無處，今拓合之，鼎腹宛然，亦殊精妙與。螽屋鼎、唐子且乙爵記均劉氏物，陽識父癸爵亦當同。子孫父癸何器，角乎，爵乎？劉乎，葉乎？惟壺文未敢定。

附箋五

盂鼎

一行　、，上目左剔大，右未晰。

三行　，『皀』旁中有二點。，左未晰。

四行　下『毁』，未晰。右下字疑『飛』，通『非』，『非』下『烝』，『毁』下『醵』，醵封豕足形。

字似『臨』，以字通之，似『嗣』字，後却有『嗣』字。文當作『古（故）天異（翼）嗣子，灋』。

五行　小，鑄時鎔銅移動字範，内却有土，可剔，第須審慎。我截殷墜命，『命』字審有口否？

六行　，亦鎔銅所掩。、『百』同。，『率』。，『肄』，治井之象。，『故』。，『喪』下必從『亾』，須審剔。

七行　，『師』。，『父』字，可定酒誥爲武王時作。

八行　，疑反克爲『違』，無據。，『黽』。

九行　、『隹』須剔，末『盂』字須剔。

十行　召，『紹』。，『艾』。，『敬』。見師虎毁、太保四耳毁及後。，『經』。，『敏』。『諫』從『門』，闢四門之義。

十一行　永命。，『型』。

十二行　盂乃召（佋）夾（『死』、終也）司戎（唯口出好興戎，官名，或曰『司戒』），敏諫，剛（從言）訟。召，須剔。

十三行　『雩』下『于』，略剔誤，少磨，去斑自見，原不作也。邁相先王受民受。

十四行　（『冕』省）衣芾𦤎車（似『干』者，余謂兩服馬形，非『干』）。

十五行　（『旂』）用（即『守』）。下字未晰。

十六行　首一字、當是『馭』，或曰：上當是『徒』。『徒』，御也。

十七行　二白，『百』。『人』，『人』字一剔誤。，『極』。，『宓』即『密』，《詩》『密人』地，字見鄫伯鼎（劉子敬），上高密戈。，『萬』，右須剔，地名，下泐，當是『爲』字。

十八行　若敬乃正而廢朕命。

十九行　『對』，須剔。，又須剔。

剔字宜先看斑中隱隱字畫之痕，不可用力，以大針動畫中之斑，聽其自起。

四

清卿仁兄學使大人台座：客歲除夕，由廉生交寄八月廿九日、十一月廿七日兩賜書，并金石拓一束，深慰，敬謝。城虢事祺亦藏一殘𣪕（去耳足），乃遺生所作，非陝售，尊藏新得乃仲所作，弟未知是虢仲否？虢（下缺）。深在腹底而非補者，亦不能僞。然此皆不以文字之法與力與結構行款精神言之也。其本必以至佳之各體古文字無疑者寢饋探討之。漢刻能如漢碑，而篆則不如秦，秦不如周末，周末不如周初，再古即商即夏。真者今人必不能爲，僞者必有不如古處。昨與廉生言，好之篤，自能知之真。不先求之佳拓，得古人之真不可及處則必疑，得之則不唯真僞可別，時代亦可比擬。拓或有少疑，見器則易決矣。敝藏瓦拓想已至，今再寄上近得琅邪臺秦瓦拓四十七紙，齊出漢瓦四十七紙，無字者二十八紙。秦殘瓦當千百倍于齊，何無求之者。或有複者，乞分別之。方贈孫藏瓦拓，乞一目，刻成再乞全帙。至刻字與圖，則唯印出者如拓出者爲大雅也。《十六長樂堂刻瓦》皆半葉，其後半葉或考或再刻一瓦均可。每瓦須有一目，考跋如少，附總目各瓦下亦可。唯鈎刻須直立運腕而指不動耳。讀書及訪碑記，如身歷石門，唯無好拓手，仍似辜負此游耳。今寄上《陝西碑目》一册，乞飭録仍寄下。將來先補此目刻之亦佳。金文宜與石別爲一書，仍不若大集今存世金文精刻之。古金石須一筆一筆求其兩端之法，與心精力果元氣渾淪處則可知矣。陝僞須防，蘇七不如其兄，不識耶，抑不誠邪？毛公、南公（書誤『宮』）二鼎，當與散盤、虢盤、聃𣪘、齊罍諸字多之器專刻。書（太保四耳𣪘、召伯虎𣪘、各鐘，不能遍舉）。或刻石尤佳。瓦拓上版與裝皆易有摺皺，不可不知。近蜀棧日下，漢刻多高不可拓。筱塢移駐巴里坤，《沙南侯獲》、《裴岑》、《姜行本》，俱可得真石精拓，則乞代爲切致，必當繳費，各求十紙。又《藏古册目》就正。《古鉩印文傳》想已至，原本皆自藏，乞補之。敝藏者墨拓畢，尚未朱拓，容再寄。秦中見印，乞均爲拓一分，當共析疑賞奇也。盂鼎至都，當可致佳拓，伯寅處尚未得人也。手復即問台安不具。館愚弟陳介祺頓首。

光緒元年乙亥正月十二日

五

清卿大兄學使大人左右：新正十二日寄廉生奉復一書，想已至。兹有表弟譚雨颿名相紳，舊在潘世兄霨署中習得西人照法，以其法形似而不大雅，故不取。後見其照山水樹木得迎面法，於凡畫稿皆有裨，照碑帖則近雅而未甚古也。今試令照三代古文字拓及器量圖乃至佳。雖縮小而能不失其真，且似字之在範經鑄者，渾樸自然。字雖小而難刻，然上海刻工或能之。器外象形文雖不能甚晰，有拓本相校亦易審，有一圖及圖拓，雖不見器亦可成書，且可將難得之拓印傳之，是法乃爲有益於中國藝文之事矣。唯藥多未備，須龔藹人課讀館二三月無事後，伊至上海購藥歸，先將敝藏吉金試之，再及藏拓藏碑帖書畫。唯藥紙所費不少，雖減於他人，恐亦甚鉅耳。今先寄數紙與兄暨伯寅鑒之，并告子年、廉生、石查諸公，且望照各吉金與唐宋拓秦漢石與人間難得本也。（周聃毁拓一紙、説一册、《錢款識讀記》一册、縮照吉金圖五款四、印一、石印拓五、乞察入。）（歸里至好王君西泉石經刻印似今人所不及，二拓就正。前後奉寄書，乞飭胥録交廉生。）此問台安不宣。館愚弟陳介祺頓首。

光緒元年乙亥正月廿六日

六

清卿仁兄館丈學使大人台座：三月朔日，廉生、子年各寄至正月十一日二緘、廿四日緘，發讀手翰，欣慰無已。敝藏之瓦已承撫令邢工試刊。或告以必無之事，祺則謂不踐言則必不作此語，今始信知君子之自有真也。以古文字愛我，自當以古文字報之。更不敢企分俸代付手民，唯求令遵繳耳。古文字之佳處在渾淪，渾淪宜求其兩端用筆之（中缺）。訪之。商方鼎拓二，負子形毁拓二，敬謝。舉父辛器文未敢定。蘇七寄雲陽鼎與子年，子年屬收之，却勝此鼎蓋文，然似一時物。安陵乃惠帝陵，吕后移他處器刻字充之，甚草。然此種草草者，亦有今必不能僞處，不可一概棄之，即不收亦乞拓二本以見寄。半兩範非翻鑄則不僞矣。考釋金文目容録出再奉復。兹寄上自裝未裁之秦金石拓册五十六幅，計金十六、石七、素者廿九，可自始皇木量分爲二。其次序已略檢，亦見《藏古册目》中。唯金文究以刻石爲正，易款爲識，自未盡善也。旬來卧病少愈，未能多作，書此謝，即請台安不具。館愚弟陳介祺頓首。

光緒元年乙亥三月二日

七

清卿仁兄學使大人左右：五月廿九日廉生交來二月廿四日涇州試院、三月廿九日寧夏試院所賜二書，知瓦拓已至，論及雙鈎亦須運腕，敬佩。於古日有心得，唯起住微茫，落筆難於直下，又難於直法少耳。豎起定住，曲折分明，真摯求之，識大識小，固一理也。敝藏金文，刻已檢齊二分付裝，裝成當由都轉寄。較前增弩一册，或鏡瓦亦可續出。今年止拓得六朝石六十餘，泥封三百餘，弩二十而已。傳古求助，極近卑鄙，然非此則力不能傳。亦唯有真好而又知教拓監拓之不易與費之繁，始知他人雖助之，亦未肯爲傳古人計耳，愧悚愧悚。廣刻金文實爲文字之祖，然不求精則古法亡，豈吾輩志哉。承寄示手自縮摹孫氏藏瓦册，精妙如見原拓，感感。中恐不能無僞，若刻則須如原瓦而鑒汰之。若刻秦中瓦則須集大成，祺所收不多，尚有可校增者，亦望於各處各家物色舊拓舊刻也。三代文字唯古化與鉨印，惜《泉匯》所刻古化字不精。刻書不論多少，須令後人不能刻第二次，不然，奚重古文字爲哉？古化古鉨關中可得，乞收之。長安僞器日出，不可不慎，力求於藏器藏拓則亦易見其爲今人所爲處。簿竹紙乃粤東肆物，今寄上四束。秦十二字瓦字方析者，殘者，經火者佳。[illegible]字瓦有四神則必非周柱，當同丅，丅即當『家』，當『家舍』，似是『家』字。『嘉』下舊釋『福』，『八風』或可釋别。龍瓦、鳳瓦即青龍、朱雀，辟邪瓦、黿蛇瓦則白虎、玄武。鳳芝瓦之『芝』則『菱』，黿蛇芝瓦則似螽，疑織室藺館之用。雙鶴瓦則似子母鳥。瓦之上下以瓦斷痕定，古瓦字先成，輪後成。僞者不堅而似磚，秦瓦多僞，齊瓦昔不知僞，今有之矣。琅邪臺畔有燒成者，濰有膠水泥者。河南直隸出漢碑處皆有瓦，皆不及秦之多。自搜之勝於購，前已詳之矣。《長安獲古編》原刻尚多，復散失，稿本亦有揭去拓本處，不爲完書，似子年所知者，尚可補也。豐字古銅器二，燕翁見贈者，拓各一紙，東漢以後弩十八紙，又《古瓦器鉨文》一，均希察入。即問台安不具。館愚弟陳介祺頓首。

光緒元年乙亥六月十七日

八

清卿仁兄館丈學使大人左右：七月朔，奉四月廿四日按試凉州所惠書，并石門漢魏拓七種十一紙之賜，敬謝。今想台從久莅青門，試暇必多古緣，當可隨時拓寄。旬餘來，此間酷熱，似十餘年所未有，未知長安何似。人便未能詳復，先檢新拓藏石杭連紙二分，附目寄上。其扇料棉紙者尚未拓齊，容再以一分奉寄。張茂功拓墨已异俗工，未知是先撲後拭否？拓不到則多不可見，拓過重則可見者又有微茫處，參之則可精到。《石門頌》尚欲再精拓一二紙，并額四五紙（先乞額一紙）。《楊淮表》，『表』字上似宜有字，何不多拓數寸。其拓似初上墨時太乾。手此上問台安不具。館愚弟陳介祺頓首。

光緒元年乙亥七月十二日

九

清卿仁兄學使大人台座：望前復謝一書，想廉生已即寄。茲檢新得各瓦并漆合者（此似有一二複者，須校），共卅二種六十四紙，乞鑒入。伯寅爲刻《傳古别録》附二册，一與張茂功，一自留之，可爲手藝先導，愧愧。拓陽識不易，即瓦拓可見，或粗或細，或多或少，以得古法見筆畫爲佳，鈎時審之。并乞校异補目録寄，尤企。竟易於磚瓦，止瘦便佳。《石門》額乞早寄。附奉答前示二紙。此問台安不具。館愚弟陳介祺頓首。

光緒元年乙亥七月廿八日

附箋

鄫伯霥簠　『元』、『武』重文是。

君夫殷　《王朝書》。『債』見《说文》。自是『求』，（以手振裘之象與），自是『友』，『友』當是官名，如太史友、内史友也。

婦闟觥　『門』、『𧈫』有分釋，古器『門』下加字者非一，自是一字。舊釋『古』。器出山左，自非楚作。

天子班觚　『天』字上蓋而有蝕。

且戊觚　究可删。

元延臨虞宮鐙　與劉藏非一。

鄦子妝簠　（《國書》）。『臧』從『臣』，似是守府義。古器古印[illegible]疑是『臧否』之『臧』，古專從『口』而訓善，而今亡其字。

齊太宰歸父殘盤　『霝』自是『靈』，通『令』，亦可皆訓善。《筠清》釋遠遜《積古》。

陵子盤　『陵』非定釋，『陶』同。

[illegible]父乙卯毀　首一字，又見藏爵。古人之人，一字即可見義，似非書押。

录毀　《王朝書》。伯淮父有舒役，[illegible]鼎曰『師其官』，录毀曰『伯其次』，第一時事也。

師害父毀　『殷』，葉釋未可定。

小子師毀　首二字以甲支紀，爲商是。『師』從[illegible]，與[illegible]鼎同，均奇字，『師』亦未即可定。『小子』、『疑古』出于學校中者之通稱，自天子達也。

鄭君[illegible]鼎　[illegible]、[illegible]究不同。

陳侯鼎　此非田陳器。

袁鼎　格伯自非晉，[illegible]，則或是商時人。

斟鼎　末一字羊首形器所用，故識之，如魚鶉也。

陳子子匜　字當是『寒』。『寒』，古寒國，今寒亭，在敝邑。

傳尊　末乃『刊』字，刊則『于』，或即今『於』字。

伯貞殘甗　不僞。出土碎數百，而余收其有字一片。

永始鼎　元筆誤。平齋所藏，似以此仿。『輿』字誤，不可通。器字均至佳。

陽周鼎　半升又半升也，古文字多一字耳。

廢邱鼎蓋　此種不佳而不能僞，即不收，即僞，亦須拓若干紙，不使有失之之憾，僞則删之耳。

一〇

清卿仁兄學使大人左右：新得漢瓦三，各拓二紙，蓬萊所出漢磚一，拓二紙，乞檢入。長安樂學筆法頗佳，樂下有餘隙，補複二筆，甚奇。前寄各拓想已至。關中真字古器物即不易得，不可不收拓本，求之不可不力。刻瓦磚用乾版，水磨細見油，勿水浸，用刻印刀碎衝，貫氣尤佳，不知良工能解此否？手此即問台安，匆匆不具。館愚弟陳介祺頓首。

光緒元年乙亥九月二日夜

弟裒集秦金文字，洵前所無，吾兄如肯刻傳，尤勝刻當，候示再寄精拓。刻古文字一器一頁，隨得隨刻，積久成書，後再補考，并可更正釋文。古泉古印小版一枚一頁，亦易編次也。又拜。

如願刻關中瓦當，當再寄與小倩仲飴所藏，或可二百以內。伊處無好拓手，僅得五十種。

退樓寄沈仲復藏瓦七種，尚有一二可取也。又拜

二

清卿仁兄學使大人左右：八月九日、月初兩寄瓦磚拓，想可先至。今又新得一漢瓦，外輪有字，至爲奇异，又同出一磚，聞有人便，亟各拓二紙，并蓬萊莊氏尨姞毀拓一（『尨』即『蒙』，古東蒙也。『庬』、『龐』同。『彌』乃『生』，『生』即姓，同《卷阿》，金文『百生』即姓。非［主］縮綽，今唯見此。『尹姞』，《詩集傳》云『猶王謝』，此似一姓，『姞』則族氏，『尹』則官氏）。圖一乃刻磚爲之，尚大方，紙劣亦可易之。蓬萊張允勷（究）鼎拓一（字，或『望』、或『發』、或『朏』，不敢定，決非『霸』）。即問台安不具。館愚弟陳介祺頓首。

光緒元年乙亥九月十日

木夫先生《古官印考證》，當已刻就，曾贈經孳三十金，求二部，以摹印未成（未得），所摹亦甚失真，願求無印者二部（訂而不必裁），乞切致。如經孳力無暇及，則乞付印費（由廠中印），如少不肯印，即十部亦可，與同人分，佳處原在考也。又拜。刻瓦似可以副本與看。

一二

清卿仁兄學使大人左右：重九後一日，由廉生寄到八月九日惠書，并金石拓，敬謝。鳳翔出土之方鼎毁，前蘇錫時已寄拓本。鼎字至佳，真殷商小楷。刻時必須作款，如宣和書，特彼摹失真。薛尚功知刻帖而亦失真，蓋明以前之通弊也。鼎小而花文精，今聞色澤至佳，質如黄金，乃鍊之純劑之良。洵爲几上之珍，與冰壺玉尺相輝映也。毁名自取，毁厚（中缺）。繪示尤見古初象形，乃作字之本，此負子而左手後挽，右手仰承，他器子形皆不及此，此真古字矣。祺謂凡彝皆毁，尊重彝常乃統稱，非器名也。觑尊雖有闌識，亦似僞作，古人不若是弱緩矣。且子孫行鐙乃漢市鬻器。唐□□武定□碑之銘，乞就石審其泐字，近人字一行可去之。造象似六朝，可喜。聞將訪石門諸刻，務并額及漢時題字精拓之，額尤須多拓。拓者細心解事，當不減秦石之有新獲也。吾兄携良工自隨已一載，必有佳刻，乞以樣本相示。子年屢云吾兄欲刻敝藏齊魯秦漢瓦當文字，愧弗敢荷。今來書敦促，謹將自裝未綴之册奉鑒，并檢存拓百三十紙奉贈，連夜粗編一目請正，乞教之。承付蘇事并伊書均至，今由廉生處謹繳，感謝。方鼎殷小卣各乞拓廿紙，此次不及再檢金文奉寄，唯時企尺書之慰耳。手復即問台安不具。館愚弟陳介祺頓首。

光緒元年乙亥九月十五日

一三

清卿仁兄館丈學使大人台座：今年由子年寄來九月廿一日五鼓書，并金石文一巨束，敬謝敬謝。知正月三日所復始至，遠道乃至如此。前得書并各拓均已同藏石與拓弩瓦磚等同寄，愧未及此次見寄之佳耳。周印作，『田』、『大』二字可讀而『大』字不古，疑六朝物。王逞玉印，孫武玉印自當真。永興鈎拓不可定。長沙太守虎符形已佳，錯銀尚黑更確，此種黑中尚兼紫也，勿失。銀印王升竟爲玉爲九尚未定，看拓背與器參之，六朝耳。清錫銅華竟，敝藏大小三四不及此，其文辭之美可喜。史頌毁至佳，奈何以習見輕之，豈易得耶？吾東有以熱湯燙山查使近爛，去皮核擣之加黑礬法，敷字上則緑起，再敷則字内緑軟，以竹針挑之，其上則先一次刮之。煦堂告廉生諸君未言礬，石查試之效而秘，伯寅則不能審其將乾之候而以爲不效。近擬以殘印試之。或云黃礬更烈，且毒不可入口，何不試之。中自毁尚易仿，真亦非上。赤男父匜既佳而如所示，尤確。建平二年鈁至精。永始杜陵東園鍾，字則有不佳者。日入大万壺佳，勝李勤伯太守日入八千壺，彼亦不僞。其平陽共廛甗則至佳至佳，𠫑父乙彝則僞矣。壬壺小品。西夏造象當是銅，其象未拓，此梵書與所得劉氏西夏銅牌字却不同。『大王』二字弩文無可取，然鑄則真。敝藏弩中『王甲』字亦在郭内之下。霸陵過氏瓿則真無二，未見未聞，字亦至美，可有以相易耶，自是建於上之注水器，而非承於下，下則易溢矣。鳳磚同敝藏銅範背。魏大統王始明造象，周天和造象真，而保定馬落子則僞。磚造象不僞，『佛弟子』下一字『辶』上，或『迎』或非，下或『此』或『七』，而其後之字則晰，精拓可少易審。二字印上作口，下作『兩』，似半『兩』字而多一筆，無可取。其鑿字印則佳，而似六朝，是三字，上未審，中或『州』，下或『印』，無從比儗。妄言罪甚，乞教而恕之。虎符、史頌毁、赤男父匜、建平鈁、日入大万壺、過氏瓿、平陽甗與師奎父鼎、鳳翔方鼎、子毁、小卣，均乞精拓十餘紙之賜。至企至企。

此問台安不具。館愚弟陳介祺頓首。

光緒元年乙亥十月廿四日

一四

清卿仁兄館丈學使大人台座：仲冬廿七日由廉生轉來七月三十日賜書，并古印拓、漢石拓，敬謝敬謝。藏瓦仰蒙刻傳，尤感感。『巨』即『鉅』，與『八千万』均吉語，自祺別此種入録，人多珍之。爰琳、鄭温、趙宣佳，郭娟、郭姁尤佳。餘均不僞，所收不多，何耶？《西狹》再求四五紙，鄜閣墨重紙厚（不軟）矣，有精拓時，止求二三紙（非此種），耿勳求二三紙，《裴岑》求六七紙（墨者可）（《沙南》念切），均乞於銷拓中代付。前求《石門頌》額三四紙并全拓再數紙，同宋元石拓，則遠道無須寄也。兹匆匆檢得藏古吉金拓二分，乞代銷，其奉贈所未備者，來年當一一補足，且有裝册全分，欲以銷代傳。今年止拓得石瓦可畢，來年當拓磚竟，且欲再拓《印舉》，俟書成再出。已延東甫爲課孫矣。獲古似少，當有所以，有友可代訪否？（新得殘瓦數十，頗有佳者，未及寄，秦詔瓦則至佳，先奉數本。）手此上問台安，并頌宜春不具。館愚弟陳介祺頓首。

奉寄之書，乞飭胥録寄廉生處。見付蘇七書久杳然，乞問之。

光緒元年乙亥十二月四日

一五

京足至即行，匆匆，先寄上瓦鉨拓五、秦詔瓦拓二。餘先復廉生。（西泉刻印二求正，并《石門頌》額之請。）此請清卿仁兄學使大人台安。館愚弟陳介祺頓首。

光緒二年丙子四月初一

一六

清卿仁兄館丈學使大人左右：今年二月廿九日得去臘三日一書，三月廿九日得正月廿二日、二月十日二書，并幣化範鈎拓五，又金文拓三，瓦器拓十四，瓦拓五十一，瓦目二，縮本目一，刻金文樣本二，瓦刻一束，敬謝敬謝。執事好古之勤，上邁歐趙，近方阮劉，而又得衡文古帝王建都之地，天實爲之，豈人所能哉？幣範至奇，以泥入之，亦有可玩。金文刻則盂鼎、穗尊（『穗』未可定）、子豖乃辛毁、鄭楙赤賓父壺、魚父癸壺，乃所知者，餘似非所急。陰文秦詔似未能不失真。字刻校原拓，圖刻校洋照，無少异，則爲能傳真矣。瓦刻可止，前已告廉生，金文書急於此，三代者尤急。所得瓦真快意，不厭其殘。君秦我齊，可謂合志。或屬人訪寄，或留友遍歷，勿遽已也。十二字瓦，字體方色黑燼者真，九字瓦似非西漢，『衛』字亦秦，全瓦尤須審。高安萬世瓦，未見佳者。鶴芝或鷺有二丸。玄武得白虎，四神乃具。宮□宮十□印文拓未見寄。泥封敝藏者拓畢，唯小倩仲飴水部舊藏拓不至，合之六百餘。子苾有成書，再有亦當補入。泥封無繩文而又似新陶者多僞，僞亦易。此種多莽印，自是一地出，其他處則不知何時出。寶藏莫富於地寶，莫重於文字，文字養心，難得，心狂，亦不可無限制，收拓爲至善耳。真從土中新出者，可愛之至，而不可輕信。□尊至佳，勝毁，可與鳳翔方鼎同珍。隋虎符亦佳。陽文鈁真而不可識。玉造象（劉達夫妻）佳，白石耶，玉耶？千金瓦缶佳，子形者或是『鼀』，同竟紐龍虎。萬字印瓦片佳。咸鄗甬土欣瓦器當是鼎，明器也。長楊鼎則疑之。經孳書畢，求先得無印者。六泉十布佳者，乞收之。敝藏六泉全一而有未精，十布全者二而有餘，有無尚可通。補瓦或寄全分來，或付所寄者爲便。所摹極勞心目精神，宜愛惜。若鈎字則須用力，再責手民也。鈎字易似已書，運腕難於指不動，指不動筆鋒方能中正，中正而又能曲折分明，則雖古人之法萬變，而能與之合，不似一手書，不弱不失矣。直落直下直行直往而曲折與力俱在其中，所謂『一綫單微』，所謂『獨來獨往』，皆在其中，如此則可以知古可以傳古，而凡用筆用手莫不可通矣。今春拓敝竟藏不皆精，共百七十紙，奉鑒。自名『二百竟齋』，以好之不篤，未補足。聞尊藏將逾百，吴愉庭藏百四十，擬三家先合裝一全分，已乞之罍翁，尤企以手收即拓之本先寄。又敝藏瓦拓全分五百十一紙，寄備選補。詢之拓者云，後得之瓦有補拓者，今再寄七十八紙，均乞檢收（齊出似大印字曰『革曲拓』一，古鉨拓五，無字瓦拓補三同上。又銀鉨拓一，齊刀化範二，寶六化石範一，六化四化銅範一，先拓上）。（《石門》額及精拓漢刻六朝刻乞代付直，見寄即繳。）手復即問著安不具。館愚弟陳介祺頓首。

人便匆匆，各拓不及用印。竟拓則久思作一《二百竟齋藏竟印》（二百竟齋藏竟），朱文方五分者，乞賜刻用於拓，即以見寄。瓦拓欲補印則异日寄下，近得古鉨五（已注前），附拓乞考。銅印所得必多，乞存稿一閱。師奎父鼎即乞數紙。祺又拜。

光緒二年丙子五月廿五日

一七

清卿仁兄館丈學使大人台座：閏五月廿二日得四月四日鳳翔試院手書，并金文十紙，敬謝敬謝。周鼎先自伯寅書中聞之，今始得見拓本。貴著考爲『窓』，即『左三恪』，即《周頌》之《有客》，甚當，似『恪』爲省，『窓』爲從『心』，皆『賓客』之『客』之古文，可無疑辭。首一字釋『启』，未敢定。二字『乃』。三字，是『師』，似可訓『衆』。四字似『見』（音『現』），見金文中，字似『馬』而文爲『見』，而此又异文。五字『王』（句），言某乃從衆見于王也，未審可附備一説否？爲周（句），錫貝五朋（句），用爲守器（句），不曰『作曰』，『爲』又與上『爲』字小异，『守』未晰，鼎二（句），敔二（句），其用享于乃帝考（句辰）。『帝考』，見葉氏中師父鼎，此唯王折方圓不同，又前半字少弱，似不及鳳翔出方鼎耳，乞教之。或是『咢』字，蘇衛妃鼎『穌』字偏用字遜，興鼎亦未至佳，無妨未得。岐山宋氏穌公敔蓋則可疑，薦敔不足拓。蒲城楊氏陽識爵則甚古，可求之。萬金字温壺亦佳。所云敔，似仍是虎象形，如古玉而非佳者。古玉關中尚有真出土者，亦極有僞者，真者可見古文制作，然鑒不易，又非

文字，不敢慫恿也。吉羊洗亦可。三原劉氏亞中五六行字鼎，不可不多拓見寄。惜此生不得爲古東西周之游，又不得與海内一二古文字友面論，有僻陋離索之感耳。昨退樓書言，吾兄先請假南旋，然後入都，亟思由王營東來，或得一晤，迂道亦不過一百餘里及店僻。今則敝省大旱已成，不敢作是想，且自今至來年五月，尤不知如何度日耳。藏磚二百餘拓畢，先寄君子磚完者一紙。憂心如焚，不能檢文字也。手此即問台安不具。館愚弟陳介祺頓首。

光緒二年丙子六月十四日

一八

新得瓦十四種，拓各一，多贛榆者。其陰款者尤見所未見，請子年速寄，冀早達也。東土竟亦有泥封，文曰『姑幕丞印』，未及拓。古蠟封瓦片一。大雨後仍不得不賑，將視粥廠。匆匆手此，即請清卿仁兄館丈學使台安。弟陳介祺頓首。

光緒二年丙子七月四日

十九

清卿仁兄館丈學使大人左右：自七月所得書，均未復，恐秦燕展轉致誤，又聞允請錦旋，遂益稽遲，而手翰時至，唯增感歉。五月廿四日書，七月十六日至，并石拓五種十三分。七月十二日書，九月廿六日至。革曲是銅者。石刻鼎圖（窸）甚佳，异俗工。王子萱茂才同南行，不知其人他何所能。趩尊是葉東卿物否？葉藏是𣪘，今人謂彝者，器至小，字至多，色赤，自是一時物，文几之福也，賀賀。諸器似東周，真而不至佳。『列公』是已故之稱不？『娉』從『兄』，『兄』聲，籀文從，邑，繁文。楊瓶亦佳。龜符竟又得一，海内三家有四矣。所得殘瓦極羡，如又獲，乞早寄二全分，尤企。尊藏留南中固妥，然不見，如之何勿思，秘之可已。新得三代有字殘瓦幾七十，秦詔瓦小字又一，二字一行，初附退樓書中。今日尚有少閑，遂又檢拓作復。（《石門》額等均至。）即頌新春新年眉壽通禄之禧不具。館愚弟陳介祺頓首。

光緒二年丙子十二月七日夜

二〇

清卿仁兄館丈左右：去臘奉寄三代古匋文字各拓，於愉庭兄復書中，知從者有松江之行，必已察及。月十二日廉生寄來去臘五日漢陽舟中賜書，并符印拓一束，辱承至愛，於舟車之勞，猶相念以文字如此，真可謂不棄不忘已。遥想珂里錦旋，親戚友朋之樂，吉金見藏之福，有不減長安盛事者。江南春色，更娱目心，北海黔敖，唯有馳羡而已。連率虎符『猒』之從『土』，异於《漢志》，或如『填』之從『土』，唯合處省郡而曰『西道』，隴郡有氏道、狄道、羌道、西縣，而無『西道』，又每字間以虎文，又字不錯銀而涂金，爲傳世所未見，如有考定，尚乞見寄。龜符、銅鐵古幣範皆奇絶之品，古緣可詫。鉛印範乃鑄者，若是土範之母，則鑄而又鑄，古人之事亦有不可以思議測者，然文字則佳。詔發自是秦半通文。姊是銀兩面刻一者，王勝子母孫、孝字銀、臣説金皆佳。敬謝。惜不得一一同寓目爲憾耳。前寄百金已至，敬謝。聞貴藏將不以入都，今春必已遍拓。可否交易，各得以所有索所無。京宦豈有餘？少餘亦可收數種至佳者，次者拓存足矣。前請『迂道由東』之説，不過夢想之甚，若有極妥拓友能爲兄來，而三紙留一亦可，或能作譜拓印尤佳。凡此皆不易得之事，而妥人尤難，傳古之殷不能已於良友之前耳。正杪拓友至，復拓昔年所收關中殘瓦。聞來日有東足，亟以五十二紙寄鑒，乞以一致愉庭兄，并念。廿四日書并高拓秦詔已至矣。此請著安不具。館愚弟陳介祺頓首。

光緒三年丁丑二月十八日

二

清卿仁兄館丈左右：四月廿七日得十八日黑水洋輪舶、三月廿二日吴門兩手書。重洋中猶相念，論古以古篆作書如此，此感真古所未有矣。聞令弟捷音，知木天同步，是意中事。而敝邑今年都便少，至今未見題名。昨廉生寄到邸鈔，始悉德門盛事，聞者同羡，况文字之友，更增深慶矣。承示歸里所見，何竟不多。虢尗鐘三，似阮勝張勝伊，大小均不同。曹氏器有一字多觶，一小鼎有旁肇字者，未入刻者，亦尚有數器可傳。子爨觥無二之品，字中一二少弱，疑剔失。格伯殷自是佳書，王作殷亦佳。遽伯睘自是伯玉殷，有方坐，有四耳，似皆盛羹用，以取定與平。今有鈴，自是取和（三代鈴唯此，舞鐃亦鈴），曾圖之否？各拓敬謝。新莽無射律管，四十年前蘇兆年以至都，欲收之，而爲東卿先得，常在心目間，不意又見之，可幸可幸，昔就器看，字似尚厚耳。录殷字佳，亦少有剔過者，事甚不易。伯□父殷『父』字則全非矣。所存四十金當先繳。敝地去年荒旱，給餒事五月内始畢，愈休愈憊耳。目齒日衰而心尤甚，古文字事亦不能理，拓友有它事或不妥而它之，印泥半年未作成，莫助之嘆，追念粟園，豈可再得。得友則不唯可傳古可公世，亦可獲磋磨之益。如專任衰老，筋力所必不及，非吝嗇也。徐籀莊《從古堂款識學》，昔曾得一二册，亂定後屢訪之并其後人存否，云俱無存。今聞竟爲尊藏收得，不審八册完否，有拓本否，有摹字否？實爲二十年來至幸之事。必不可不早公諸世，一如原稿，以存其真，即引用少有可删，亦不必去，它書采取則在作者矣。不識可專足取讀否，可代鈔一部否？能不誤又如原字，少費無惜，唯乞厚愛。日照許印林《金文考釋》，亦當刻傳者。款識之刻，一難於不失真，如阮書不易，一難於無僞，阮不能無，唯此二者最爲仰企。僻陋衰老，恐終不獲面質之大雅矣。祺於學無少得，而小者尚肯用心有自信處，非獲於心，不敢輕移己見，唯不敢多言而已。瞿刻《集古官印考證》，摹印是其次，經孳竟不克壽，不傳其父書，奈何奈何。如尚能從坊中得之，則求無印者數部，乞留意。年來承海内君子索敝藏三代文字，唯求三代文字之報，其次則兩漢六朝文字，或舊拓新拓，無副可分，則望三代之複者，它則非所期也。尊藏尚未得全分，佳者亦未得多複。玉堂清暇，尚企一檢，即索所需先未寄者，次舊藏佳者及它家者，以期彼此各得其所也。焦山周鼎字有疑，愚久見如此，然精拓筆盡尚多不可疑者，非目睹面論，不敢决也。兹檢得新得杞伯敏父鼎拓一，有平蓋無字，十餘年唯收此一器。秦始皇瓦量殘字四片拓四，晋太康八年城陽黔陬王從事殘磚拓一，質堅如金，大吉昌磚拓一，共七紙奉上。其瓦登、瓦器字拓七百餘紙，以子年兄老病，艱於語言，尚作書黏拓，謹先寄之。先將書拓奉閲，閲後封交來足自送，可領信資。尚企録釋寄示後再復，并一一拓分諸至好也。《印舉》不出在己，已十分焦灼，衰老無友，徒思變計，作一印一葉。積勞未復，尚不能經始。《藏器録目》終不如得人，否則皆須自己。心已不强，更無論力。手謝即問著安，并賀大喜不具。館愚弟陳介祺頓首。

光緒三年丁丑七月七日

廉生屢有書，并寄邸鈔。此次擬作答，今已亥刻，燥熱不能多作書。聞其夫人病甚危，廉生有將來携子女入蜀之語，其心緒之劣可知，務晤時道念及歉忱是企。

《長安獲古編》原本，子年云奉寄，可否寄還？又拜。

一二一

清卿仁兄館丈左右：月之八日傅足北上，奉復一緘，計復書當在道矣。十二日，忽得齊法化刀磚範三，其二雖皆有缺而是原合範未失，其一是面範刀之狹者，完而中斷。聞初一日有北上車便，謹拓三紙寄鑒。不能收重器而深恐古文字之墜滅，是以極力屬土人搜訪，此與三代古匋秦始皇詔殘瓦竟獲保全。蓋齊魯今一田夫牧豎多不與古文字爲阸，而詭狡者亦未必盡以來歸，唯再竭力訪求拓本而已。真知篤好者無不以古文字相往還者，往而不還，則性情或未必真篤，唯自嗟孤陋而已。子年若存，乞先以此共賞，尚能欲之，則再補寄之。豚卣拓一并上。敝地秋旱可憂，無論各省，衰年心氣筋力不强，况又值此邪。手此即問秋安不具。館愚弟陳介祺頓首。

此時寄書，尚未知尊寓，悶悶。乞便中付君住址印片一爲企。含英閣胡君更可否代索一摺，以便足便取物，將來年節由舍親徐東甫更寄還。又拜。

光緒三年丁丑七月廿八日

清卿仁兄館丈左右：月十二日得七月二十日手復，并附緘及拓十紙，敬謝敬謝。赤向父毁舊有佳拓，歸煦堂得一紙遜，且似有剔失，今得此良慰。文字近周初，似王朝，不易得，煦堂未之重。缺處當是『嚴』，在『多福』下當是『緐釐』，『奠』上二字與許印林釋『纘造』者同，『司』即『嗣』，『廣』下『啓』，『身』下『龢』，唯□字不可强識，□當是『拱』、『恭』字，大致可讀矣。□鼎六七十金可得否？乞留意。菑川太子金熻盧，昔年假拓東卿，原無色澤，有四足而失蓋，蓋與鹿盧鐙制當同，驗拓自是經火。苦宮錠乃行鐙，『錠』、『鐙』乃通名。昔假拓手剔清晳，今凫定剔誤，且有損字。四十年事能無惘然。金熻鑪傳世無二器，不可不多拓，再分數紙，温壺當亦葉氏物，驗拓似在足外，乃能二器合刻，『紀元』二字多在彼，此有僞增，隸自佳。其半似大吉利千金不？□則不可知已。元興弩（以竟照大）粗釋其文曰：『元興元年考工所作（五）。』一石鐖，郭工史從仲大僕監（二），右工掾譚令脩丞（三），詩（或二）掾，史皇主（四）。字不僞而非精品。若車形且爵，初看甚佳，及審外輪，一作□一作□則大繆。其一作犧形者亦不古，不敢不闕疑。至陽遂磚則必僞矣，摹擬古趣而弱，必宜亦俚，貴字忽如洗文加闌，繆至如此，其徒弱者又何如耶？良友之前，見及不敢後言，乞教之而姑存之，幸甚幸甚。《從古堂款識學》之諾與凡拓不忘不遺，同爲至感。君子之至誼如此，豈敢不竭其贛愚而日以深耶，但恐以爲拘妄之甚耳。吾兄之於古文字之好，至勇至篤，唯企於摹文字再求精求似求有力求留筆，中鋒直落直行直往，運腕而指不動，告刻工亦然。得古人一筆一筆之神，自然成字成行成章，而不可以後人之字行比，是第一事，以三代古文字冠許書字前，是第一事，其次則刻圖，刻圖摹文附釋，而考别附，可易可待則可易成。然一人之精力宜惜而勿妄用，一生之歲月宜惜而勿失時，則尤道義之期耳。鑒僞宜嚴，收拓宜富，收器宜重文字，若陝出數器，似非所急也。金文可先求吴子苾藏册并其鈎本借摹，借摹不易，在都似尚可求。尊藏金文已千餘種，可羨。允即編目見寄，尤幸。敝藏不同無多，自易校補，但讀目不見釋文，尚未易校。秦漢魏晋無多，不摹則日後或不可得。袁氏方尊，拓得二紙不精，今幸少慰。下半三四字紙濕少浸墨不易摹。自是『寢』，『醴』從『豊』，即『友』，『琱』奇字，『琱圭』或圭之闊如面乎，『環章』，『章』自是『璋』，『環』必非『睘』，究不可定。器自是醴（酉）之用，有二齊，故中以銅間之耶？此與葉氏方尊蓋（此當尚存），尊藏葉氏趩毁（或曰『尊』，昔借拓，今記不似）相類，而此尤奇。瞿氏

《官印考》即未畢，亦乞致一二部。昨寄齊刀化磚範三紙，想已達。頃聞急足北上，自辰至未作復。後檢三代古匋拓，計瓦登三百五十七紙，殘瓦器三百七十七紙，又匋印一紙，共七百三十五紙。未及用三代古匋軒印及瓦登瓦器木印別之，如欲補，則編釋後同寄。其非三代瓦器者，登中無，亦未及別，可以前所寄與寄子年者校之。今年止一拓友，日從事於此，良非易易。秋冬或可續得。我思故人，不知老至，唯愧賢者之無倦耳。手復即問著安相念不具。館愚弟陳介祺頓首。

光緒三年丁丑八月十三日

附箋

去足急候，子年處竟不及作復。如無恙，乞以齊造邦無化字刀拓一致之，字與無法字同一至奇也。子年刻全稿求四五部，於齊魯傳之，乞代致。廉生夫人愈否？念甚。東甫九月北上，十月可至，中間尚可有便也。祺又拜。

古匋傳古（京八十文一紙）。刀化範（京三百文一紙，約五六十紙，舊有十紙在外）。傅青主書聯真迹（五七言，其餘各種已看，畫止有一，即借刻亦可）。廠肆李養泉所得長山袁氏冬心聯（不知售於何人，思借刻）。敵鼎。令弟硃卷。

二四

清卿仁兄館丈左右：十九日族侄開運北上一緘，想已察及。日來刀範古匋時有所獲，拓者相助，檢點不暇。初拓刀範不易，拓一日夜不過數紙，快甚亦累甚。傳來運至，未見京信，不審。前接福少農太守，太夫人之濰縣，轎夫陳七十。又膠人曾在木倉路西山東京官馬宅之劉僕所寄二信是否已至？（《從古堂款識學》，乞封交傳足。）吴兄究係有何差使，均悶悶。晋商遍天下，如立局廣勸，必大可觀，不同他省。公誠乃能取信。朱子《救荒》之文見於《文集大全》非《全書》。本至要之事，先須各省不許遏羅，止增胥吏勒索，轉加糧價而已（外糧亦不至），并未認真，且鄉間亦無從禁止，本爲救民，而官吏比比，真堪痛恨。即以敝邑論，亦侵吞萬餘金，毫無虚語，天下事可推已。傳足明日早行，手此并附李山農太保四耳殷一紙，名器知不厭複也。即問道安，晋事願聞其指，至企。館愚弟陳介祺頓首。

光緒三年丁丑八月

二五

清卿仁兄館丈左右：前寄齊刀化磚範拓又古匋拓補全，計已先後至。今又得齊刀化殘磚範二，古匋廿四，竟有完者六而三代五。三代古匋文字，不意於祺發之，三代有文字完瓦器，不意至祺獲之，殆祺好古之誠有以格今契古而天實爲之耶。茲有膠足過，鐙下檢拓作此，并廿六拓目上。其五紙一束，未知複否？子年無恙，不可不與一看。早望以目釋寄，以正妄釋。傅足來運北上，未及作書，如至尊寓，乞固封徐氏《從古堂款識》八册，令其慎重携來，至企至企。手此敬問著安不具。館愚弟陳介祺頓首。

光緒三年丁丑八月廿四日

附箋

格今近妄，然負販求之於鄉，牧豎求之於野，能使三千年上文字之在瓦礫者，裒而傳之，此亦歸里數十年真積之力，從此齊魯人人心中知有此事，則古文字所全多矣。寸心之幸，敢告清卿之前，不足爲外人道也。借拓商𠭘父癸㱿一紙并附。傳足可使人至敝同邑在京者寓中詢之。木匣加瞥封固，屬慎護之，至企至企。祺又上。

光緒三年丁丑八月廿五日

二六

清卿仁兄館丈左右：八月廿八日得十八日手書，知齊法化磚範、豚卣拓已至，想續寄古匋五百餘拓，又刀化範拓二，𠭘父癸㱿拓一亦當至。國學鼎爵拓古私鉩拓三，敬謝。犧尊雖無字，昔年目睹極佳，然否？銅版二世詔字似不及所見各種。葉氏晚年所得陝賈物，多半贋作，不可不審也。三秦惜無真篤好古之論，昔見相同。好者雖多浮慕，而陝賈則遣人四出，無所不收。有過敝地，或土厚不易出，或竟無搜訪，未可定也。此地古匋亦漸有新刻，惟不能得古人之心與手之力之神，亦唯持此別之，仍時時不敢自信太過而已。今又得二百種，與前不一地。竟至千枚，且有完登完器各一。古文即古人之心。來歆來格，俯仰悚然。深愧所學不足發明，唯企大君子啓牖之耳。前地亦或可得于秋耕時。唯拓者僅二人，竭一月不過拓匋再周，未能它及，亦悶悶。又得齊刀化殘磚範一角，先拓奉寄，殘者尚可有獲。舊存齊造邦無法字刀一，今又得無化字一，可謂奇儷，并拓寄三紙，乞以其二分之石查子年。幼雲乃七十年世交至誼，相去日久，未詳其世系，乞詢之，并求三代化拓及吉金拓，當有以報之。煦堂藏印拓亦思假閲。凡古文字以多見爲幸，不必盡己有。煦堂藏器佳者拓時切望不棄，至尊藏則乞一一不遺，如古人之心交，昔年唯子苾如是，未嘗一拓不相念也。近得一漢器，名曰『葆調』，似是不完鐖器，未詳其名與用。聞東甫言，王以吾館丈史漢學甚深，乞考完後，轉爲諮詢，如賢者樂此，則秦漢文字之見於器與印者，皆將一一就正也。子年病，則《古泉》之再續，不能不望于石查、幼雲及執事。若精刻三代化文至六朝，或止于漢以補篆隸，亦傳古一事，與古匋、古鉨并重，不僅編一『錢史』矣。附古易傳，説古亦不及附古字傳易。不可不于許書之上集一大成，擬之三代作者，异於玩物者所爲也。

（以上重九前。）

今又得齊刀化殘磚範數十而無完者，疑訪者秘之。殘登字七十餘種，共可千一百矣。範擬拓成册，今年拓者疲於古匋，已夜以繼日。又得一『屖毋忌臣毋忌』兩面銅印，『屖』字不見許書，亦漢印之奇者，乞考之。瓦器又有完者二，其一微裂。又古明器雖無字，一鬲有文，如□白鬲，一素豆均古甚。（十六日、十七日水始冰。）

範拓未出，兹先將二次古匋拓，瓦登百六十又五十八紙，瓦器廿四又六紙，乞察入。傅來運未至，不知前二函均至否？念念。即問道安不具。館愚弟陳介祺頓首。

光緒三年丁丑九月十八日

附箋

再晋省旱荒之重，此間久已聞之。來信言與聞晋省京宦移粟桑梓之事甚善，甚大事也，未聞其詳，以爲籌勸轉輸而已。族弟子振之子來言，即入都詢之，則有吾兄十月使晋，子振隨行之説。此間久無邸鈔，無從訪問，然弟甫目覩谷萑，少有一二經歷，敬爲賢者及之。辦灾之事，最苦於保甲不清，無以分别上中下户，無以真知丁口實數；無以安置聚衆求乞擾亂之人；無以杜官吏侵吞虚冒之弊。地方之事，雖是官督，終須民辦，方能得實。雖是民辦，必須官督公正，方能出力。其公正少而奸邪多，則在官之明良，主持勸懲而已。有一分理，有一分心，方能作一分事，視乎德位，時之所至而已。人七日不食則死，轉粟數千里，陸路大難。救急則謀始先須近求，圖終則須遠備。有土在乎有人，不可死散，無財在於無政，必信仁賢，不可爲枉尺直尋，而未能有所直也。一縣力不足，則一省助之，一省力不足，則數省助之，何待于外？保甲未清，不能不放粥，清則可以放糧矣。聚則爲癘疫，而春暖汗出尤甚。粥不可自煮，以擔粥爲使流民，暫時放粥，即須遣歸，總期於無處。保甲不清，錢糧俱歸實用，人俱安居安業。尤須力籌春種夏收之事。天下有名不和之事或者天心大轉，冬春雪雨十分霑足，民命可以即蘇耳。草野伏處，感恩憂時，敬爲與事之賢者及之，萬勿示一人也。謹又啓。

今日事勢，非派營弁帶隊數百隨同彈壓不可，蓋整適嚴肅，非處之有規矩紀律不可。吾兄范富自任，視饑由己，其勤恤悲憫，必躬必親，時時事事用心，平正切實。於有弊即思其法，聞善即廣其行，則大惠之速且遍，必有不可意計者，無任馳仰。又拜。

再有人爲作一文，其前後空論，頗有所見，邑人欲勒之石，力阻而止。今以就正，如有益於救恤，則請於可言者寄之。寫不及，亦可集字。又一紙并覽。謹又啓。

二七

清卿仁兄館丈左右：九月廿七日、廿九日得六日、八月廿四日兩手復，并《從古堂款識學》八册，金文廿二種，敬謝敬謝。族弟子振子開運、傅足來運廿前後北上，寄書拓當察及。

《從古堂款識》所缺拓，敝藏尚有可補者，月半後當細校録目記注。赤向父毁至佳，煦堂昔不屬意，可易則請易之。[illegible]鼎念之。金[illegible]盧無二。苦宮錠亦損字，非上。温壺可不收。元興弩更可緩。陽遂磚萬不真，刻磚塗鹽泥即莫辨。論古不嚴不可，如良友不以爲妄，且將言所不敢言，而求筆之于書以待後，凡拓均不可不寄讀，使竭其顓愚以多見爲至幸，即妄亦可見其用心之不敢苟也。聃毁不論，若鳳翔商方鼎、趩尊則至精者。學古必寢饋其中以求真知，亦必多見多聞，非名士風雅，好爲高論矜己見即可造極也。吴方尊蓋經火，拓尚未見，念念。三代瓦器爲尊爲量不敢定，形則多如來圖。化刀磚範已屢有獲，唯不及拓。將來與古匋俱可仿徐書黏拓挖襯紙，凡古文字皆可如此。書面湖水色高驪箋，乞爲購作百本用者，此間釘裁，必不能及，或須寄懇耳。津門自不可訪金石，可有人代訪不？晋商必不可官勸賑，無非榮多人，分守清查，不令往來，不能得實。汰上户，緩中户，并可勸助，或出錢貸質田，仍令加息贖。此時言種麥已遲，十月可種，明春出亦可。不播何獲，無菜曰『饉』，饉則腸細，驟飽則死。白菜真種，宜與春種之豌豆、大麥（俱早晚二種）并蓄。菜多種可早食，而蔓菁、芥可僞。牛宜採買，萬不可再失時，待秋收矣。東甫來，寄上古匋三百二十五紙，古印五拓。徐書之假，感不去心，不敢久留。論定之妄，唯乞大雅姑容之也。手此即問道安不具。館愚弟陳介祺頓首。

聞退樓有恙，未出房門，念甚。曾得音問否？示及爲幸。歸來喜藏畫竹，與可有三，范寬有一，雲林一，定之一，藏於君子林。唯梅道人竹與山水無之，竹僅得刻本。廠中如見宋元畫竹，乞爲留意，但必須真而佳者。朱竹垞、何義門、傅青主、金冬心聯語佳者，皆欲收或借刻也。絲帶三條，乞代定。一問退樓者，皆加長四寸，絲與工俱須佳，需直示及，即繳交東甫。以後有書，或交東甫，或原足，俱便再請開安。祺又拜。（一間樓在前門内向東路南。）

光緒三年丁丑十月三日

一八

清卿仁兄館丈左右：傅足還，僅得收信尊片。前者族子開運北上，暨膠州劉姓在京服役者，傅足、東甫均有寄拓，久未得復，至以爲念。昨於邸鈔見少筌節相疏請吾兄至津籌辦賑務，於實心實學，詳切重達宸聽，即奉俞旨，星軺遄發，無任敬仰。將見晋、豫數十萬灾黎，已大被仁人之惠，惜尚未聞其詳耳。刻想航海買糧，已早於封凍前以平直買足多船抵津。敝省東三郡於十月十一日至今，屢得透雨一二尺，又大雪一二尺，來年必有可收，即春種亦可畢出。未知北省普霑，不唯雨雪載塗，轉運必艱，凍餒尤易。溝壑餘黎既不克堪，賢者必焦勞倍甚，殊增僻遠。深繫冬春尚五月餘，難於接濟，購種畜牛必須先事，皆須年前籌劃，知蓋忱必不敢緩也。無菜曰『饉』，饉則腸細，驟飽則斃。菘、菪皆宜多種，免疫必須力禁聚衆領粥，領籤莫如擔粥，隨到隨領。天暖穢氣尤甚，行或不謹，亦易致癘。汪司業『黑户』、『逃户』、『册費』、『折放』四條極切官吏積弊，惜尚未及除弊之法，使必躬必親，周咨遍察，念兹在兹，仰思繼夜，鬼神可通，自必理能明，事能應，而不至無政事，則財用不足，虚糜大費，而實惠不能及民矣。伏乞至誠默契，大善取人，慎護匪躬，以當大事，實所至禱。積穀之事，今日必須實力行之，南省亦乞在念。前後所言，如尚有一二可采，乞代達之。敝同年丹初中丞，并爲道念。昨致東甫一書，亦有屬達之語，未知曾面布否？津門糧值，尚乞隨時示及，并言權量爲企。平糶之事，虧本則易，得實則難。有識者防患於初，任事以實，則成本可廉，而減值尚不至虧本，尤重在半升，零升不過三升，使貧民手握二三十文者，亦可得糧救命。然利之所在，奸狡勾通，司事屢糶，彊壯結成群黨霸糶，使老弱男女飢餓之甚者，自朝至莫，糶不入手，且或傷跌致命。又有奸販自局糶出，即在局外零糶，不增局價，止減局升。種種争利，悉病良民。此去歲所目擊深知者，不可僅以虧本塞責，而不求事之實，是徒爲官吏大開利門也。今日各省州縣出示遏糶，以保本地民食爲辭和，縱吏胥訛詐，不顧大局，真是五霸罪人矣。救荒之要，重在使其地糧，糧多，多則價自平。運糧先須求近，不可因路遠值減而忘，運遲弊多，致誤民命之大。其遠者止可接濟糧，近亦可人運，使以食力代賑。糧袋不足，亦可用胡椒袋或席包，如能運錢收銀，事亦甚便。又中户有田兼食者，亦可計其人口，收典其田，贍至來年五六月、九十月，加二三分息贖田。田腴人少，則減其貸，田瘠人多，亦增其貸，以不過原值之半或不及半爲率，此最惠而不費。凡此可以節賑之舉，皆可類推。祺有一册，致李采臣方伯來，能飭仿也。立局平糴，必須使一到即領，分路出人，多人亦若行所無事，無克扣攙殘，無擁擠，無奸商狡糴，乃爲有惠於民。其力不能糴者，則分糧施粥爲正，清保甲爲本。保甲一清，則地方公正篤實之人出，而利弊通矣。救寒即於保甲中擇真知其亟者酌與之，送至其家，救饑救寒，不使坐荒。正業莠民，必須嚴懲，使地方安靖。不可立局施衣，號召使止聚衆，聚衆則萬不能得實，萬不能遍給，奪官權而釀大亂。朱子於一本萬殊，謂析之有以極其精而不亂，斯合之有以盡其大而無餘，實爲造極。徒求其大，疏漏滋多，未有能成其大者矣。夫天地古今，一人世界也。有堯舜之人，斯有堯舜之世界，其人没則其世變矣。今日救荒之事不爲小，需人亦至多。唯在當代諸大君子，以其所學之明在，在能知其地之篤實之人，而善用之，而專任之，使小民之隱無不周知上達，任事之人無不循理敏事。行有不得其勉，反求隨時隨事損益變易，以共成朝廷至善至大之舉，共仰儒臣輔相左右之業，則晉豫數千萬之生靈幸甚，文字之友亦幸甚。手此專足，敬問道安，唯心細而能任勞爲祝。館愚弟陳介祺頓首。

光緒三年丁丑十一月六日

附箋

弟冬來無恙，唯古匋時至。選收釋拓，終日從事於此，亦至勞冗。今竟至二千種（剔殘尚多），謹以全分補寄。計瓦器拓二百十五（器字勝登，泥細之故），瓦登拓四百十二，共六百二十七紙。今日賢者之心，豈可分力及此，若有佳友以棉紙裁册黏拓，挖空襯紙，分類編次，吾兄一閱，少加編正，即付加裝訂如徐書，尚不重勞。或再寄閱加釋亦可，然無便亦不必如此。津門藏古當不乏人，如有贈拓，即望分及。寄書由驛加轉牌必速至，但不能如此速復，欲速則請酌之。徐書第二次人便非妥者，幸無恙。東甫最妥，東甫爲人，今不易得，要事可共也。前寄拓至否？共若干紙，亦求示詳。劉姓未至，可即問傅足，并告令弟由京同問之。所得齊地三代古匋器圜底，必是量。今以無字完者一奉寄，雖無字，確是三代周齊國器，至今未毁，不可不珍。尚有如繪來式者一，欲之，後再寄。刀範不及拓，直無初拓。又古印一紙，此種文字無擬議。開運寄拓至否？切念切念。（蟻鼻异品拓二，乞以一寄子年，尚有鉛扶比布，借來再拓寄，亦二紙。）津寓及是否尚至都均乞示及，再問清卿仁兄台安。十一月六日丁巳夜弟祺又拜。（瓦器不損，付小制錢，京蚨伍千，損則貳千。）

二九

清卿仁兄館丈大人左右：正月廿九日得十月廿五日至十一月朔湯陰道中所寄手書，長篇小字，感慰至深。月十九日，東甫録書稿并大著《古匋文字釋》四卷。二千年來古文字未發之藏，祺之世及見之，祺之友能讀之，真至幸矣。退樓書來言任刊事，誠不可緩。檢目似已寄二千種，未知均得達否？兹又檢十一月六日以後得者，瓦器百又三拓，瓦登百六十九拓。今日尚得二三百種，未及拓，共二千六百餘矣。複者、殘者過多，僞者亦日出，力亦有不足，拓亦甚不易。君子又有板屋之役，環顧自嘆，欲從末由，塞上音書，海邊風雨，殊難爲情，答退樓書末三語可以見矣。從者入都後，望即由東甫寄書，詳言何日西行，見寄何者，所索何者，均當於十日内檢齊，專足北上。《長安獲古編》原本切望付還，《從古堂款識學》八册不可不刻，刻則請分任之，臘正以來，因先塋卅年欲改之路始得移補，未及録副，歉甚歉甚。登乃形，與銅高鐙相似，字在柱。籀莊金文、煦堂金文印文、金文新出、漢石拓可見示者，均以得見爲幸，不必必得。《古官印考證》，刻本無印者，必乞代購二部。新出土六字古鉩甚奇，即冂，則未詳，見陳猷釜，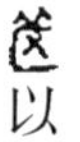以藏印字推之是『匋』，即『芈』，疑，即省，即，蓋山虞掌進匋之鉩也。子『子』疑田陳鉩，『子和子』之稱，其一或剪匋邪？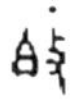見鋈又二考之。祺今年六十又六，而吾兄有萬里壯游，晤面無從，寄書不易，可從洋照一識荆州否？每念貴藏全拓，今恐不易得矣。（正月得鉩，此式唯東卿有其一，他未見。昨日得秦詔四字殘瓦一，共朱墨拓十一。）手此敬問韬安，言不能盡。館愚弟陳介祺頓首。

光緒四年戊寅二月廿七日夜

尊論許氏所引皆六國時古文，心目之光，實能上炬千古，此非多見能識，真積貫通，焉能及此。今人釋古文止可如此，書缺有間，以意爲之者，推闡不可不詳，斷制不可不謹也。古匋文字不外地名、官名、器名、作者、用者姓名、與其事其數，若陳殘釜，區字則可與𤮶區并稱。除前由歷郵寄一書，内附一紙，未知達否？今再附一共賞之。此次二百七十二紙，未及加印，乞代增，以後人便急則如此，其紙束記字則不可脱。聞有郵寄之書，今尚未至，長道館舍想可考釋，兼程則必不能矣。手此再上，唯鑒不具。祺又頓首。

孟鼎求手自精拓薄紙佳墨本，以下半字審拓多見筆畫爲要。年來與伯寅廉生書少疏，如竟能得一二十紙，必以所索之拓爲報，乞勿宣也。祺本退藏而又衰老，唯與論古而又以古相貺者爲不能不相質問耳。吾兄所刻所收，亦不能無一二可商者，如恕之，尚盡其妄謬也。祺又上。

三〇

清卿仁兄館丈左右：二月廿七日一書并匋拓交北上車便，後云交東甫，東甫有小恙，未知轉致否？除夕一書并匋拓一紙，由歷轉丹初敝同年處，當可至。福履想久如常，能勝勞，至念至念。月餘所收古匋四百又二。又新得漢竟範三，一磚質而輕，其二則色白不堅，質極輕，如海水沫結成之石。昔年曾見一鐵尚方鏡範拓，此真至幸之品而陶父之幸。上蠟甫畢，即以初拓三紙同奉大雅。第不知何日至都，又不知尚能及此否，唯時企專足惠書，以便即繳徐金文册，并乞早寄還《長安獲古編》原本及可賜之拓。古匋拓已將及三千，如有欲助以傳者，乞留意。晤伯寅乞道念。去歲之帶三，未知飭作否？刻已須矣。手此即問箑安不具。館愚弟陳介祺頓首。

光緒四年戊寅四月四日

附箋

新得大字古銅鉨一。第一字『右』。第二作□，或『都』异文。第三□。第四□，自是日上下有光，如皇之上作□作□，而許書不足徵。第五□，似非『安』。第六『鉨』，□中三點甚小。近□□鉨，似六國書之近西周者，附二拓（又朱文大印，上字作□，下字作□，自是『鄉』，仍是漢官印，亦二紙。又瓦登廿八紙又二紙）。乞考正。乙亥自勵句，丁丑鋟木，今年初拓裝成，寄正，加題印可也。張力多年妥人，與東甫之僕同來，有要事可傳諭，期迫則令覓便，或專人均可。別將遠，若無可言者，不具。四月四日鐙下祺再上。

三一

清卿仁兄館丈左右：月之九日得三月廿一日、廿五日自河間郵傳遞到手書，具詳。星軺於三月由晋豫過都，十二日至津，又奉命督畿南賑務，駐節河間，富範事業，禹稷飢溺，以身心兼之，唯有欽仰而已。竊謂仁心仁聞，民不被澤，由於不行先王之道，孟子已切言之。事愈大，政愈須明，不編户查田，則無統紀，但非今之編查，不得人而敷衍耳。一面放，一面仍須立法嚴查，自去密必遲，速必疏之弊。若諉之心不實者、理不明者，則政仍不能盡善，亦不能隨時損益，而仁心或不能盡達矣。朱子論一本萬殊，謂析之有以極其精而不亂，斯合之有以盡其大而無餘。蓋至極之語，而學與政無不然者。仰承垂詢，不敢不以拘迂奉答，唯希教之。青州辦賑諸君亦不免速疏，人數止實十之五六，而濫亦又居其半。若真行保甲，則冒濫自無，真行社倉，則常灾可免。大則數縣救一縣，數郡救一郡，數省救一省，何須有待於外，况更有重帑乎？坐食雖天地君父不能給，亦須使之不徒食不聚食也。吾兄既身任之，必能時時用心，事事有濟，不似弟之空言慨嘆，亦不僅以下車之泣塞責也。仰企仁人，自忘愚妄。即請台安。不具。館愚弟陳介祺頓首。

光緒四年戊寅四月廿二日

附箋

惠到古玉陽文二字鉩，至佳，惜不得手摩挲之耳。此種唯見於朱文銅鉩，前人謂之秦印，不知是三代，今多見亦似六國文字。此玉質而字大者，昔所無也。[illegible]自是『北』，或從『北』字之省，[illegible]即『背』，『月』後加。古文省多而假借少，似未可概以假借求之。再乞十餘紙。建始長字似少晚，或非漢，然亦佳。謝謝。絲帶亦先謝。河間日華磚少於君子磚，古磚瓦古印六朝石不乏，但恐不能分心至此等事。旋都之先，乞示及，以便致書再言古文字。附上父戊爵拓一，[illegible]字至奇，丙子所得者。唐宸豫門龜符，雖不及燕庭丈者，字多而開閂俱完，又同出雒陽市，可珍也。魚符左武衛將軍一，朗州滑州各一，唯滑者字淺甚，俱精拓。又新獲古匋五十二拓。銅鉩二拓。鉩文第二字或是『都』，第四字[illegible]，似[illegible]技而不可疑，[illegible]亦非『安』，乞考。竟範拓昔止見一鐵者，今竟得磚者斷者，是磚而輕，其二則至輕，色白，輕如海水沫結之石，至奇，三拓并寄心賞。今日索拓者多，以古文字討論疇酢者少，不報不助尤多。苦心至誼，如君子者鮮矣，唯乞念我不遺耳。族子開運收字一并呈。弟深愧古人而愚直不敢不勉於賢者之前，久則可知非流俗者比也。近中道體想已復元勝勞。念甚念甚。不具。弟祺同日再上清卿仁兄大雅。

三二一

清卿仁兄館丈左右：今作一書交傅足，二三日内行寄京中（内拓十一，匋拓五十二，收銀十兩，字一）。尊寓録稿再由郵寄（附紙未録），由縣發易遲（謂奉復），由省周於用。轉牌單來則尤速，河間糧價運價日下如何？手此即請勛安不盡。館愚弟陳介祺頓首。

光緒四年戊寅四月廿二日

附箋

再附繳存印銀京平松江肆拾兩，希察入。聞香濤有自蜀携歸漢石，又滄州南皮問新出刁遵[一]墓志，未知曾見拓本否？乞示及。又極大舊羊毫筆，敝肆中如有，乞代購，愈大愈佳，小者中者無用，必竹管者仍可。筆頭能三寸更合用，但不可性耳。現用者管外露二寸五分，益以署

[一] 原札缺，考應爲刁遵墓志，曾爲張之洞舊藏，現藏山東博物館，今據補。

款，尚不能作額。不用髮筆式者，屬人爲一物色，佳則三五枝均可。聞都中漢器與印無力收者，有妥人則寄拓，言直亦可，須非市儈乃可。舊玉全紅浸者亦喜收，但不能多出直（紅鮮透而上泛黄土星點者佳，不論大小）。劍泉所存，不知如何。古玉印則尤欲得。張詩舲印中皮聚、汪孟慈、王子[illegible]、莊朝、昭强、田勃、仁言、許少珊、扈偃、此在念者。葉氏必有之，第未見，有亦恐在羊城劫灰中矣。心泉和尚尚存否？子年兄如何？愉庭譜成，增而未汰。力未行，復作此。匆匆不盡。祺頓首。

《從古堂》不可不刻，所用刻工尚携行否，能刻徐書否？念甚。徐釋庴鼎必當補入徐書。封面湖水高驪箋乞代購裝百餘本者，須紙堅色佳也。又拜。

具此大軍機封三十，前已言及。具此大封内可用之梅江全帖十個，封套二十個，單帖百張。九月廿四日含英閣具，濰縣陳令貽堂。

光緒四年戊寅五月五日

三三

有菜更可省糧，而救腸細食飽易死之弊。秋收不過兩三月事，時時須注目，在還定安集與賑饑雙管齊下也。高臺向北，可避南風癘疫，大雨亦可滌蕩，聚處最爲不宜。手復即請勛安，唯道履千萬珍重不具。館愚弟陳介祺頓首。

書示賑事七病，謹復如左：一、民命至大，地方官不能專心辦賑，他復何説？凡事必從根本上説起，正辦者不辦，不移其權而越其俎，從多掣肘，民命絶矣。用人須篤實者，有德而才不足，上之人以政佐之，自可奉行有濟。二、不全報，即不普賑，亦是民隱不能周知。然既目覩有死亡過半，顆粒未領，何能坐視？三、領糧已到，户口不齊，即先令各歸各莊，以賑代查。然目今情形，查時必須帶勇（粗人勝於胥吏），每查過之家，派人守視，查齊同撤，以防混冒。又須責成鄉老出具并無他莊混入甘結，及每家均係實在人數并五家互結，再帶同本地公正紳耆幫辦，并許請獎。其聞風而至者必不能免，須於境外以放代送，行二三十里而後發令其各歸本地，不許聚行，不許入城入莊，以防滋事。四、即前事所有。五、同。六、假手胥吏，萬萬不可，必須一人不用。一縣之大，豈能無人，擇而試之可矣。胥吏天良，汨没已久，萬惡俱能，惟衆咻其官，浸潤膚愬以蔽之，萬無可用之理。七、同賑歸來，必不可不補其親族（勇粗人可暫用，荒年拐騙婦女最多）。鄉里自有真知，但不可使居鄰境者重領來歸，是大好事，豈可不速定哀鴻。

示及一月以來，車無停轍，勤最要。能用人則勤，其大者以勞心爲尤要。能用一分心，便少死一分人矣。惰者警之（仍是可警者），緩者從之（仍是可促者），有弊則懲之（知爲難），不足則請益之（無足時，然亦須籌劃）。如今富者，收典田地，計口救人，即收息二三分，亦無不可。惟散收則不贖難種，非官爲主持不可。官得人難，則不如以帑收典。典價廉，則不贖亦易售，然得人經理亦不易。前年祺曾試行於祭田莊，造册請之李署撫未便。今竇司成所言相同而未備，且亦晚。此須行之未離散時，無論國帑民財，必須使之無害乃可，此可省無數帑賑也。人少則爲助之人必須妥。好人不喜多事，有才者止可使爲好人之副，過嚴者導之以寬（此語未詳何指，欲或是刻意），窒礙者改弦而更張之（隨時有弊隨改，事畢乃已）。未暇求密，疏則少濟人。以速爲貴，遲則玩視民命，未暇防濫（自不可濫），以救死爲急（此是正文）。逐劣幕，誅劣董，玩視民瘼，殊堪髮指，此仁心也。惜見之不早，行之不豫，懲之不力，正害數千萬之命，數千萬之帑矣。（非止是無人無財，止是無人無好官，從何處救民命起。）籌給籽種，不如此無歸宿。放粥不如米，米不如錢。昔人止是使人，尚可自謀生計，不奔走坐食，坐食雖天地君父皆不能給，又可免聚衆，聚衆之大害，在蒸爲癘疫，此必不可不防慎者。前此敝邑幸免於是，以擔粥與放糧，皆隨到隨領也。籽粒之中，仍寓撫卹之意（意則厚矣，我爲政則似無須行勸）。坐地待查甚善，亦須派勇監之，不許斃動，可省喧争之弊。就此造册，已是户口之根，可以覆查，非與户口异也。各條均善，敬佩敬佩，兹不複録。惟實心用心，則愈行愈善，愈得人愈能遍及，有可矜式。論事前則九年之蓄，三十年之通，爲社倉之本，制國之大經，又保甲爲至要之法，治人一大底賑也，豈可離乎？

『蔣』下自是『升』字，玉印打本求早寄，河間好古者頗多。雨後可拾，耕時可出，塗人不能知也。署濰德（名）銓交何令姓名示及，以通驛爲便。匋又得百餘，今年不多，匋圖已成二十餘，甫有稿，容再寄。唯仰祝此時仁惠廣被，將來再以古文字多多見寄耳。又拜。（時紙未存稿，乞飭胥録什。）

光緒四年戊寅五月廿三日

三四

清卿仁兄館丈學士大人左右：七月十七日奉初九日寧津所遞手書并古玉鉨拓，敬謝敬謝。前閲邸鈔，欣悉恩晋侍讀學士銜，即思電賀，以同堂中有不如意事，又爲酷熱所苦，又未續得惠緘，未知星軺所歷，遂至久稽，歉慕無似。今天心轉移，聞畿南猶先旱後雨，刻想賑事早畢，文旆抵津抵都，定已再膺特薦，上荷殊恩，知深簡重，不必再西行矣，馳念之至。此次晋豫大灾，雖聖恩至重，而傷人多處，至不可問，終是法未盡善於始，司事未能實盡其力。蓋理明而後法善，而後能知人用人，隨事補救，而能竭一人之力如大君子者，豈可多得，敬佩敬佩。古匋今得邑人姚公符學桓作圖，尚静細。今寄圖屏六十二幅，又矢胸盤大紙者一幅（有考未及書）（共六十三），紙背少有次序。公符寒士以筆墨爲生，乞酌助之。如欲作册，乞寄紙樣來，大者須横裝也。殘匋今夏秋少所得，蓋日久地面日少，非耕餘過大雨不易覓，有亦剔殘而已。出少則覓者亦少，雖有力者亦不易即得，是以不與人争矣（此齊地者）。魯地遠而往者少，是以尚可有得，特複者多，昨日得五百種，複者三百五十。好之故不能汰，又汰甚則不求似古於齊者。

齊出似皆秦滅齊所損故晚也。唯又同得秦瓦量詔字殘片二爲快。聞有一片二三字者，牧豎持之索一千，與五百，未及增，已怒碎之，爲可惜耳。今先拓未複者百四十四紙，餘雖複亦有精者，容選拓再寄。又秦詔殘瓦字各二紙，乞鑒之。年來拓事困於古匋，計其成數三千，拓五十文一紙即可，有愛而欲助者，乞留意。即悉索敝藏新得以奉左右，亦望以兄所藏全分無遺。相去若遠，弟年益衰，兄秩日上，不可不早使一見也。弟之存心本求責實去私，於不能已者輒不量力，而古文字之好同之。兢兢以玩物爲懼，六十以前廿年已力屏之，今復樂此，心不能已，時亦自儆。是以偶語自述必以義理與古文字并論，終恐重其所輕，賢者其何以誨之邪。東土黄水屢漲，尚未見自都來者，《從古堂》八册尚未敢即寄，少遲冰凍，得兄書後，即當專足至都或至蘇也。《長安獲古編》稿本乞交東甫。匋文已粗編次尚未定。前至陝署刻工姓名住址工直，乞示及。手此奉賀，即問道安不具。館愚弟陳介祺頓首。

光緒四年戊寅十月九日

附箋

鐘鼎文同漆簡面，程朱語見魯論心。

日守舊編尋孔樂，天留古器補秦燔。
饕餮雲雷真法象，典謨書契古精神。
好古文儆徇玩物，明至理耻動機心。
書味養心存赤氣，墨華傳古附青雲。
一室莫如書作伴，千秋唯以古爲師。
乞賜書并題。

三五

清卿仁兄館丈學士大人左右：十月初旬，曾由舍親郭虞琴寄書并新得古匋拓數百紙，又似并寄古匋圖屏六十餘幅，計十月末可至。月十日奉十月十四日手書，知已於八月末從者由津至都，引見後想即備台對，簡深任重，俾天下大被堯舜之澤，仰望之切，不僅友朋矣。示及拂意之事，唯祈爲老母爲天下自愛而已。承惠彝器範竟印瓦磚之拓，至三百五十九種之多，又它家印文九十八，敬謝敬謝。日來冗雜，容一一讀過再復。今晚聞有北上急足，先此手答。奉繳徐籀莊先生《從古堂款識學》八册，新得古匋拓八十八紙，均乞察入。徐書如刊，當助成之。瞿氏《古官印考證》，不必有印，急思一讀，乞留意。《長安獲古編》稿本乞交東甫寄下。松竹齋湖色東箋如裝徐書者，乞手選色雅一律又光不易毛者百餘幅，亦固護交東甫寄，值由東甫代歸。以欲裝匋拓二部，又齊法化範千枚，已拓成一分，均待裝也，至企至企。此問道安不具。館愚弟陳介祺頓首。

光緒四年戊寅十一月十四日

三六

清卿仁兄館丈學士大人左右：前寄古匋圖屏後，又複繳徐氏《從古堂款識學》八册，係東武李足手。又屬東甫詢問李足是否已到，有無損傷？并有古匋拓，念念。今想從者由津至都，温語召對矣。《長安獲古編》原稿，代購湖色東箋，想已交東甫，并詳示近狀，企切企切。齊刀化目一紙，係與徐書紙式同，僅甫成二分，一自存，一五十金可讓，乞留意。又古匋（三十五紙），古鉨印（二紙）拓附。子嘉專便，手此即問道安，并頌年禧不具。館愚弟陳介祺頓首。

光緒四年戊寅十二月五日

三七

清卿仁兄觀察大人左右：月十三日奉前月廿七日手復，并代購東箋一束，古印様本一册，敬謝敬謝。欣聞十七日温語召對，力陳民困，又詢及牧令賢否。仰見求治之殷，千載一時。知賢者已必詳言今日所見情形之難，與平日所學反求諸己之要，知人用人之本，以仰報德意於萬一，而不必以一二舉措應命矣。企慰無喻。古人用人，必爲其孝養計，今朝廷之於君子，合於古矣。兄之感恩宜何如邪？弟昨與東甫事後論旱灾書甚妄，乞閲而教之。東省冬令雪少，極盼祥霙，未知他省如何耳。手此復謝，敬問道安，專賀大喜，并頌春禧不具。館愚弟陳介祺頓首。

光緒四年戊寅十二月廿日

附箋

新得古匋拓二百卅二紙，秦詔殘瓦二紙，奉鑒。瓦登圖又可增八幅，唯字複不奇耳。姚君屬代敬謝。《長安獲古編》稿本乞交東甫。楹帖可緩。尚有陶文齊魯三千種，印篆官私一萬方一聯，第十字雖係先人排行公共字，可援言徵之義，然究不敢自書，乞酌易写之。傅青主五七言聯乞代購真者付刻，冬心佳者亦企，少費無妨。傅聯已刻一十一字極長者。晋中古鉩古化時出，亦有吉金，富人陳設，亦當有有字者。玉印字，自是『戚』异文，同，雖佳而不及吏。樣本印多佳者，集降、尹中、後候至佳而少須審定。武城右尉似損後少刻，漁陽右尉少弱，稾街則不可多得。内者似僞，珠系當是『玄』，究以官印爲上。前寄讀者加注今録後。安成侯（疑），汝南尉（次）、虒步（長方官印，次）、孫武、蘇步勝、趙賢、韓并、靳延年（玉印，次）、（次，古鉩）、杜子聲（疑元）、吕鈞（弱）、蜀郡范澈（晚）、龍母方（次）、朱生之印（次）、張嗣五（可去，私印）、百嘗（以爲秦前，附官印）、巨秦、畢君（漢）、黄神下乃使字損（漢官）、朱乃口印（晚，元人，古蠟封六朝東中）、率歸（晚而佳）、世輔正佐（兩面，同）、（疑西夏，《二百蘭亭印》中有大字二），（宋元印）未知是否，乞教之。行期乞先示者，便尚乞再惠數行，祺又拜。

東箋再求代購貳拾張，直由東甫處還（務必原樣大小，原色）。含英閣紅色東箋，箋有『簠齋』字者，乞屬作六七百張，此次無之，故用薛箋書，并交東甫，端節前即清楚。廠店乞留意傅山書聯，傅畫亦極愛之，至晋乞留意，字已收得不少。寄東信由匯兑莊寄濟南匯兑莊，至濟交

（青城儒學濼源書院監院）田（印）名撰，字椒農處，或（章丘高氏司事，惠豐典□譚）名玉書，字藜堂。

三八

清卿仁兄館丈觀察大人左右：昨日郵寄手書，藉諗升履綏安，慈侍康娱，欣慰之至。自聞榮任河北，即欲具書，以都中及登途到省到任之繁冗。未敢上瀆記室。乃蒙四次賜緘，并荷助傳古之資五十兩，付還《長安獲古編》原本，敬謝敬謝。族弟子振仰栽植於生前，施成全於没後，仁人大德。敝族同欽，不僅弟一人之感，遵示將來目并銀十兩，即交族子開運手，今於二十日星夜遄行，免致河凍舟膠，更增費用。厚意已録論之。附上封泥拓全分五百餘紙，新得古匋拓數百紙。以弟在先塋居廬，監視工匠，月末方歸，令家中檢封詳目，齊刀化範拓尚未加印。姚公符亦作古，須别倩人爲之。客冬今春夏常在阡次，風日寒暑，目甚昏眊，直未看書作字。春亡同居同堂之弟，秋亡自幼相依，失怙恃甫嫁之孫女。弟亦患病甚久，今始已愈，幸未妨起居耳。知念及之。伯寅大司寇寄古錢化手拓，尚未報，歉歉。聞由歷收古匋，想已富，見拓本否？弟近幾不收矣。今日作僞日多，金難於匋且然，况瓦礫乎。容再專賀詳復，手此先謝。以後有寄物，專足亦費無多而妥，不必定覓灘便。此問勛安不具。館愚弟（功）陳介祺頓首。

光緒五年己卯九月十九日

附箋

附上陶器拓四百十二紙，計十一束。封泥拓全分共五百零九紙

陳（田陳）

好畤（從『日』，□□）

（古亦似周，以下陝）

大廿九（疑始皇廿九年）

咸原少（疑瘞觴所用）

咸亭陽安吉器（『吉』即『明』）

甯土（或『士』）

莽曰『利千萬』，空有文，新而轉

又（無文）

又，曰『利万萬』，『万萬』不多見。『千萬』，鳥文曰『利』，殳文曰（叠文）『利』。唐官印尚有所本，此其權與。

又

又

又（利不叠文）

又□殳，利（□鳥），□（利）長方一二三

左得真，以上陜

祝譚之印，齊

撲滿一（陜）

又半（陜）

二分共五十二紙，未及題字加印。